互联网时代

教师非正式学习研究（第2版）

Research on Teachers' Informal Learning in The Internet Era(2nd Edition)

娄珀瑜 著

西安交通大学出版社
XI'AN JIAOTONG UNIVERSITY PRESS
国家一级出版社
全国百佳图书出版单位

图书在版编目(CIP)数据

互联网时代教师非正式学习研究 / 娄珀瑜著. — 2 版. — 西安 : 西安交通大学出版社, 2022. 10

ISBN 978-7-5693-2753-3

Ⅰ. ①互… Ⅱ. ①娄… Ⅲ. ①师资培养—研究 Ⅳ. ①G451.2

中国版本图书馆 CIP 数据核字(2022)第 146814 号

HULIANWANG SHIDAI JIAOSHI FEIZHENGSHI XUEXI YANJIU (DI 2 BAN)

书　　名　互联网时代教师非正式学习研究(第 2 版)
著　　者　娄珀瑜
责任编辑　李嫣彧
责任校对　蔡乐芊

出版发行　西安交通大学出版社
(西安市兴庆南路 1 号　邮政编码 710048)
网　　址　http://www.xjtupress.com
电　　话　(029)82668357 82667874(市场营销中心)
(029)82668315 (总编办)
传　　真　(029)82668280
印　　刷　西安五星印刷有限公司

开　　本　710mm×1000mm　1/16　**印张**　13.625　**字数**　269 千字
版次印次　2022 年 10 月第 1 版　2023 年 9 月第 1 次印刷
书　　号　ISBN 978-7-5693-2753-3
定　　价　68.00 元

如发现印装质量问题,请与本社市场营销中心联系调换。
订购热线:(029)82665248　(029)82667874
投稿热线:(029)82668525

前言

伴随 Web 2.0 的到来,教育先行者开始探索学习方式转变的实践。博客的出现和普及为这些先行者的实践活动创造了良好的条件。从个人博客到班级博客再到区域博客,学习者通过社会性软件平台认识的同行和朋友越来越多,人与人之间的距离也越来越短,学习方式发生着翻天覆地的变化。在"互联网+"时代,随着我国教学改革不断推进,教师能够通过自身参与体验变革时代的学习,获得对专业学习与发展的深层次认识和能力提升,从而实现学习者由"学"走向"会学"。

本书系统叙述了基于网络的教师非正式学习研究情况,重点探讨了SS-learning学习方式的理论与实践,为教师非正式学习提供新的思路和实现途径。

笔者围绕"互联网时代教师非正式学习研究"这一基本问题,主要从八个部分进行探讨。

学习科学的发展经过了哪些道路?信息技术的出现为学习方式转变带来了哪些新的契机?教师非正式学习在这种情况下出现了哪些变化?带着这一系列的问题,本书在第一、第二部分对研究背景、概念、方法及国内外现有研究情况进行讨论。研究发现,充分利用社会性软件开展教师非正式学习是十分重要的。这种新的学习方式的产生,为教师作为终身学习者实现专业发展提供了新的方向。

当前互联网上教师非正式学习的现状如何?为了揭示这一问题的答案,第三部分在问卷调查的基础上,构建了基于网络的以自我导向为主的学习分析框架,并对BBS、网站、博客、教育资源公共服务平台、微信订阅号、慕课(MOOC)平台等的现状进行了分析。由此出发,笔者归纳凝练出基于不同网络学习工具的非正式学习分类。

结合基于网络的非正式学习现状,综合知识管理与转化思想,以 SECI(Socialization,Externalization,Combination and Internalization,社会化、外表化、组合和内化)模型框架为基础,本书第四部分提出基于社会性软件开展网络学习的方式——SS-learning(Social Software learning,社会性软件学习),并对 SS-learning 中学习者成长动力系统、信息素养进行讨论。同时通过调查量表,利用 SPSS 和 AMOS 等软件对相关数据进行统计分析,通过实验数据采集和讨论,对"学习系统分析框架"进行进一步拓展和深化。在构建 SS-learning 影响因素假设模型的基础上,采用结构方程模型理论对假设模型进行拟合度检验和评价,进而对模型进行修正,最终构建出 SS-learning 影响因素模型，通过理论建构和数据分析最终得出 SS-learning 影响因素模型所包含的影响因子。

第五、第六和第七部分呈现的主要是实践研究。第五部分是对学习者进行 SS-learning的非正式学习实践个案进行讨论，在对学习者学习过程、学习模型和学习特征进行分析的基础上，选择湖南长沙和广东深圳的两位在网络学习中获得成长体验的一线教师，对其个人多年来开展 SS-learning 的经历进行研究。第六部分是对基于 SS-learning 的学习共同体研修活动进行讨论，选取了“化学读书爱好者联盟”学习共同体中三次研修活动情况进行分析，在对活动内容、活动议题及活动呈现出的社会关系等方面进行分析的基础上，利用 Ucinet 6.0 完成其社会网络结构数据统计。第七部分从内容主题、设计推理和合作探究三个方面构建内容—推理—探究模型，讨论了在非正式的线上研修活动中，教师在协同互动过程里呈现出的“整合技术的学科教学知识”(即 TPACK)的特点。第五、第六和第七部分试图对前面各部分提出的观点，特别是与第四部分理论内容进行融合，重构学习者非正式学习，培育基于 SS-learning 的学习方式，是解决实践问题的一个尝试。

第八部分为结束语，笔者对全书观点进行总结，并提出新的认识。

笔者自 2005 年开始关注学习方式研究领域，重点对学科教师的自我成长进行研究。在此过程中，作为一名利用社会性软件转变学习方式的学习者，在多年经历中，笔者认识了网上诸多前辈和学友。在此特别感谢恩师华东师范大学王祖浩教授在我成长过程中倾尽心力的培养和无私的包容理解；感谢恩师四川师范大学冉鸣教授多年来始终如一的鼓励信任；感谢恩师四川师范大学彭蜀晋教授长期给予的无私帮助。感谢湖南省长沙市长郡中学喻建军老师，感谢广东省深圳市龙华中学鲁名峰老师，我们相识于网络，共同走过十余年研究历程，在一个学习共同体中共同成长！感谢陕西省西安市黄河中学常舒娟老师，多年亦师亦友的感情让我们合作紧密，相处愉快！感谢福建省龙岩市教育科学研究院杨梓生老师、四川省成都市西北中学冯胜伶老师、浙江省绍兴市上虞区教学研究室朱建敏老师，感谢诸位在研究资料和著作架构上的支持和启迪！感谢化学读书爱好者联盟中的诸多老师，感谢你们伴我一起成长！

本书在写作过程中，参考并引用了国内外诸多专家的著述，由于篇幅有限，未能一一指出，只是在参考文献中进行了注明，在此对他们表示衷心的感谢。

本书得以再版得到了西安文理学院校领导、化学工程学院等部门领导及各位老师给予的大力支持和帮助，也得到西安交通大学出版社给予的极大支持，值此书出版之际，同表谢意。

由于编者水平和时间有限，书中难免有不妥和疏漏之处，敬请各位同行与读者批评指正。

娄珀瑜
2021 年 12 月 31 日
于西安古城墙畔

目录

第一章　重构教师学习方式 ………… 001

1.1　研究的背景和意义 ………… 001
1.2　核心概念的界定 ………… 004
1.3　研究方法 ………… 007
1.4　技术实现 ………… 008
1.5　研究的问题与内容 ………… 008

第二章　教师非正式学习的研究基础 ………… 010

2.1　学习科学的发展 ………… 010
2.2　非正式学习的研究概述 ………… 012
2.3　教师非正式学习的研究 ………… 017
2.4　学习方式的历程考察 ………… 019
2.5　Web 发展推动非正式学习的实现 ………… 023
2.6　小结与反思 ………… 027

第三章　教师非正式学习的现实审视 ………… 029

3.1　教师非正式学习现状的调查 ………… 029
3.2　互联网学习现状的分析框架 ………… 037
3.3　互联网背景下非正式学习的现实审视 ………… 041
3.4　基于不同网络工具学习的本质揭示 ………… 048
3.5　小结与反思 ………… 051

第四章　基于 SS-learning 的非正式学习 ………… 052

4.1　基于网络的非正式学习研究视角 ………… 052
4.2　SS-learning 的内涵剖析 ………… 059
4.3　SS-learning 中学习者成长的动力系统 ………… 067

4.4 SS-learning 中学习者的信息素养 …… 068
4.5 SS-learning 影响因素量表的构建 …… 070
4.6 SS-learning 的影响因素模型的构建 …… 080
4.7 小结与反思 …… 090

第五章 基于 SS-learning 的学习者个案分析 …… 091

5.1 SS-learning 中的学习者学习 …… 091
5.2 SS-learning 的学习模型 …… 096
5.3 SS-learning 中学习者学习特征的分析 …… 098
5.4 SS-learning 中学习者个案分析模型 …… 104
5.5 SS-learning 中学习者成长个案分析 …… 105
5.6 学习者个案 SS-learning 历程比较 …… 115
5.7 小结与反思 …… 118

第六章 SS-learning 学习共同体活动导向的培育 …… 119

6.1 SS-learning 学习共同体中的学习框架 …… 119
6.2 研究对象的选择 …… 120
6.3 SS-learning 中的学习共同体分析模型 …… 122
6.4 SS-learning 中的学习共同体学习活动分析 …… 125
6.5 学习活动的分析比较 …… 177
6.6 小结与反思 …… 181

第七章 线上研修协同互动中教师 TPACK …… 183

7.1 TPACK 概述 …… 183
7.2 TPCHK——整合技术的化学教学知识 …… 184
7.3 线上研修协同互动中教师 TPACK 发展研究 …… 185
7.4 小结与反思 …… 193

第八章 结束语 …… 194

8.1 本书的主要结论和观点 …… 194
8.2 基于网络的教师非正式学习的再认识 …… 195
8.3 需要探索的问题 …… 196

参考文献 …… 198

第一章　重构教师学习方式

1.1　研究的背景和意义

随着信息时代的到来,“学习的革命”在全球已广泛开展。计算机技术发展到多媒体阶段引发的质的飞跃扩展了计算机应用范围,从基础上引发阅读、写作、计算及思维方式的历史性变革。“多媒体计算机和掌握多媒体技术的人共同构成信息时代的社会细胞,当一个新时代的社会细胞成熟了,这一时代也就随之降临了”(桑新民,1997)[1]。1994 年,全世界电子百科全书的销量在历史上第一次超过用纸张印刷的百科全书(Nicholas Negroponte,1996)[2]的销量,这给传统学习方式带来的挑战是令人震惊的。

雅克·德洛尔(Jaques Delors)代表国际 21 世纪教育委员会于 1972 年向联合国教科文组织(United Nations Educational,Scientific and Cultural Organization,UNESCO)提交了《学会生存——教育世界的今天和明天》(*Learning to Be:The World of Education Today and Tomorrow*)的研究报告,提出 21 世纪教育改革要围绕“学会学习(Learn to know)、学会做事(Learn to do)、学会共同生活(Learn to live together)、学会生存(Learn to be)”进行重新设计和规划[3]。目前这“四大学习支柱”已经成为 21 世纪人才培养的目标。在国际社会规划和思考未来人才培养如何应对全球化发展趋势的同时,“终身教育”“学习化社会”“学会学习”和“终身学习”的教育思潮逐步形成并受到关注和重视,终身学习也成为教育所追求的目标。教师的学习越来越成为教师发展的重要方式,美国学者哈蒙德(Hammond,1995)就将“知识更新和持续学习的能力”作为高素质教师应具备的一项能力[4]。

以多媒体、互联网为代表的信息技术和以“知识”为核心资源的知识经济相辅相成的发展,一方面加速了知识总量指数式增长,另一方面也为知识的掌握和学习创造了前所未有的条件和环境。“信息技术已经成为一种全方位改变人类社会空间的技术架构,它已不只是一种传递信息的工具,而是成为一种社会环境,一个生活空间”(黄少华,2003)[5]。在这个全新的社会环境中,知识成为经济活动和社会发展中最有价值的资源和最具革命的推动力。经济发展由工业经济向知识经济整体性变迁，使得整个社会对知识倍加重视，引发了全球化和知识经济背景下学习的变迁。

同样在1972年，英国《詹姆斯报告》(*James Report*)的颁布与实施促进了英国师范教育非定向培养体系的确立。报告提出了著名的师范教育模式——师资培训三段制[6]。它将师范教育分为三个阶段，处于普通高等教育阶段的个人教育（Personal Education）、职前的训练与引导（Pre-service Training and Education）和在职教育与训练（In-service Education and Training）[7]，提出“教师在职进修应从学校开始，因为教与学是在那儿发生的，课程和技能正是在那儿发展的，需要和不足也是在那儿产生的”[8]。自此，世界各国政府对教师发展与学习问题表现出高度重视，出台各种促进教师学习与发展的政策，并开展以教师职后培训为代表的教师学习实践活动，教师职后培训成为教师学习和发展的代名词。2001年3月，英国政府颁布了作为该国改革教师专业发展的《教学和学习：专业发展战略》文件，许多学校都利用持续的教师专业学习计划和周末学习计划，通过对相关主题的探讨和交流，促进教师提升专业水平[9]。

1983年美国国家教育优异委员会（National Commission on Excellence in Education）提交的《国家在危急中：教育改革势在必行》(*A Nation at Risk*：*The Imperative for Educational Reform*)及1986年卡内基教育与经济论坛的“教学作为一门专业职业工作小组”（Task Force on Teaching as a Profession）公布的《准备就绪的国家：21世纪的教师》(*A Nation Prepared*：*Teachers for the 21st Century*)，拉开了美国教师教育改革的序幕[10]。霍姆斯小组（The Holmes Group）则因其1986年公布的《明日的教师》(*Tomorrow's*, *Teachers Rest Lansing*)[11]、1990年公布的《明日的学校：专业发展学校设计之原则》(*Tomorrow's Schools*：*Principles for the Desing of Professional Development Schools*)[12]及1995年公布的《明日的教育学院》(*Tomorrow's Schools of Education*)[13]广泛受到各界的关注。2008年4月，美国教育部长玛格丽特·斯佩琳（Margaret Spellings）签署发布教育部专题报告——《国家承担起责任：〈国家在危急中〉发布25年后》(*A Nation Accountable*：*Twenty-five Years After a Nation at Risk*)，以此方式纪念《国家在危急中》发布25周年。《国家承担起责任》审视了25年来美国教育发生的变化，对1983年以来美国教育对《国家在危急中》发出诸多警告的回应举措及效果进行了梳理。

日本政府则采取定期进修、资助进修、休假进修等方式，充分利用在职教师业余时间进行培训，同时利用远程教育扩大教师继续学习的范围[14]。

我国政府也先后于1993年、1999年颁布《中华人民共和国教师法》《中小学教师继续教育规定》，并于2010年启动旨在提高中小学教师，特别是农村教师队伍整体素质的国培计划。2011年10月颁发的《教师教育课程标准（试行）》（教师

[2011]6 号)，强调教师是“终身学习者”[16]。2012 年 2 月，教育部下发了“关于印发《小学教师专业标准(试行)》和《中学教师专业标准(试行)》的通知”(教师[2012]1 号)，再次强调了“教师要具有终身学习与持续发展的意识和能力，做终身学习的典范”[17]。同年我国国发[2012]41 号文件提出建立教师学习培训制度的意见，以突出在职教师培训的必要性和重要性[18]。

截至 2016 年 4 月 30 日，以“教师学习与发展”为检索词在中国知网上进行全文精确搜索，可得到 714 篇文献，其中期刊 476 篇，博士论文 43 篇，硕士论文 173 篇，国内会议论文 3 篇，国际会议论文 2 篇，国内重要报纸 17 篇。由这些文献中呈现的内容可以看出，此类研究在我国研究早期阶段将“教师培训”“教师继续教育”的概念与“教师学习与发展”相等同。但就“教师学习发展”的本质而言，这种以“教师培训”为表现形式的教师正式学习只是教师实现专业化发展的一种外在因素。我国绝大部分一线教师由于工作任务重、时间紧，以及学校人员经费等问题，加上有些培训自身存在目标定位不准、需求不明、课程设置缺乏针对性和培训方式方法单一等现状，使得“教师培训”这种“外因”促进“教师学习与发展”的“内因”实现的效果大打折扣。

随着信息技术的发展和普及，各类应用于教师开展非正式学习的社会性软件应运而生，为教师实现自我组织、自我决定、自我激励，解决与日常工作紧密相关并聚焦于具体内容为目的的非正式学习创造了良好的平台。同时，教师作为一个具有社会价值与自我价值高度统一的完整的人，其发展不仅包含教师专业化发展，还应涵盖教师最大限度地自我潜能激发和人生价值实现。

在这种环境下，作为知识传播者，教师应在自身专业发展过程中，对于知识学习作出相应的转变。这就要求他们不仅仅需要学习传统教学中应掌握的知识，更应学会利用网络上的丰富资源进行自身专业技能提升并将这些资源有效贯穿于教学实践中，学会在学习过程中培养终身学习的能力，成为具有主体意识和创新精神的学习者和指导者。当前知识的快速更新使得利用网络开展非正式学习成为教师专业发展中十分重要的部分。

反观当前的教师学习，繁杂的教学任务使他们没有条件抽出专门的时间和完整的精力进行学习，政府职能部门组织的多种教师培训并不能使多数教师有效参与并对自身专业发展有明显提升效果，这一切努力的结果没有成就一个圆满的“人”。教师不断地学习，却在其学习的过程中失去了作为“人”的自觉能力。

由此可见，转变学习方式与转变生产技术同等重要!

如何寻找一个恰当的切入口？教师自身参与体验变革时代的学习，获得对专业学习与发展的深层次认识与能力提升；在终身学习中强调“人”的作用，使教师作为学习者从“学”走向“会学”；由学习促进和引导“人”的生成，即在教师终身学习过程中成就“人”的存在价值，走上专业化发展之路。以上内容正是研究讨论与解决的问题。

本研究通过理论与实践相结合的分析，试图为网络学习环境下教师的专业发展提供一个来自实践的理性发展框架，为参与网络学习的教师转变自身的学习方式、做终身学习的实践者、成就21世纪知识经济和信息环境下的学习者，探索一条以教师自身专业化学习为取向的终身学习之路。

1.2 核心概念的界定

在本研究确定的“互联网时代教师非正式学习研究”论题及其研究过程中，涉及以下几个核心概念。

网络学习环境(Internet Learning Environment)：中央广播电视大学任为民教授(2001)认为，网络学习环境应包括三个方面：适应各地使用的信息传输网络；完备的教学平台与丰富的教学资源；完善的远程学习支持服务系统[19]，也就是说，网络学习环境的基本构成是物理环境和资源环境(包括教学平台、资源和服务系统等)。随着网络技术的发展及学习者参与性的逐渐增强，人们对于网络学习环境的理解有了新的认识。有学者(仲志远，2002)认为“网络不是技术上的Internet，而是指人与人的交往方式和手段、平台所组成的社会网络，真正的网络是社会的公共关系，它保证了一个社会的文化共享、教育传播和知识爆炸”[20]，即网络学习环境中，除了物理环境和资源环境，还应包含学习心理、学习氛围、人际关系、学习策略等多种复杂的因素。陈立(2001)在其毕业论文中将这些复杂因素称为“网络人文环境”，他认为网络人文环境强调学习者自身的情景参与，学习环境不再是物质化、工具化的给予，而是一种自主性、参与性的活动过程[21]。李盛聪等学者(2006)将网络学习环境定义为以学习者为中心，与之相互联系的支持其学习活动的显性、隐性因素的总和，认为它与学习者构成一个整体，处于不断运动、变化、发展之中[22]。因此，本研究中的网络学习环境包括物理环境、资源环境和人文环境这三个因素。

学习方式(Learning Approach或Learning Style)：它是1954年由美国学者哈伯特·塞伦(Herbenn lelen)首次提出的[23]。许多研究人员都对学习方式提出了各种不同的理论假设和界定，但就整体而言，对学习方式定义的研究，可以从心理学视野中的学习方式和教育学视野中的学习方式两种视角认识。

在心理学视野中，学习方式简单来讲就是人们在学习时具有或偏爱的方式，学习者在研究解决其学习任务时所表现出来的具有个人特色的方式，就叫作他的学习方式[24]。美国学者凯夫(Keefe，1979)以信息加工模式为理论基础，将学习方式定义为：学习者特有的认知、情感和心理行为方式，它作为相对稳定的标志，反映学习者如何知觉、如何与学习环境相互作用并作出相应反应[25]。还有学者(廖哲勋等，2003)认为学习方式是学生在学习情景中对刺激作出反应并运用刺激的一贯方式[26]。

在教育学视野中，主要有基于一般学习活动的学习方式和基于课程的学习方式两种观点。基于一般学习活动的学习方式是指学习者在完成学习任务过程中的基本行为和认知取向（孔企平，2001）[27]。从课程论的层面上看，廖哲勋、田慧生（2003）认为可以将学习方式看作课程中的学习活动方式，它属于观念形态的学习活动，是客观存在的学生学习活动的类型及其运行时间、空间和程序在课程内部的反映[28]。

心理学视野中学习方式的基本意义是强调学习者之间的个体差异，教育学的价值取向则更加强调学习方式的群体意义。由于学习方式反映了学习的本质属性，因此学习方式不仅是一种外在表现，而且有深刻内涵。它直接影响学习目标的有效达成。从根本上说，"学习方式就是人的生存方式"（肖川，2002）[29]。因此，本研究中的学习方式主要是教育学意义上的学习方式，将教师的学习方式视为其学习行为的动态组合。但是在研究过程中同样充分借鉴了心理学的研究成果，注重对学习者个体差异的研究。

社会性软件（Social Software）：它不是指一个软件，而是指一类软件。目前对社会性软件没有明确统一的定义，美国社会性软件的研究者（Boyd，2005）认为，社会性软件是反映人们社会存在和社会关系特性，以及建立在这些特性上的信息交换软件[30]，例如 Wiki，Linkedin，friendster，Ryze 等。社会性软件的研究专家毛向辉先生（2005）认为：社会性软件的名称意味着"个人带着软件成为社会网络的一部分"[31]；另外一些学者（庄秀丽，2004；苏前敏，2006；李凡等，2012）提出："社会性软件是帮助人们建立社会网络和自动组织群体的软件"[32]"社会性软件关注软件使用过程中建立的群体联系超过对软件技术的关注"[33]"社会性软件是一类基于互联网强调协作与交互的工具，它将技术和人际交流有机地融合在一起，是 Web 2.0 的重要组成部分"[34]。实际上，社会性软件落脚在"社会性"这个定语上面，就表明了作为社会性的个人可以基于网络的社会性软件构建社会关系。

社会性软件具有四个方面的特征，即软件中人的身份标识、软件中人的知识沉淀、人与人之间的交流功能，以及由此构成小实体大网络的社会关系（余胜泉等，2005）[35]。简单来说，随着网络技术的发展，社会性软件从更多偏向个人发展到更多偏向群体发展，从简单的通信拓展到群体的网络协同作业，它们广泛使用且构建了"You know who，who knows what"的学习生态环境。在这样的学习生态环境中，一方面"信息内容"上的信息不断丰富、内涵不断发生变化，并进一步演化为新的信息内容；另一方面表现为该学习生态环境中"人"的成长变化，从单纯信息内容的吸纳者逐渐演化为信息知识的吸纳和创造者。另外，从功能来说，不同社会性软件的具体功能不同，但是从宏观角度来看，不同社会网络的学习群体，呈现出不同的整体涌现性。

由此可见，社会性软件的内涵可以概括为以下三点：①社会性软件首先是个人软件，是个人参与互联网络的工具，突出了个体自主性的参与和发挥；②社会性软件构建的是社会网络，这种社会网络中包括弱链接、中链接和强链接。不同的链接关系在不同时期呈现出不同社会的价值；③社会性软件是个人主体性和社会性的统一。

非正式学习（Informal Learning）：随着联合国教科文组织在20世纪40年代末提出“非正式教育”（Informal Education）的概念，非正式学习一词也随之受到关注[36]。对于非正式学习的研究，美国学者杜威（Dewey，1916）在撰写《民主主义与教育》（*Democracy and Education*）一书中谈到非正式学习的特点与重要性[37]。而沃特金斯和马席克（Watkins & Marsick，1993）认为，非正式学习不是发生在教室环境中，也没有高度结构化，而是由学习者掌握学习的主要控制权[38]。英国成人非正式运动组织（2009）提出非正式学习包括为获得乐趣、休闲、个人发展和积极公民权的各种学习，是为了学习价值而进行的[39]。国内也有研究人员（刘子恒，2012）认为，非正式学习指在工作、生活、社交等非正式的社会环境中发生的，学习者可以通过非教学性质的社会交往来获取新知识的学习形式[40]。非正式学习环境通常与网络环境相结合，网络环境和计算机技术能够对非正式学习提供有力支持，移动学习、微型学习和碎片化学习已经成为非正式学习的主要方式。

从上述学者对非正式学习的定义可以看出，非正式学习是发生在工作间、休闲中的学习，是由学习者自我发起、自我调控、自我负责，通过非教学性质的社会交往或自我指导来传递、获取和渗透知识的学习活动。它包括信息和内容在内的会议、书籍、网站及人与人的交流等，是一种内在的、本质的学习行为。非正式学习可以有明确目的，也可以是偶然的，如清晰的目标、改进一个软件或者学习使用一种新的工具。多数时候非正式学习的目标并不是清晰明确的，如理解公司文化，为新角色迅速找到定位。本研究中，笔者将“基于网络开展非正式学习的教师学习者”统称为“学习者”，以便于表达。

学习共同体（Learning Communities）：在以博耶尔（Boyer，1995）为代表的卡耐基教学促进基金会发表的《基础学校：学习的共同体》（*The Basic School：A Community of Learning*）报告中，首次提出学习共同体的概念，认为学校应建立真正的学习共同体，以实现“共同的愿景、相互的交流、平等的关系、快乐的气氛”[41]。温格（Wenger，1998）认为，在共同体中的参与体验，既构成了学习的动机，同时也是学习的方式[42]。李子建等（Lee，et al.，2011）针对大学专业学习共同体，对大学教师信任、教师集体绩效，以及对学生的关心之间的关系进行了实证研究，结果表明，这几种因素能对专业学习共同体的评估产生重要影响[43]。

随着信息技术的发展，互联网的应用越来越广泛，在线（网络）学习共同体应运而生。索伊弗特（Seufert，2002）认为，网络学习共同体是指由共同体成员、共同体平台、学习范式三要素构成的结合体，具有知识开放性、学习范式形成性、学习过程协作性、学习情境性等特点[44]。赖曼等（Ryman，et al.，2009）认为在线学习共同体的活动中，学习可以深化，也可以在人际间传播，在知识社会通过创建在线学习共同体来实现知识的创新是一个很好的思路，创建一个在线学习共同体，需要社会的参与、权力的平衡和先进的技术[45]。帕特丽夏和巴萨尼（Patricia & Bassani，2011）认为，合作关系是远程学习环境中学习共同体的基础，学习共同体的发展依赖于共同体成员的关系，特别是思想交流的活跃程度，更能促进学习共同体的学习绩效[46]。国内对于学习共同体的研究，晚于一些发达国家，但也取得了比较可喜的成果。赵健（2006）把学习共同体当作传统的班级教学组织形式的替代物，认为学习共同体是教学的组织形式。从社会文化的角度，学习共同体能够促进知识的社会协商，实现知识和身份的双重建构[47]。薛焕玉（2007）在对学习、学习共同体的基本概念、基本特征和共同体、学习共同体的由来和发展进行探讨的基础上，给学习共同体进行了科学的界定[48]。夏正江（2008）认为，学习共同体的类型因发生环境的不同而不同，根据参与的主体，可以将学习共同体划分为“课堂学习共同体”“教师学习共同体”“学校与家庭（或社区）学习共同体”[49]。

1.3　研究方法

学习是非常个性化的过程，即使是面对同一本书的某段内容，阅读的人不同，对它的理解和体会也不同。学习的过程与学习者个体已有的经历、思维习惯、感悟能力等息息相关，学习者可以根据自身需求自由选择学习路径，其个性化特征十分明显。因此，针对不同研究内容应选择不同的研究方法。

（1）调查研究法

调查研究法在本研究前期理论建构和后期理论完善过程中发挥着重要作用，使用该方法主要解决以下几个问题：第一，通过问卷调查，对当前教师非正式学习现状有充分了解；第二，通过量表测试，对样本数据综合应用探索性因素分析、相关分析、结构方程模型统计分析和回归分析的方法，构建 SS-learning 影响因素模型及网络学习系统分析框架。

（2）案例分析法

通过对学习者案例进行选择，按照案例研究方法的指导，研究 SS-learning 的学习理论与实证分析案例之间的关系，利用“网络学习系统分析框架”对选择的学习者案例进行分析性归纳。由于本研究主要针对非正式学习，同时又重点关注教师群体，因此选择具有较长网络学习体验，并且目前一直坚持开展基于网络非正式学习的在职教师学习者作为案例分析对象。基于案例研究方法，本书以案例选择与分析作为本研究案例选择的指导和依据。

(3)社会网络分析方法

社会网络分析起源于物理学中的适应性网络，通过研究网络关系，有助于把个体间关系、“微观”网络与大规模的社会系统的“宏观”结构结合起来，通过数学方法、图论等定量分析方法完成研究内容。研究中针对所选择的作为网络学习共同体的“化学读书爱好者联盟”，在构建适应于 SS-learning 的学习共同体的分析模型之后，利用社会网络分析方法，从中心度分析、小团体分析、小世界效应的验证等方面开展相关研究。

1.4 技术实现

本书对学习共同体数据获取、链接关系寻找、社群图可视化、结构分析及问卷数据分析主要应用以下技术实现。

(1) SPSS 21.0(包含 AMOS 21.0)

SPSS 主要应用于回归分析、因子分析、相关分析、对应分析、聚类分析等探索性因子分析，AMOS 作为结构方程模型的分析软件，主要做验证性因子分析。本研究利用 SPSS 对调查问卷的分析，包括信度分析、相关性分析；利用 AMOS 实现对 SS-learning 的影响因素分析。

(2)Ucinet 6.0

Ucinet 6.0 作为网络分析集成软件，包括一维与二维数据分析的 NetDraw，还有正在发展应用的三维展示分析软件 Mage 等，同时集成了 Pajek 用于大型网络分析的 Free 应用软件程序。本研究主要利用 Ucinet 6.0 对学习共同体的基本情况进行研究，侧重于对群体的凝聚子群进行分析。

1.5 研究的问题与内容

本研究主要针对当前教师职后的非正式性学习开展研究，即针对从社会关系角度来看被给予教师身份，并且在学习生活中能够基于自己经验进行意义和身份双重建构的人。研究的内容是试图通过对目前教师非正式学习现状进行分析，引入知识管理与转化理论、学习型组织理论，利用社会性软件，从教师网络学习的角度重新审视教师利用互联网进行学习的情况，并将所得结论应用于教师教育的学习实践和自我提升之中。

笔者围绕“互联网时代教师非正式学习研究”这一基本问题，主要从八个部分进行探讨。

学习科学的发展经过了哪些道路？信息技术的出现为学习方式的转变带来了哪些新的契机？教师非正式学习在这种情况下出现了哪些变化？带着这一系列的

问题，本书在第一、第二部分对研究背景、概念、方法及国内外现有研究情况进行讨论。研究发现，充分利用社会性软件开展教师非正式学习是十分重要的，这种新的学习方式的产生，为教师作为终身学习者实现专业发展提供了新的方向。

当前互联网上教师非正式学习的现状如何？为了找到这一问题的答案，第三部分在问卷调查的基础上，构建了基于网络的以自我导向为主的学习分析框架，并对互联网上 BBS、网站、博客、教育资源公共服务平台、微信订阅号、慕课（MOOC）平台等现状进行了分析。由此出发，归纳出基于不同网络学习工具的非正式学习分类。

结合基于网络的非正式学习现状，综合知识管理与转化思想，以 SECI（Socialization，Externalization，Combination and Internalization，社会化、外在化、组合及内化）模型框架为基础，本书第四部分提出基于社会性软件开展网络学习的方式——SS-learning（Social Software learning，社会性软件学习），并对 SS-learning 中学习者成长动力系统、信息素养进行讨论。同时通过调查量表，利用 SPSS 和 AMOS 等软件对相关数据进行统计分析，通过实验数据采集和讨论，对“学习系统分析框架”进行拓展和深化。在构建 SS-learning 影响因素假设模型的基础上，采用结构方程模型理论对假设模型进行拟合度检验和评价，进而对模型进行修正，最终构建出 SS-learning 影响因素模型，通过理论建构和数据分析最终得出 SS-learning 影响因素模型所包含的影响因子。

第五、第六和第七部分呈现的主要是实践研究。第五部分是对学习者进行 SS-learning 的非正式学习实践个案进行讨论，在对学习者学习过程、学习模型和学习特征进行分析的基础上，选择湖南长沙和广东深圳的两位在网络学习中获得成长体验的一线教师，对两人多年来开展 SS-learning 的历程进行研究。第六部分是对基于 SS-learning 的学习共同体研修活动进行讨论，选取了“化学读书爱好者联盟”学习共同体中三次研修活动情况进行分析，在对活动内容、活动议题及活动呈现出的社会关系等方面进行分析的基础上，利用 Ucinet 6.0 完成社会网络结构数据统计。第七部分从内容主题、设计推理和合作探究三个方面构建内容—推理—探究模型，讨论了在非正式的线上研修活动中，教师在协同互动过程里呈现出的“整合技术的学科教学知识”（即 TPACK）的特点。第五、第六和第七部分试图对前面各部分提出的观点，特别是与第四部分理论内容进行融合，重构学习者非正式学习，培育基于 SS-learning 的学习方式，解决实践问题的一个尝试。

问题的解决与问题的产生相伴而行，第八部分展示了以后对该问题研究的“问题域”。

对“人”的关注是本研究的基本出发点，研究主题是使学习者通过知识的学习，做终身学习的实践者，做追求生命价值的真正舞者，成为生命成长中自由而不断追求的人。

第二章　教师非正式学习的研究基础

随着多种技术手段的不断发展，知识的学习已经实现了由传统学习向信息化学习的转化，教师开展知识学习的过程受各种因素影响（包括国家政策、学校制度文化、学习环境、教师个人因素等），技术发展引起学习方式转变，同样促使教师学习产生变化。社会性软件、各种手机 App、慕课（MOOC）的出现和普及，为教师非正式学习提供了技术支持。

本研究拟对互联网络环境下教师进行非正式学习实践进行探索，首先应对非正式学习的发展有一个纵观的、系统的、完整的认识。在本章研究中，笔者将对非正式学习的发展历程进行梳理，在前文界定核心概念及收集的文献基础上，综述并分析国内外对学习科学、非正式学习及教师非正式学习研究所取得的相关成果，沿着学习方式发展的轨迹，针对学习变迁的表现形式，探索信息技术对学习的影响，重点对非正式学习的研究进行关注。

2.1　学习科学的发展

人们对类似于教室上课、看书识字等学习活动的理解，属于狭义的学习概念范畴，主要指科学文化知识的学习，这是在学校教育中最普遍、最广泛的学习活动。但是这种借助语言文字等符号体系获取间接经验的学习方式，并不等于学习的全部，而且容易掩盖学习活动的本质特征[50]（桑新民，1996）。

桑新民（1996）教授综合了国内外各派从教育学角度出发对学习的研究成果，对教育学视野中的学习进行了定义："学习是人类（个体或团队、组织）在认识与实践过程中获取经验和知识，掌握客观规律，使身心获得发展的社会活动，学习的本质是人类个体和人类整体的自我意识与自我超越"[51]。这是广义教育学角度的学习定义，其中主要强调以下几点。

第一，学习不仅是个体化活动，而且是社会性活动。这里社会性活动，不仅包括社会中进行的一般活动，更重要的是社会经验的相互转化、丰富、发展，受社会孕育，又为社会作出贡献的活动。因此，学习的主体既可以是人类个体，也可以是不同层次的团队、组织乃至作为整体的人类社会。

第二，学习的内容是让学习者获取知识和经验，掌握客观规律，并用来指导自身发展。

第三，学习的目的是促进学习者个体身心发展，不断实现自我意识与自我超越。这不仅是人类学习活动最本质的特征，也是人类创造力的根本源泉。它不仅强调“学”，更强调“习”，是把行知关系的立足点放在“行”而不是放在“知”，这也是对印刷时代过分强调书本知识学习的历史与理念的超越。

就学习的本质来说，无论以何种角度为出发点，学习活动都应是学习者个体进行自我提升的过程，是引起学习者思维、方法、行为及认知结构、思维方式、技巧技能、行为习惯等心理和行为要素改变的过程。

随着美国课程改革运动的推进，学科专家、心理学家、教育学家和社会学家由实验室研究转向自然情境研究，即关注课堂实验研究。进入 20 世纪 80 年代后期，随着建构主义理论研究的不断深入，情境认知与学习理论研究热潮兴起，各种“后—认知主义”或“反—认知主义”研究学派也随之出现。在 20 世纪整个 70 至 80 年代，认知科学由于聚焦将学习者与学习情境隔离的实验室研究，关注诸如事实和程序这样的固性知识而非思维和知识的过程，在为教育者的研究与实践方面并没有提供很大的支持[52]（Sawyer，2006）。此外，研究者（高文，2005）也开始反思传统学习理论中存在的争议问题，如通常只把将学习看作是学习者头脑中的内部过程来研究，涉及的仅仅是个人的学习过程，却无视学习的社会文化脉络及学习过程中的社会性协作等[53]。其后的种种发展趋势表明，认知主义中一个新的范式转变力量开始酝酿其中。

20 世纪 90 年代初，随着脱胎于认知科学，作为一个折衷各学派和方法的跨学科研究领域——学习科学兴起，研究者们开始从不同的学科视角对人的学习开展包括脑与内隐学习、正式学习和非正式学习在内的多层面、全方位的研究。

学习科学（Learning Sciences），其英文复数形式的表达呈现出学习科学作为认知科学、科学教育、教育学、教育技术、认知心理学、计算机科学、信息科学及教学设计等多个不同研究领域交叉而形成的研究观念。

学习科学研究者从多学科视野获得对学习的新理解并促进教育实践的革新。《剑桥学习科学手册》（*Cambridge Handbook of the Learning Sciences*）的前言中就明确指出：学习科学是研究教与学的跨学科领域，研究各种场景中的学习[54]（Sawyer，2006）。它不仅包括类似于学校课堂的正式学习，而且还包括发生在生活中、工作中和同伴间的非正式学习。

回顾学习科学发展历程，克罗德纳（Kolodner，2004）总结了学习科学研究的目标[55]。

①理解什么是“旨在适用的学习”（Learning for Applieability），包括要理解学

习的发展轨迹、对理解和能力的不同等级描述，最终目的是使学习者能富有成效地使用他们所学的概念、技能和练习解决实际问题。

②探寻促进深度学习和持久学习的方法，包括复杂技能、内容的学习，教室学习、工作场所学习及其他非正式学习；现场学习和远程学习等。

③探寻影响学习的各种环境因素。

④设计相关软件、活动、课程、学习环境和教师的专业发展等来促进此类学习。

⑤设计相关方法研究个体内部学习及群体互动中的学习。

随着学习科学的发展，其他学科中对于“学习”同样有着独特的认识，学习科学的研究吸收了来自多个设计科学领域的相关知识。

①学习科学脱胎于认知科学，后者中的很多重要概念仍然为学习科学研究的核心概念，比如表征、专长知识、反思、问题解决和思维等。但是，学习科学更多倾向于广泛地建立在建构主义认知学科基础之上，比如认知人类学、情境认知、日常认知、生态心理学、分布式认知和杜威的实用主义。学习者被看作建构个人心智模式的有意图的、主动的、反思的能动者，他们参与各种学习共同体，通过参与和心智模式的主动构建来学习。

②学习科学强烈依赖于考察学习过程的社会、组织和文化动力的社会认知、活动理论、动机理论等。学习科学把行事权（Agenoy）看作合作建构群体心智模式的各种群体的特征。因此，“学习是知识的建构”“学习是意义的社会协商”“学习是实践的参与”成为学习的新隐喻[56]（高文，2007）。

③日新月异的信息技术，特别是计算机技术，发展了各种用于变革学习环境的信息技术，强有力地促进了学习，为各种新理论的实践提供了实现可能。在实施过程中，同时需要考虑学习者的需求及他们所处的整个社会系统和环境，也要考虑如何通过“设计”将学科资源整合到学习环境之中。因此“设计”成为学习科学的中心活动，通过设计研究来理解有效学习环境的设计，成为学习科学关注的焦点。

总之，对于学习科学而言，人的学习是极为复杂的现象，学习科学对学习的研究已不再囿于传统心理学视角的学习理论研究，而是把学习置于多学科研究的广泛视野，突破了单一实验室和学校教育意义上的学习研究，专家学习、儿童学习、日常学习、工作场景中的从业者学习、传统学徒制学习及技术中介的学习（特别是网络技术中介的学习）都被纳入学习的研究视域。一个广阔立体丰满的学习研究图景展现在我们面前，学习科学正朝着一个重要的方向发展。

2.2 非正式学习的研究概述

从学习者获取知识的方式角度，可以将学习分为正式学习和非正式学习两种。所谓正式学习，主要是指通过学校组织、课堂授课等形式实现的学习形态。它的学习内容重在积累的、已记录的、系统性、普适性的知识，一般以学分证明或证书的形式得到认可，如获得学习评价并取得成绩、学位或证书等[57]。

关于非正式学习的思想可以追溯到林德曼(Lindeman)及杜威(Dewey)关于"学习"的早期著作。杜威(1933)提出的"附带学习"(Collateral Learning)概念[58]，可以看作是非正式学习研究的前身。同时，库尔特·勒温(Lewin,1936)、玛丽·帕克·福莱特(Follett,1918)等人的哲学思想之中，也蕴含有非正式学习的理念[59]。1947年起，"非正式学习"在欧洲各国及其他国家开始受到更多的关注。诺尔斯(Knowles,1950)出版的《成人的非正式教育——管理者、领导者和教师的指南》(*Informal Adult Education A Guide for Administrators,Leaders and Teacher*)正式提出了"非正式学习"的概念，自此拉开了对非正式学习研究的帷幕[60]。同时，我国也掀起了非正式学习研究的热潮。国内外关于非正式学习的研究成果主要集中在以下几个方面。

(1)对非正式学习基本理论的研究

伊利奇(lllich,1972)在其著作《非学校化社会》(*Deschooling Society*)中提出："人们所知道的大部分知识都来自学校之外，学生的大部分学习都是自己进行的，大多数学习都是偶然发生的，即使计划性很强的学习也不是有计划教学的结果"[61]。非正式学习的主动权掌握在学习者自己手中，它吸引着发生在人们周围的空间学习及工作场所的活动和事件[62](Marsick & Watkins,1990)，是一种重要的学习形式[63](Hager & Halliday,2006)。

当具有自我导向性的学习者采用新的学习方式取代传统学习组织时，非正式学习成为学习者进行知识学习的重要方式，但学习者自身有可能没有意识到他们正通过非正式学习实现其学习目标。科学领域同样存在正式学习和非正式学习，但科学领域和技术领域的非正式学习研究明显不足且经常被忽视。在语言学习中，非正式学习所起的作用远超于正式学习[64](Scribner & Cole,1973)。利文斯敦和艾克勒(Livingstone & Eichler,2006)认为正式学习和非正式学习都是终身学习的重要组成部分，也是欧洲人终身学习的策略[65]。

除此之外，也有学者(Marsick & Volpe,1999)从非正式学习对组织发展的影响这个维度进行研究。学习者的智能、组织成员间交互的质量和数量及组织结构，都是促进组织非正式学习的方法，合作学习和学习环境也是影响组织非正式学习的核心要素[66]。

正式学习是典型的制度化、基于课堂和高度结构化的；而非正式学习主要是学习者自己控制学习，即使是在学习条件并不优越的环境里，也有可能发生。它出现在学习者有需求、有动机、有学习机会的任何时候[67](Marsick & Watkins,1990)。莱斯利(Leslie,1998)、马尔科姆·贾尼斯(Janice,2003)等学者提出正式学习、非正规学习和非正式学习的模型，构建正式学习和非正式学习可能存在的理想模型，提出应根据学习的正式性和非正式性分析大量学习情境，关注正式学习和非正式学习二者内在的必然联系，他们认为非正式学习不能代替正式学习，是正式学习的补充[68-69]。而且，如果没有之前的个人学习，学习是不可能有效发生的，大部分的学习都是基于正规学校教育和非正式学习经验的直觉之上进行的。

20世纪末我国学者就已经展开对非正式学习基本理论的研究，主要从非正式学习与学习化社会、终身学习的关系来进行论述。陈乃林、孙孔懿（1997）的《终身学习论略》一文在国内最早明确提出了“非正式学习”的概念，并指出非正式学习、正规学习、非正规学习共同构成了终身学习的体系[70]。章鹏远、蓝建（2002）的《非正式学习及其社会作用》一文是我国最早以“非正式学习”作为明确研究对象的文献，文中对非正式学习的相关概念及实践中的非正式学习形式进行了探讨[71]。还有部分学者（蔡秀美，2000；冯巍，2003；朱琳，2001；汪充坤，2003；黄富顺，2009）对非正式学习与终身学习的关系[72-73]、非正式学习与学习文化社区教育的实现等内容进行了详细的研究[74-76]。

余胜泉、毛芳（2005）在《非正式学习——E-Leaming研究与实践的新领域》一文中首次对非正式学习进行了系统介绍，认为非正式学习在学习者工作、生活中占据重要的作用[77]。该研究介绍了非正式学习的内涵、特点、理论基础及非正式学习促进和实施的相关策略等内容，从此拉开了我国对非正式学习高度关注和研究的帷幕。我国关于非正式学习的研究和关注也陆续开展，有研究者（曾李红等，2006）引介了关于非正式学习、偶发性学习的概念界定与特征分析，对非正式学习和偶发性学习的基本模型和其运作方式，以及实施过程中的问题、条件与注意事项进行了探讨[78]。在此基础上，研究者们在界定了相关概念，分析其内涵、特征、理论基础、研究方法的基础上，对非正式学习进行了不同侧重的研究。例如赵蒙成（2008）就提出了从地点、关系、内容、教学方法、评价等方面入手构建非正式学习研究的共同分析框架[79]。

在国外，非正式学习、正式学习（Formal Leaning）、非正规学习（Non-Formal Learning）这几个概念基本是同时出现在各种研究中的，就正式学习和非正式学习这一对概念而言，没有太多的分歧。但是在对非正式学习和非正规学习的概念辨析上，有较多的学者发表了不同的观点。张宝辉教授（2010）在对相关概念辨析的基础上，对国家政策及教师培训层面与非正式学习相结合进行了研究[80]。张艳红等（2012）从被混用的概念异同入手，对两个概念进行了二分法和三分法的归属分类，并从国内外研究实际情况出发，倡导非正式学习与非正规学习都应获得重视[81]。也有学者（吴淑娟，2003）从“由学习者以自我独立的学习方式和透过人际网络间互动的学习方式两个向度，对非正式学习方式进行了分类”[82]。此类学术探讨极大地有益于我们全面、深刻地理解和研究非正式学习。

(2)对工作环境中非正式学习的研究

马席克和沃特金斯(Marsick & Watkins,1990)等学者在对社会文化环境影响下学习的研究中,均强调了非正式学习发生社会情境的重要性[83]。日常工作中的学习大多数发生在工作活动中,以解决工作中遇到的实际问题为学习目的,成为日常工作活动的形成部分。大多数发生在组织里的学习都是非正式的,是日常工作活动的形成部分。

在对众多工作场所学习的研究发现,学习是通过非正式的方式发生的,小组活动可以提高非正式学习的发生几率。基于此,学习的质量在于所参与活动的类型是否得到支持,是否得到指导,学习者如何建构基于不同情境下的知识等,这些因素都会影响学习的过程及所学的内容。

英国苏塞克斯大学厄劳特(Eraut,2004)教授在《工作场所的非正式学习》(*Informal learning in the workplace*)一文里重点探讨了工作场所非正式学习的理论框架,他认为非正式学习包括经验学习、隐性学习、学习的转换等内容,在工作环境内,"参加小组活动""与他人一起工作""解决挑战性的任务"等都将引起学习的发生[84]。

与此同时,有学者(Guile & Griffiths,2001)在将情境作为经验学习起点的基础上,提出了"传统模式、经验模式、类属模式、工作过程模式和连接模式"五种经验学习的模式[85]。其中,连接模式适用于任何形式的学习并将成为正式学习和非正式学习之间建立更有用关系的基础。

非正式学习对于人们的学习而言具有非常重要的作用。它是个人、社区和社会发展中的一个重要部分,以社区为基础的非正式学习对终身学习起着非常重要的作用(胡海云,2004)[86]。有研究者(赵健,2011)认为非正式学习已经由过去对正式学习系统进行补偿的领域,转换为确立了在培养学生和公民的道德、人文与科学素养,建立创新的学习经验,培育终身学习体系中的重要地位[87],对"非正规与非正式学习认证逐渐被认为是实现终身学习的一条途径"(蔡玲玲,2011)[88]。不言而喻,非正式学习是构成终身学习的形式之一,并且它是实现终身学习的有效途径显然已形成共识。

(3)对于非正式学习基本应用的研究

非正式学习的实证研究方面,主要集中在加拿大、澳大利亚、英国等国家。其中,以加拿大利文斯特(Livingstone)和艾伦·塔夫(Tough)为代表。利文斯特(1999)通过研究发现,大多数加拿大成年人花费越来越多的时间进行的学习活动是非正式学习[89]。同时,该学者分析了教育和非正式学习、就业之间的壁垒和联系,由其研究可以看出,70%的加拿大被访者认为他们最重要的与工作相关的知识并不是来自工作培训课程,而是来自从其他人处学到的知识或者是完全自学获得的知识。此后,该学者再次通过调研发现,在过去的一年中,加拿大成人人均每周进行15小时的非正式学习，而他们进行的有组织的课程学习人均每周只有3小时，也就是说他们的非正式学习时间大大超过了正式学习的时间[90]。艾伦·塔夫(1999)也一再指出，成人的非正式学习是一种非常普遍、自然的行为[91]。

澳大利亚国家职业教育研究中心(Australian National Centre for Vocational Education Research)对非正式学习的研究主要体现于其在2009年发布的研究报告中。该报告涉及非正式学习的普遍性、主要受益者、工作中的非正式学习等方面。英国政府则于1997年、2001年、2002年和2005年在全国范围内做了四次成人学习调查，在第四次调查中发现，过去一年内，52%的接受调查者参与了非正式学习。英国政府创新、大学与技能部(Departmnt for Innovation Universities and Skills)于2009年3月发布了成人非正式学习白皮书《学习革命》(*Learning Revolution*)，正式启动了全英国范围内的学习革命[92]。

我国对非正式学习的应用研究集中体现在企业培训、成人学习、大学生学习、教师学习等方面。有研究(杨晓辉，2007)认为自主学习模式是企业员工进行非正式学习的较为合适的学习方式[93]，而企业里典型的非正式学习形式还有新老员工师徒制、经验技术交流会、基于互联网的资源学习、移动学习、实践社区[94](高木才等，2010)等。他们认为组织者可以通过创设良好的非正式学习氛围，完善企业网络平台，重视提高员工的学习能力[95](杨晓辉，2007)，创建企业工作场所组织中良好的社会性网络，建立完善的知识管理体系，塑造积极向上、善于创新的学习共同体文化[96](王银环等，2009)等策略提高学习者非正式学习的积极性和参与性，最终实现学习者自身的成长。

在非正式学习促进成人发展的研究方面，黄健教授(2006)带领翻译的《成人学习理论的新进展》(*The New Update on Adult Learning Theory*)有专门的章节对非正式学习和偶发性学习进行研究，就其“内涵、形式、特征、模型进行了探讨”[97]。有研究者(邢蕾，2010)在引介英国“学习革命”的同时，结合我国成人非正式学习的现状和问题，对我国成人学习和学习型社会的建设进行了分析[98]。此外，有不同的研究者对影响职业生涯发展非正式学习的各种因素进行了研究[99](陈柯，2009)，就“学习革命”白皮书中有关非正式学习的实施进行了总结与评价[100](刘文丽，2011)，还结合我国实际国情对农村成人的非正式学习进行了初步的探讨，提出一系列策略加强和提升农村成人非正式学习的效率[101](付丽丽，2011)。

华东师范大学邢蕾(2011)在其博士学位论文中对非正式学习的相关理论进行了梳理，结合加拿大和美国学者、澳大利亚国家职业教育研究中心等的研究成果，以英国全民非正式学习运动为案例进行分析，为我国成人非正式学习提供了有益的借鉴和启示[102]。

2.3 教师非正式学习的研究

基于教师职业的实践特征，工作场所的教师非正式学习研究多属于实证性研究。对于在职教师而言，他们在很大程度上依赖的是交互式而非孤立式的非正式学习。“缺少时间、缺少与同事的亲近及缺乏资金”成为抑制教师参与非正式学习活动的三个环境因素，而“主动性、自我效能、好学、专业兴趣、献身专业发展、育人的个性、活泼的个性”的 7 个个性特征可以增加教师参与非正式学习的动机[103] (Lohman，2006)。在教师当前主流的四种学习形式中，学习者对面对面的非正式学习(教师休息室)和在线式的非正式学习(教师的在线论坛)的认知效果远高于面对面的正式学习(教师的专业发展课程)和在线式的正式学习(在线教师专业发展课程)[104] (Levenberg & Caspi，2010)。

加拿大的学者在继 1999 年对成人非正式学习进行调查之后，又有研究者第二次在全国范围内进行大幅度非正式学习现状调查。加拿大的 753 名中小学教师就他们正在进行的学习及与学习相关的实践和态度接受了调查。受访者描述了他们过去在工作场所、家和社区所进行的任何形式的非正式学习经验及任何形式的正式学习活动(如课程、工作、会议等)，超过 85%的教师进行非正式学习。他们每周平均花 4 小时在与工作相关的非正式学习上，花 10 小时在其他的非正式学习活动上(例如家务、社区志愿者工作及别的兴趣等)[105]。

教师教育一体化背景下的教师专业发展一般要经历职前、入职和在职三个阶段，有学者(Johnson & Chandler，2009)通过对职前教师在跨学科教学中的非正式学习态度、信念、经验及其优缺点进行分析，认为入职前的教师会受到教学设计、教材分析等方面内容的训练，但是几乎未见到对如何学习、如何进行专业发展提升的培训[106]。对于入职后的教师学习情况，有研究者(Turner，2006)认为应尽可能宽泛地捕捉来源于教师认知、情感和行为视角方面的学习复杂性，结合非正式学习包含的内隐性、灵活性、协商性等要素，建立经验不足型教师基于工作的非正式学习模式[107]。基于“教学的初期经验带有情绪化和关系化特征而并不具有更多认知性或专业学习相关能力，专注于非正式学习的研究在指向一个更强大的初任教师专业学习理论方面将起着重要的作用”[108] (McNally，2006)。新入职教师在教学中的非正式学习是一种带有情感性的、和教师身份非常吻合的学习形式[109] (McNally，et al.，2009)。

与此同时，教师在学习中要进行“反思、自我认知和对话、多层次的学习，使思想和意识不断提高”，该学者通过对经验型教师进行了为期一年的观察发现，教师学习的理论应该更多包含行为、动机和情感，在学习过程中应增进教师内隐性的信念意识和行为倾向[110] (Hoekstra & Korthagen，2011)。

此外，还有研究者（Melber& Cox-Petersen，2005）在科学教师专业生活和正式学习经验的背景下对其非正式学习进行了研究探讨，发现对其影响较大的、重要的经验是他们工作之前教过他们的教师、过去非教学性质的工作、真实生活中对科学的观察、家庭成员、看电视、阅读等，诸如博物馆这样的非正式学习环境更有利于教育者为学生提供有意义的科学经验[111]。而对于艺术类的教育，有研究（Finny & Philpott，2010）通过对英国初任音乐教师的调查发现，音乐教育方面的非正式学习和元教育学的可能性，提出了音乐教师非正式学习和元教育学的方法[112]。

由以上文献分析可以看出，教师非正式学习研究的重点多为非正式学习在终身教育体系中的价值和意义或非正式学习在教师实现终身学习中所起的作用这一视角，且关注点重在强调非正式学习对教师专业发展的价值和意义。教师是一个“现实存在的具体的人”“未完成的人”“自我发展的人”，教师的终极目标是要成为一个具有社会价值和自我价值高度统一的“完整的人”。教师发展是在外在专业标准要求与内在自我发展需要的融合中实现的，教师的专业人生并不能代表教师完整的人生，教师的专业发展并不能代表教师完整的发展。

关于教师非正式学习和教师专业发展关系的研究，具体表现为两种类型，一类是基于教师专业发展的角度，探讨教师非正式学习的策略、模型和方法；另一类是以非正式学习的角度，探讨促进教师专业发展的途径、策略。毛齐明（2006）从教师专业发展角度出发，基于非正式学习对于教师发展的意义，提出了促进教师非正式学习的不同途径[113]。有学者从实证角度对中小学教师非正式学习进行研究，认为中小学教师非正式学习遮蔽的根源在于学习观念的错位、学习策略僵化的制约条件[114]（尚庙，2007）、学习环境[115]（祁玉娟，2008）及评价方式[116]（米坤生，2009）等。从研究中可以看出政策环境、学校文化及教师个体专业能力之间的复杂关系。杨晓平（2014）博士在其毕业论文中从自我统整的教师发展视角出发，对中小学教师非正式学习的本体、影响因素、实践模式、自我评价体系等内容进行了深入的研究，构建了我国中小学教师非正式学习的理论框架与可示范的实践范式[117]。

针对非正式学习对教师专业发展的意义，有研究者（汪莉园，2011）从环境、资源、培训、时间等不同方面提出对应的策略以促进教师专业发展[118]。还有研究者（岳宏伟，2009）以非正式学习的视角构建了中小学教师教育技术能力非正式发展模型[119]。但是，由于教师非正式学习会受到诸多因素的影响，具有较大的复杂性和情境性，因此，要建构一个统一的模式仍然是具有较高挑战性的。

在信息技术飞速发展的今天，学习媒介生态产生巨大变化，为持续的非正式学习发展和普及提供了良好的平台。基于此背景，有研究者提出了微型学习这一非正式学习的实用模式[120]（祝智庭等，2008）和科教电视节目[121]（陈娟红，2010）这一非正式学习的途径，也有研究者提出要构建基于网络环境下的非正式学习共同体[122-123]（孙旭涛，2008；朱燕娟，2011）、社会网络[124]（韩艳艳，2008）、虚拟学习社区[125](张丽等,2011)及近年备受重视的慕课(MOOC)[126](李青等,2012)、微课[127](胡铁生,2011)等,这些学习环境能够帮助学习者获得个体独立学习时无法取得的价值。但是值得注意的是,这些价值只有在与他人的交流中、借助他人的知识和思维才能体现并得到。

2.4 学习方式的历程考察

从历史发展看,人类历次生产方式的改变都要求人类的学习方式随之发生转变,学习方式必须变得更加有效,才能满足社会的需求。

桑新民(1999)教授曾通过对人类历史发展中生产方式的考察,提出学习方式与人类生产方式的对应关系,认为学习方式受到物质载体和手段的制约,影响人类学习方式变化的重要因素就是物质载体或手段[128]。桑教授(2000)以其深厚的哲学基础,提出了人类学习方式演变发展中的三个不同阶段[129]。

(1)基于文字方式的学习

在人类的历史进程中,文字的出现成为文化发展中第一个重要的里程碑,狭义文化学习形态的出现引发了教育模式的第一次质变:文字成为文化传播与学习的重要物质载体,书面语言加入到以往只能借助口头语言和体态语言进行的文化教育传播活动中,不仅超越了人类文化传播的时空障碍,提高了文化传播的效率,而且扩展了教育的内容与形式,提高了学习者的抽象思维和学习能力,并成为学校诞生的关键因素。文字使人类的学习活动以越来越抽象、间接的方式进行,大大提高了学习效率。

(2)基于印刷方式的学习

这种文化学习形态得益于印刷术的产生,尤其是活字印刷技术的发展,使之成为近现代社会中占据主导地位的学习方式。它不仅突破了文字书写速度慢、效率低等不可逾越的障碍,还使得书籍成为知识文化的主要载体,由此加快了科学文化的传播速率及近现代教育的普及,而且大幅度提高了个体乃至整个人类的学习能力。学习方式的转变,必然导致教育模式的相应转变和发展,当印刷体的书籍出现之后,出现了班级授课制的形式和规模越来越大的学校。

(3)基于信息技术的学习

当代信息技术的发展和普及,使人类步入信息时代,同时人类的学习方式也从印刷时代跨入信息时代,当代信息技术创造出的“虚拟现实世界”将“经验世界”和“语言世界”相沟通,成为其重要的桥梁。人类的智慧正逐步创造出与多媒体和信息高速公路时代相适应的一整套全新、高效的学习模式与教育模式,从而大大提高人类个体和整个社会的学习能力与创新能力。

很明显,桑教授的学习方式转变论是以媒体发展为基础的,这种媒体路线的归纳清晰地显示了"人类自身生产"[130]（桑新民，1993）对媒体科技发展的依赖性，有助于我们在教育信息化的过程中突出信息技术的教学与学习优势，合理运用信息技术的功能改造和转变我们的学习和生活。按照麦克卢汉（McLuhan，2000）的观点，"媒介即是信息"[131]。从教育传播的角度看，作为教学技术的媒介发展改变了信息结构和人们的认知方式，改变了学习平台和学习空间，甚至彻底转变了人们的学习观念和思维。计算机科学的迅速发展使得人的脑力得到了延伸。计算机用于生产过程，弥补了人们某些脑力方面的局限，大大提高了人们驾驭生产的能力，如果用于发展人们自身的智能，也必将会对智能产生深刻影响，同时这种影响能够保证人们更好地适应已经发展的生产力。

因此，笔者从知识传播和媒体传播的角度出发，归纳出学习方式的发展演变过程，见表2-1。

表2-1　学习方式的发展演变

	知识增长方式与速度	教育教学组织形式	学习交往范围	学习技术工具	对学习者要求
基于文字方式的学习	知识累积增长很慢	师徒制	生活物理时空范围内	口头相传、书	知识吸纳
基于印刷方式的学习	理性的、分科的增长方式，速度比较快	学校	生活物理时空范围内	图书馆、书	知识吸纳、科学探索
基于信息技术的学习	批判的、社会的、合作的增长方式，指数增长非常快	学校+网络教育	全球村	书、图书馆、网络（电脑、智能手机等）	学会学习、终身学习

从表2-1中可以看出，学习者对知识的学习经历了从师徒制到走入正规课堂的正式学习，最后转变为知识学习课堂与网络学习并存的过程。学习伴随着科学知识的发展走过了漫长的历史，当今的学习有着其新的表现。

学习宏观层面的变迁主要表现之一是在面对全球化和知识经济未来社会发展，人才培养目标的变迁。我国从2000年开始的新一轮课改从课程目标、课程内容等方面明确提出了课改的着眼点和根本宗旨是"为了中华民族的复兴，为了每个学生的发展"[132]（毕华林等，2004）。2014年9月《国家关于考试招生制度改革的实施意见》正式发布，带来了我国恢复高考以来最为全面和系统的一次考试招生制度改革，随之而来的是对教师专业能力要求的提升。因此，教师在进行学习时应该将联合国教科文组织强调的四大学习支柱和当前自身教学实践相结合，进行重新设计和规划。

学习宏观层面的变迁主要表现之二是在面对知识指数式的增长和日新月异的变化，终身教育思想的逐步形成和终身学习的提出。1973 年联合国教科文组织在其第 19 次会议上通过的《关于成人教育发展报告》(*Report on Development of Adult Education*)中明确提出终身学习的概念；1989 年 11 月，联合国教科文组织在北京召开了面向 21 世纪教育国际研讨会，在《学会关心：21 世纪的教育》(*Learning to Care*：21*st Century Education*)报告中提出了 7 个方面的“新知识观和学习观”，强调教育要有创新性的革新精神及“学会怎样学习”，并把终身学习看成是“面向 21 世纪的学习观”；1994 年，意大利召开的“世界首届终身学习大会”上，提出“终身学习是 21 世纪的生存概念”，认为终身学习是人类是否能在 21 世纪生存下去的关键所在[133]。1996 年联合国教科文组织发表的报告《教育——财富蕴藏其中》(*Learning*：*The treasure within*)中指出“终身教育的概念是进入 21 世纪的一把钥匙”[134]。在全球化和知识经济的背景下，终身教育和终身学习已经成为相互联系、相互促进的重要教育思潮和学习观念。教师在进行学习时，充分利用互联网工具，可以培养其学好知识、利用知识解决实际问题的能力，培养终身学习的习惯。

学习宏观层面的变迁主要表现之三是学习化社会思潮的提出。学习化社会概念最早由美国著名教育家、永恒主义代表人物赫钦斯于 1968 年提出的。他把学习化社会定义为：“This would be one that, in addition to offering part-time adult education to every man and woman at every stage of grown-up life, had succeeded in transforming its values in such a way that learning, fulfillment, becoming human, had become its aims and all its institutions were directed to this end.[135]”陈廷柱博士(2004)将其翻译为“除了能够为每个人在其成年以后的每个阶段提供部分时间制的成人教育外，还成功地实现了价值转换的社会。成功的价值转换是指学习、自我实现和成为真正意义上的人已经变成了社会目标，并且所有的社会制度均以这个目标为指向”[136]。1972 年，联合国教科文组织发表的《学会生存》调查报告，把学习化社会作为教育改革与发展的指导思想和根本目标，“教育应扩展到一个人的整个一生，教育不仅是大家都可以得到的，而且是每个人生活的一部分，教育应把社会发展和人的潜力实现作为它的目的”[137]。1973 年，美国卡耐基高等教育委员会发表了《以学习化社会为目标——面向生活、工作及服务活动的多样途径》的报告，提出了构建学习化社会的具体构想；1995 年，欧盟发表《教与学：迈向学习化社会》，并将该年定为“欧洲学习年”[138]。而基于网络学习化社会所展现的教育情境，在横向维度上，应该实现学校、家庭和社会三者之间的沟通和融合，使得学习无处不在，使人的发展在空间上具有连续性；在纵向维度上，建立学科基础知识、教师教学知识和教师在职继续教育上下一贯的纵向学习系统，为所有教师提供学习、交流的机会，使人的发展在时间上具有连续性。“整个社会无处不具有学习的机会和条件，教育成为社会生活的重要组成部分，学习成为社会行为的主要方式和价值选择，学习在社会中发挥和扮演着至关重要的作用[139]。（顾明远等，2003）"

学习变迁的微观表现主要体现在学习的时间、内容、方式、需求、评价等方面。在时间维度上，从过去阶段性学校的学习转变为贯穿一生的终身学习；在学习内容维度上，从过去注重识记内容的学习转变为注重学会学习能力的学习；在学习内容来源和表现形式上，随着智能手机的普及，碎片式学习深入人心，各种手机学习的App、订阅号、微课等不断发展，使得学习的内容越来越表现出多样化的趋势；在学习方式维度上，从过去注重个体正规学习形式转变为注重团队协作正式与非正式相结合的学习方式；在学习需求维度上，学习者表现出很强的主动性与学习的迫切性，因为学习能力已经关系到个体的生存能力；在学习评价维度上，从过去注重单一考试分数的评价方式转变为以学习过程和主体成长为主导的形成性、真实性及多元化的评价方式。

与此同时，在全球化和知识经济作为整个社会典型特征的现在，学习被作为生存能力提出，强调终身学习、学会学习。在这种环境中，伴随着学习媒介生态发生的巨大变化，我们对学习方式也有着新的认识和理解。

（1）学习是一种对话的实践

日本东京大学佐藤学（Sato，2004）教授把学习作为意义与人际的"关系重构"加以认识，提出学习是一种对话性的实践，这种实践是构建"学习者与客体的关系、学习者与他（她）自身（自己）的关系、学习者与他人的关系。学习的活动是建构客观世界意义的活动，是探索与塑造自我的活动，是编织自己与他人关系的活动"[140]。

佐藤学提出学习的三种实践活动体现了主客体互为媒介的关系，如果学习者不能丰富地构建客体的意义世界，他就不能丰富地构建自己，也不能构建同他人的关系。反之，能否构建客体的意义世界取决于学习者自己内部广阔世界的丰富性，取决于同该学习者相关的人际关系的丰富性。学习的实践，其核心就是作为同客观世界对话而实现探究和表达的实践，学习的实践是"探索世界""塑造自我"和"结交伙伴"三位一体的实践。

（2）学习是一种建构的实践

在信息技术背景下，教学的改革更体现出根本性和根源性的性质。学习的变革就是这种根本性的集中表现。学习者目前已经作为建构意义与关联的活动主体来定位，把学习活动作为社会过程的实践来认识，建构主义学习理论便是其中的代表，该理论有助于深刻理解信息技术下的学习本质。

网络的普及，E-mail、QQ、MSN、微信等软件为对话、讨论提供了一系列崭新的手段——它们的交互性特征导致了另一个层面意义上的社会建构。学习者可以借助这些软件同远离自己的教师、学习者进行互动和交流；而搜索引擎也可以为学习者提供使用多种信息资源的权利，这不仅可以帮助学习者更好地了解自己的文化，而且还可以去了解其他人的文化；博客、Wiki 等软件则为合作性学习提供了一个独特的平台，在一些互联网的合作学习中，学习者可以及时同反馈新信息的“网友”进行对话，在虚拟的情境中进行模拟学习。慕课（MOOC）、微课及各种手机学习 App、订阅号的推广，则为广大学习者提供了丰富的学习资源。

（3）学习是一种互动的实践

传统课堂中，教师对学习者的影响是通过面对面的活动来实现的。但在信息技术条件下，新的技术已经帮助学习者建立了一种新的学习方式，学习者在这种学习方式中扩大了与他人的互动联系，学习者利用新的技术可以就有关观点展开讨论并互相学习，而不是聆听经过教师消化过的有关事实的知识和理论。与此同时，学习者能够通过自己的经验和理解对学习过程中讨论的知识进行构建。最基本的互动学习环境就是互联网本身，这一技术包括了越来越巨大的人类知识仓库及越来越多的管理知识仓库的工具和服务项目。

因此，可以在社会生产力发展变迁的背景下、在知识转型的脉络中把握学习变化的历程，重新审视今天所培养的学习者在学习方面的价值取向、知识结构、思维模式，探索采用什么形式来促进学习者掌握终身学习的技能。

2.5　Web 发展推动非正式学习的实现

Web 1.0 和 Web 2.0 作为 Web 发展历史断代的成果，为非正式学习的迅速发展提供了良好的平台；在 Web 3.0 概念尚未定性的今天，Web 3.0 又在它的实践过程中，促进了非正式学习的发展。

Web 1.0 时代，网络提供给学习者的是一种信息浏览和简单信息交互的平台，Web 1.0 的本质是联合，讲求的是门户、内容、商业模式。ASP、PHP、CGI 等技术已经基本上能满足中小企业电子商务及信息发布平台建设的需要。但是，由于此类技术自身的局限性不再能满足各行各业各种深层次的需求而被其他技术取代。

Web 2.0 时代带来的不仅是“六度分隔”理论，更多的是对 XML、TAG、AJAX 等技术的发展和支持。Web 2.0 的本质就是互动，它为学习者提供了更多参与知识创造、传播和分享的机会，而这个过程是有价值的。Web 2.0 的缺点是没有体现出网民劳动的价值，纯粹的 Web 2.0 在商业模式上遭遇重大挑战，需要同具体的产业结合起来才会获得巨大的商业价值和商业成功。

Web 3.0 一词包含多层含义，它的出现是用来概括互联网发展过程中可能出现的各种不同的方向和特征，包括将互联网本身转化为一个泛型数据库、跨浏览器/超浏览器的内容投递和请求机制、人工智能技术的运用、语义网、地理映射网、运用 3D 技术搭建的网站甚至虚拟世界或网络公司等。Web 3.0 是在 Web 2.0 的基础上发展起来的，能够更好地体现网民的劳动价值，并且能够实现价值均衡分配的一种互联网方式。

Web 1.0、Web 2.0与Web 3.0在核心理念、用户参与性、信息流方向、技术特点、发展环境及产品代表方面的比较如表2-2所示。

表2-2 Web 1.0、Web 2.0与Web 3.0的比较[141]

比较项目	Web 1.0	Web 2.0	Web 3.0
核心理念	“以门户网站”为中心	以“个人”为中心	以“人性化、智能化”为中心
用户参与性	可读式read-only网页，被动参与	可读写式read-write，互动参与，但局限于屏幕前	可读写＋便携式，互动、实时参与
信息流方向	单向传播，信息从公司或媒体向个体单向传播。可以理解为B2C	共同分享，信息流混乱。可以理解为B2C，C2C相混合阶段以订阅方式的传播	与1.0相比，信息源从B转向了C，人人都可以成为信息员
技术特点	动态HTML和静态HTML	以博客、TAG、SNS、RSS等社会软件的应用为核心，依据六度分隔、XML、AJAX等新理论和技术实现的互联网模式	综合了Web 1.0与Web 2.0的技术特点，语义网是实现Web 3.0的关键技术，代表未来互联网发展的方向
发展环境	有线互联网初级阶段，带宽较窄	有线互联网中级阶段，带宽较宽	无线互联发展初级阶段
产品代表	新浪、搜狐等门户网站；以雅虎为主的目录式搜索	博客中国、开心网、人人网；以百度为主的爬虫式搜集	新浪微博、雅蛙、阔地网络、微信、推特(Twitter)

Web 2.0时代出现的社会性软件，使得原来自上而下的由少数资源控制者集中控制主导的互联网体系转变为自下而上的由广大用户集体智慧和力量主导的互联网体系，极大地解放了个人的创作和贡献潜能，使得互联网的创造力上升到新的高度。社会性软件的核心内涵在于互联网应用模式开始从传统的“人机对话”逐渐转变为“人人对话”。过去的个人软件主要是让机器完成文档处理或者获取信息，比如办公软件和浏览器等，而社会软件完全的功能主要是为了网络中的人与人之间(而不是人与机器)进行对话。学习者在使用其他软件的时候，会关注其作为工具的效用。但是，学习者在使用社会性软件的过程中，关注的是其带来的社会关系。

有学者(庄秀丽等,2004)认为社会性软件按照其促进社会关系网络形成的不同形式可以分为显性社会性软件和隐性社会性软件。显性社会性软件在功能上能直接促进某种程度人际互联关系的构建和发展,而隐性社会性软件则是在完成软件某种功能的过程中促进了人际关系的建设和互联[142]。

显性的社会性软件具有社群性质,朋友之间可以进行人力资源的分享,如微信、Friendster、Ryze、Linkedin 等。

Meetup 也是以显性社会关系的建立为基础,但却有直接应用目的的指向性,就是在建立社会关系的过程中完成或解决了具体的应用问题;以协同创作为主要应用的 Wiki 则充分展现了网络时代信息社会对知识创新、分享知识的追求和支持;QQ 和 IM 起着简单的通信作用;博客、豆瓣则主要是以个人应用为主,但个人的应用常常有助于个人社会网络的形成。另外还有像 Upcoming、Evite、Tirbe、Upmystreet、visualpath、Spoke、Friendsurfer 之类的社会性软件都可以纳入与 Meetup 相当的情况之中,集中在显性社会关系建立,但在应用问题的解决形式上还比较简单。

针对于我国当前社会性软件普及的现状,有研究者(汪学均等,2010)以网络信息技术的视角研究对利用社会性软件开展成人非正式学习进行了研究,认为"以 QQ 为平台的在线群聊是目前网络环境下最有代表性的成人非正式学习形式"[143]。成人通过多元的方式参与学习讨论,分享学习资源,分享生活智慧,对非正式学习的普及产生了较大影响。另有研究者(王立国,2011)提出了构建大学生非正式学习社区的理论模型,并结合相应的技术,设计并搭建了基于 Web 2.0 的大学生非正式学习社区,有效地促进大学生学习方式的良性转变,提高学习绩效,实现自我发展[144]。基于网络和社会性软件的学习是现代人,尤其是大学生的主要学习途径,有研究(宣曼一,2011)分析了基于网络的大学生非正式学习的影响因素及存在的问题,提出"多种学习方式相结合,树立正确的学习态度;完善非正式学习的激励机制;建立内外结合的调控体系,增强大学生的自我调控能力;创新课堂教学活动设计,强化大学生的反思意识;变革高校教学结构和教学模式"的策略来提高大学生基于网络的非正式学习效率[145]。通过对大学生应用社会性软件进行非正式学习的现状分析,研究者(殷晓宇,2010)提出了"促进大学生非正式学习的对策:提高大学生的非正式学习能力、激发非正式学习参与动机、提升非正式学习的满意度和忠诚度、完善知识管理活动",并构建了基于社会性软件进行非正式学习的"Mblog+Wiki""QQ 群'榜样引导'"的实用模式[146]。也有研究者(宋权华,2010)独辟蹊径,立足于经济学领域的长尾理论,从长尾与非正式学习的关联出发建构大学生的网络非正式学习模式[147]。随着社会的发展,人类的进步,任何角落的人与人几乎可以在瞬间彼此相连,大学生的学习需要有一个进行交流、沟通、对话,共同学习,共同成长的实践环境。基于此,有研究者(曲秀芬,2010)提出要构建一个基于UC和博客的社会性应用软件支持下的大学生非正式学习共同体[148]。

社会性软件并非为教育而创造，但教育的文化属性决定了它总会积极吸收人类的优秀发展成果以促进学习。从教育的视角来看，社会性软件与终身学习、非正式学习、即时学习密切相关，与个体知识构建、社会知识构建相辅相成[149]。（余胜泉等，2005）

社会性软件对个人知识管理产生重要的影响和作用，社会性软件所整合的基于知识分享与创新的社会资本，其价值更是不容忽视。它对学习的影响主要表现在以下几个方面。

（1）社会交往模式的新形式

社会性软件以现实社会关系为基础，模拟或重建现实社会的人际关系网络。从某种程度上说，社会性软件拓展了学习的空间和机会，将更多的原本陌生的共同爱好者组织到学习者自身的社会关系中，利用所在社会关系中知识面的趋同性，构建有利于知识传播的“弱链接”关系。由于社会关系中学习者自身的知识结构差异性较大，在交流的思维碰撞过程中会呈现出其他学习者不易思考到的角度和事物，从而促进新的知识（对个体而言一切未知的知识都是新的知识）的传播。这个交流的过程，既是新知识传播的过程，又是非正式学习的过程，还是知识创新的激发时期。

在“弱链接”的基础上，学习者彼此通过更深层次的交流，在能够相互理解和深入对话的时候，就构成了“强链接”。这种“强链接”之间可以形成信任、形成默契、形成和加强社会资本，从而成为一个相互合作和创新知识的基础。这种从“陌生”到“熟悉”的过程，相互之间最能彼此激发、创造新的观点、新的知识，因为它汇集了两个或者两个以上人的经验、知识、技能乃至人生观。通过社会性软件完成的整个过程不仅呈现出显性知识的交流，同时也是隐性知识彼此激发的过程。随着社群的扩大，新的成员的加入，这个过程会周而复始、螺旋上升。

（2）知识传播和转变新方式

社会性软件使知识和信息的采集变得十分可行和便捷，例如通过QQ、微信等可以达到及时联络和交流的目的；通过博客可以很快挖掘发现网络领域专家及专家所关注研究的内容；通过RSS，利用新闻阅读器可以大大提升信息获取和更新的速度。博客、Wiki等使得记录和整理工作都较为方便，利于学习者的思考。

（3）社会性软件可能成为一种新媒体，形成网络化的人际传播

整体的社会性软件通过不同参与者的信息收集和快速分享而传播，参与者通过社会性软件来告知和被告知，说服和被说服。社会性软件对学习的影响十分重要，它构建的社会网络关系链中蕴藏着一定的社会价值，这些社会价值作为所有社会性协同工作的基础，对学习方式的转变及非正式学习的展开有着重要的促进作用。

2.6 小结与反思

本章对国内外相关文献进行了评述。从对学习方式转变方面的研究中，可以看出随着生产方式的不断发展，学习者的学习已有从传统学习向基于信息技术的非正式学习转化的趋势，学习是一种对话、建构、互动的实践，这种对学习方式的新的诠释已经逐渐被大多数人所接受。在对社会性软件研究的过程中，可以看到社会性软件从出现到普及是一个十分迅速的过程，社会性软件在学习上的巨大影响，为学习方式的转变提供了基础。同样，教师的学习也在宏观和微观方面发生着变迁。由前两个方面作为出发点，将其与学习的变迁相结合，利用社会性软件为学习者的学习方式转变提供帮助是十分必要的。

从文献研究的情况来看，伴随学习科学的发展，学者对非正式学习的研究逐步加深。国外关于非正式学习的思想可以追溯到 20 世纪初，早期的相关研究成果主要集中在美国。林德曼和杜威在相关著作中体现对非正式学习研究的重要思想；诺尔斯 1950 年正式提出非正式学习在成人学习中的重要性，进行较为明确的非正式学习研究；马席克和瓦特金斯在 20 世纪 80 年代掀起了全球范围内的成人非正式学习研究的热潮。自此之后，国外关于非正式学习的主流研究集中在美国、加拿大，之后为英国、澳大利亚等国，研究主题集中表现在工作场所的非正式学习和成人非正式学习。我国对非正式学习领域的系统研究起步较晚，较为系统和专门地论述教师非正式学习的文献较少，研究初期大多融合出现在终身学习、学习型社会的相关著作与文献中。从总体上看，我国的理论研究学者和实践工作者对非正式学习，尤其是对教师非正式学习的研究尚处于起步、探索阶段。纵观国内外对学习科学的发展，非正式学习特别是教师非正式学习及信息技术对学习方式推动的研究，可以发现国内外学者研究中存在以下问题。

(1)缺乏对教师非正式学习的本体性探讨

第一，对基本概念没有形成统一认识，容易引起模糊、混淆。对于最基本的概念，不同研究者因不同的分类依据和不同的逻辑而对“Formal Learning”“Non-Formal Learning”“Informal learning”有着不同的译法，导致目前国内的相关研究陷入了把非正规学习(Non-Formal Learning)和非正式学习(Informal learning)混为一谈的现象。事实上，非正规学习和非正式学习是有界限和区别的，这对研究的深入有着较大的影响。

第二，对于教师非正式学习的基本要素、主要类型、基本特征等本体性问题研究方面，无论是国外的相关研究，还是国内的相关研究，都涉及较少，还具有极大的研究空间。

(2)亟需形成一个教师非正式学习的研究范式

教师非正式学习的研究至今仍没有形成一个清晰而系统的研究范式。无论是国外还是国内，在诸如教师非正式学习有效性的测量与评价、教师有效的知识管理系统、行之有效的教师非正式学习模式、保障教师非正式学习有效性的机制与条件等重要性问题上都缺乏较为深入而系统的研究。国内对于教师非正式学习研究中自身的人文性、专业性和实践性特征关注不够，亟待建构符合我国国情的教师非正式学习研究独特的研究范式。

(3)教师非正式学习研究的视角有待拓展

已有的为数不多的教师非正式学习研究中，存在着研究视角单一的问题。已有研究高度关注教师的专业发展，但通常无视教师作为人所应获得的发展。事实上，教师专业发展并不能涵盖教师发展，教师发展应该涵盖教师生命潜能最大限度地激发和人生价值最大范围地延伸。研究视角的单一将割裂教师作为完整的人的发展。

(4)信息技术支持下非正式学习研究的实践开展亟待实现本土化

当前国内已有的研究更多倾向于以教育技术学、信息技术学和计算机网络等学科为学习支撑，提供大量微课、慕课（MOOC）或者一线教师原创的各种学习资源，对于教师非正式学习的理论建构没有得到应有的重视，对社会性软件、信息技术、环境资源等外在硬件建设在非正式学习研究中的作用开展了大量研究，但轻视了教师个人在非正式学习实践过程中意识、需要、兴趣、态度、情感、信念、价值观等内在因素的自我激励作用，也缺少了对学习方式转变促进教师非正式学习的实践开展研究。基于信息技术的教师非正式学习研究亟需寻找和建构属于我国本土化的内涵和方法策略。

由以上讨论可知，关注生命，关注成长；终身教育体制的建立，终身学习能力的培养；学习化社会的构建，非正式学习实践、内容等方面的转变，特别是学习方式的转变，不仅仅是为了使每一个人获得工作技能和生存技能，更多是为了帮助每一个人获得一种为自己进行幸福人生规划、设计和自我实现的能力，帮助每一个人做独立、自主、为生命自由成长不断追求的人。

第三章 教师非正式学习的现实审视

互联网在学习上的重要性不言自喻，然而，网络软硬件支撑环境的推陈出新、网络应用技术的层出不穷，其发展对学习有哪些启示？学习者又如何驾驭网络学习技术以发展自己的终身学习能力？古人云："谋而不得，则以往知来，以见知隐。"[150]因此，笔者尝试采用问卷调查和网络发展分析相结合的方法，在对教师利用网络进行非正式学习现状调查、开展数据分析的基础上，回顾网络互联技术的发展，以期能够从中解读网络时代教师非正式学习的发展特征。

3.1 教师非正式学习现状的调查

随着互联网的普及及其在教学中的应用，越来越多的学习者开始利用网络进行学习，从简单的聊天、打游戏到查找学习资料、与学习伙伴进行交流讨论，网络在学习者非正式学习过程中的作用逐渐显得重要。但是，当前教师利用互联网开展非正式学习的情况到底如何？他们在学习过程中遇到了哪些问题？学习习惯如何养成？一系列的问题有待我们逐一解决。基于此，笔者开展了对当前基础教育教师基于网络的非正式学习现状的调查，以期能够得到一手的实证资料。

3.1.1 调查工具的编制

围绕上述基本问题，为了能够真实、客观、准确地了解当前中学教师开展网络环境下非正式学习现状及存在的问题，在征询大量一线中学教师、教育领域专家意见和建议的基础上，借鉴西南大学杨晓平(2014)博士在毕业论文中对教师非正式学习问卷设计采用的设计维度[151]，笔者选择了"教师非正式学习的观念与意识""教师非正式学习的方式和方法"和"教师非正式学习的意义和价值" 三个维度，经过反复修改和斟酌后，形成试测问卷，共计 20 题。

其中，1 至 6 题属于"教师非正式学习的观念与意识"维度范畴；7 至 13 题属于"教师非正式学习的方式和方法"维度范畴；14 至 20 题属于"教师非正式学习的意义和价值”维度范畴。试测问卷由两部分组成，第一部分是对教师基本情况的了解，如性别、年龄、学历、专业等；第二部分是对教师开展网络环境非正式学习情况的调查。经过试测，笔者对试测问卷中5、12、15、17、20题进行了删除，根据数据分析结果，在删去了与整个量表相关性最小的问题项后，形成了最终的正式问卷。表3－1所表示的就是问卷中的“每一问题与整份问卷的相关系数”，以及“删除该问题后问卷的信度”检验情况。在删去了与整个量表相关性最小的4个问题项后，使用SPSS 21.0将正式问卷中关于网络环境下教师非正式学习情况调查的15个题目加以标准化成Z值后，得出本问卷中的克朗巴赫α信度系数为0.899，标准化α信度系数为0.910(SPSS 21.0输出结果，即表3－1)，说明本研究具有较高信度。

表3－1 “网络环境下教师非正式学习情况调查问卷(试测)”信度检验

序号	每小题与问卷的相关系数	删除该小题后问卷的信度
1	0.605	0.895
2	0.569	0.891
3	0.417	0.892
4	0.469	0.891
5	0.050(删除)	0.895
6	0.467	0.895
7	0.442	0.894
8	0.624	0.894
9	0.551	0.894
10	0.340	0.893
11	0.551	0.892
12	0.080(删除)	0.891
13	0.568	0.895
14	0.462	0.895
15	0.038(删除)	0.896
16	0.883	0.897
17	0.029(删除)	0.898
18	0.556	0.895
19	0.682	0.897
20	0.074(删除)	0.897

3.1.2　问卷发放与回收

本研究所运用的调查研究法是对地处陕西省和湖南省共计 27 所中学教师非正式学习实际情况进行调查。其中,陕西省抽取 16 所(发放问卷 640 份),湖南省抽取 11 所(发放问卷 100 份),包含市、县、乡镇、村等不同地区。实际发放问卷总量 740 份,回收问卷 668 份,剔除废卷后的有效问卷为 631 份,有效回收率达85.3%。最后,借助 SPSS 21.0 统计软件对问卷调查所获数据进行处理和分析。

3.1.3　调查研究工具的信度与效度检验

为保证本研究的可信、科学,本研究通过对自编问卷进行试测从而进行信度与效度的检验。所谓信度(Reliability)也称之为可靠度,是测量所得分数的稳定性和可靠性[152](李秉德,1987)。评估一个系统的信度是以组成该系统的每一个项目或测量之间的相关系数为基础的。通常情况下,一份问卷或测验,如测量同一理念的项目越多时,信度会有越高的表现[153](林震岩,2007)。根据信度系数的种类、测量的内容测量方法来分,信度主要分为重测信度、复本信度、分半信度、库李信度、评分者信度和克朗巴赫(Cronbach)创立的 α 系数。

本研究采用克朗巴赫 α 系数对问卷的信度进行测量,实现同一理论维度下各项目间的一致性(表 3－2)。在基础研究中,信度至少应达到 0.80[154](林震岩,2007)。一般而言,如果量表的信度系数在 0.9 以上,说明量表的信度非常高;如果量表的信度系数在 0.7 至 0.8 之间,说明量表的有些项目需要修订;如果量表的信度系数在 0.7 以下,说明量表不可信。正式问卷中克朗巴赫 α 信度系数为 0.895,标准化 α 信度系数为 0.906,项数为 15,具有较高的信度。

效度(Validity)是测量的准确性和有效性,也就是测量的结果与所要达到的目标之间相符合的程度。测量的效度与测量的目标有密切关系,效度就是指测验本身所能达到目标的有效程度[155](李方,2007)。由美国教育研究协会(American Educational Research Association,AERA),美国心理协会(American Psychological Association,APA),全国教育测量委员会(National Council on Measurement in Education,NCME)在 1974 年共同发行的《教育与心理测量的标准》将测验的效度分为三大类:内容效度(Content Validity)、效标效度(Criterion-related Validity)、结构效度(Construct Validity)[156]。本研究将借助 SPSS 21.0 的因素分析法对问卷的结构效度进行检验,根据 SPSS 21.0 软件统计分析结果详见表 3－2,问卷的 KMO 值为 $0.847>0.8$,P 值为 $0.000<0.05$,这表明问卷是适合做因子分析的,即变量之间具有明显的结构性和相关关系,具有较好的结构效度。

表 3-2 “网络环境下教师非正式学习情况调查问卷(正式)”KMO 检验和巴特利球形检验

KMO 检验	巴特利球形检验		
	Approx. Chi-Square	df	Sig
0.847	1.0016	101	0.000

3.1.4 调查研究结果的分析

3.1.4.1 调查对象的基本情况

从我们回收的 631 份有效问卷的信息(表 3-3)来看，接受调查的教师中，在性别方面，男性教师所占比例为 59.9%，女性教师所占比例为 40.1%，男性教师略多于女性教师。在教师学历方面，主要以大学本科学历为主，所占比例达到 50.4%；研究生学历占到 22.82%；专科占 26.78%。在教龄方面，3 年以下(含 3 年)占 38.35%，3 至 10 年(含 10 年)占 38.19%，10 至 15 年(含 15 年)占 18.38%，15 年以上占 5.07%。将学历与教龄结合来看，可以发现，研究生学历的教师大多数为教龄在 3 年以下(含 3 年)的教师，部分在 3 至 10 年(含 10 年)，个别教师教龄在 10 至 15 年(含 15 年)，15 年以上教龄中未见到研究生学历；专科学历与教龄的关系与研究生学历与教龄的关系相反，只有两位 3 年以下(含 3 年)的教师为专科学历，但这两位教师所在学校均为条件非常艰苦的边远山区学校。由此可见，基础教育阶段教师学历研究生化已有初步推进。从专业类别来看，执教文科的教师有 36.13%，执教理科的教师有 46.43%，其他学科的教师有 17.43%，这与当前中学教师配备实际情况吻合。

表 3-3 调查对象的基本信息

被测特征	特征值	人数	百分比
性别	男	378	59.90%
	女	253	40.10%
学历	专科	169	26.78%
	本科	318	50.40%
	研究生	144	22.82%
教龄	3 年以下(含 3 年)	242	38.35%
	3～10 年(含 10 年)	241	38.19%
	10～15 年(含 15 年)	116	18.38%
	15 年以上	32	5.07%
专业类别	文科	228	36.13%
	理科	293	46.43%
	其他学科	110	17.43%

3.1.4.2 调查研究结果的分析

(1)教师非正式学习的观念与意识

关于教师非正式学习的观念与意识方面，由表3-4可以看出，在接受调查的中学教师中，对于“Web 2.0”和“非正式学习”的了解程度，“了解一些”和“比较了解”的人数较多，两者相加可以分别占到被测总人数的73.42%和78.92%，这说明Web 2.0和非正式学习已经初步进入广大教师的生活，教师对此有初步的了解。对于新技术和应用给您带来的最大方便，过半(59.43%)的被测者都选择了“及时获取并方便信息的管理和发布”，海量资源、分享、交往成为网络带给人们的三大变化。此外，在网络活动的意识方面，只有3.01%的教师学习者能够“有非常明确的目的并能按目的进行”，接近一半(46.43%)的教师容易受到其他因素干扰，剩余教师在上网前目的性较弱。而超过90%的被测者认为“Web 2.0环境更利于非正式学习”，说明当前在学习者的观念和意识里，已经认可了Web 2.0环境对非正式学习的促进作用。

表3-4　教师非正式学习的观念与意识方面因素

题项序号	题项	选项	百分比
1	您对Web 2.0的了解程度为	不太了解	15.85%
		了解一些	43.42%
		比较了解	30.90%
		非常了解	9.83%
2	您对非正式学习的了解程度为	不太了解	7.45%
		了解一些	46.59%
		比较了解	32.33%
		非常了解	13.63%
3	您认为Web 2.0新技术和应用给您带来的最大方便是	及时获取并方便信息的管理和发布	59.43%
		享受自由和个性化网络空间，展示自己	6.50%
		扩大人际交往网络，找到更多志趣相投的朋友	18.70%
		分享个人经验和资源，更好地进行信息和思想的交流	15.37%
4	您进行网上活动时往往	有非常明确的目的并能按目的进行	3.01%
		有目的但时常被其他因素影响	46.43%
		先到网上找准兴趣点再确定目的	27.89%
		漫无目的，跟着感觉走	22.66%

续表 3-4

题项序号	题项	选项	百分比
5	我认为 Web 2.0 环境更利于非正式学习	非常赞同	58.48%
		赞同	32.33%
		一般	8.40%
		不赞同	0.79%
		很不赞同	0.00%

(2)教师非正式学习的方式和方法

如表 3-5 所示,在教师非正式学习的方式和方法方面,接受调查的教师中,关于教师"常使用的 Web 2.0 网络社会软件",绝大部分教师选择了"社会性网络(SNS,如校内网、QQ 空间、MySpace)"和"博客",接近一半的人选择了"播客(Podcast,如优酷、土豆)"和"Wiki(如百度百科)",通过后期交流可知这些被测者主要是利用播客观看视频,利用百度百科查阅各种专有名词,只有极少人参与词条编辑,而选择"社会性网络(SNS)"的原因是因为 QQ 的使用。由于 QQ 的普及,在"通过 Web 2.0 您参与过以下哪些非正式学习活动"的选项中,选择 IM 和 SNS 的人数远高于选择其他学习工具的人数,还有超过半数的被测者选择了博客。参与过一个以上学习共同体的被测者占到了总人数的 91.28%,还有超过一半的被测者"赞同"或者"非常赞同"利用"Web 2.0 工具收集管理学习内容",认为非正式学习效果"非常好"和"还可以"的被测试者不到 40%。这表明,多数的被测者已经有了 Web 2.0 工具学习的良好体验,但是还未取得良好的效果。

表 3-5 教师非正式学习的方式和方法方面因素

题项序号	题项	选项	百分比
6	您常使用的 Web 2.0 网络社会软件为(多选)	博客(Blog)	94.61%
		社会性网络(SNS,如校内网、QQ 空间、MySpace)	95.25%
		RSS(如 Google Reader、新浪点点通)	20.13%
		Wiki (如百度百科)	46.59%
		播客(Podcast,如优酷、土豆)	48.65%
		网摘(Bookmark,社会性书签)	9.35%
		标签(Tag)	3.33%
		其他	5.86%

续表 3-5

题项序号	题项	选项	百分比
7	通过 Web 2.0 您参与过以下哪些非正式学习活动(多选)	通过 Tag(标签、分类)连接学习信息	0.00%
		通过 IM(如 MSN、QQ)与别人交流学习问题	98.26%
		通过 SNS(如校内网、QQ 空间)分享学习资源	92.71%
		通过播客(如优酷网、新浪播客)点播相关教学视频	39.30%
		通过博客发表专业相关信息并参加群组讨论	65.13%
		通过 RSS(如周博通、抓虾)阅读学习资料	12.84%
		通过 Wiki(如百度百科)收集或发布学习信息	15.69%
		通过网摘(如 365 网摘)收集整理学习资料	47.07%
8	您参加过的网络学习社区或群组	经常参与多个	60.38%
		固定且经常参与某一两个	30.90%
		偶尔参与	8.72%
		从未参与	0.00%
9	我很乐于使用 Web 2.0 工具收集管理我的学习内容，感觉很方便	非常赞同	10.94%
		赞同	43.42%
		一般	21.55%
		不赞同	18.23%
		很不赞同	5.86%
10	Web 2.0 环境下您的非正式学习效果	非常好	16.01%
		还可以	21.24%
		一般	31.54%
		不太好	29.64%
		很不好	1.58%
11	您认为非正式学习对于学习者个体而言	更利于学习者的个性发展	54.04%
		更真实地反映出学习者的需求	31.22%
		更利于获得经验、技巧和解决问题的方式等隐性知识	10.30%
		其他	4.44%

(3)教师非正式学习的意义和价值

教师在日常工作中所开展的非正式学习实践活动对其专业发展和自我成长的实现究竟有无价值？表 3-6 显示，认为 Web 2.0 带来更丰富的信息资源和更便捷的交流与分享的被测者超过了90%，非常赞同及赞同“学习随时随地都有可能发生”的人数达到了94.29%。但是赞同“在网上有意外的学习经历”的人数比例还不到20%。在“影响您进行Web 2.0体验的最主要因素”中“社会性软件更新速度快，来不及适应，对其使用不熟练”(38.99%)和“缺乏时间”(32.49%)占大多数。

表3-6　教师非正式学习的意义和价值方面因素

题项序号	题项	选项	百分比
12	您认为Web 2.0对学习的哪方面产生比较大的影响(多选)	更丰富的信息资源	93.98%
		更能激发学习兴趣	28.84%
		更富于自主化的学习方式	59.27%
		更便捷的交流与分享	90.49%
		更有效的知识管理和检索	66.72%
13	您是否认同“通过网络，学习随时随地都有可能发生”	非常赞同	71.63%
		赞同	22.66%
		一般	5.71%
		不赞同	0.00%
		很不赞同	0.00%
14	您经常在网上有意外的学习经历	非常赞同	11.73%
		赞同	16.32%
		一般	27.89%
		不赞同	28.05%
		很不赞同	16.01%
15	影响您进行Web 2.0体验的最主要因素	缺乏时间	32.49%
		缺乏网络条件	13.15%
		缺乏参与和讨论的勇气	8.87%
		缺乏兴趣，对Web 2.0不关注不了解	3.49%
		社会性软件更新速度快，来不及适应，对其使用不熟练	38.99%
		其他	3.01%

3.1.5　调查结果讨论

由上述调查结果可以得出以下结论。

(1)教师非正式学习的意识较为明确

对教师个体进行非正式学习情况的调查可以发现,当前教师对基于网络的非正式学习表现出极大的兴趣,认可非正式学习,有不断学习和进取的意愿,但是感到自己无从下手。《学会生存》中指出:人永远具有未完成性,人要终身学习,不断追求自身的发展。教师作为育人之人,更加具有未完成性,必须认识到学习是永无止境的,要突破自我,超越自我地进行各种学习,不断追求自身的各种发展。

(2)教师非正式学习方式的单一性

当前开展非正式学习的教师,其学习方式表现较为单一,缺少开放性和多元性,严重影响了学习的质量。教师在学习过程中呈现的资源浏览的随意性、网上学习的无人引导,以及网络资源利用能力欠缺等问题,说明教师将自身发展仅限于获取"应该的""正确的"技术性知识,而忽视了通过加强人生规划、研究、反思、合作促进其对于自身专业活动及与自己人生发展相关的事物有更为深刻的理解和认识,从而发现其中的价值和意义。教师的发展目标应该是"完整的人",应在专业生涯中把握自己的人生,实现专业发展和人生发展的完美融合。

(3)教师非正式学习思想的缺失

通过调查发现,教师非正式学习的转化运用较为低效。教师专业发展并不能涵盖教师的发展,教师的发展更应涵盖最大限度地激发生命潜能和最大范围地延伸生命价值,教师的专业发展也不能是架空了人生发展的专业发展。然而,当前教师非正式学习的内容和方法都过于集中在教师的专业发展方面,认为专业发展就是教师发展的全部,无视教师不仅需要专业的发展,还需要大量"专业外"的发展,严重忽视了教师作为人的个体的人生发展问题。这集中表现在大部分教师从不进行"人生规划与设计"。没有了教师人生的发展,又何来专业发展?教师是在其专业生涯和人生发展紧密结合中通过自我统合整理而实现发展的。显然,当前大部分教师只重专业发展而忽视了个人的人生发展,这是一种思想缺失的表现。

3.2　互联网学习现状的分析框架

互联网是不断发展变化着的复杂系统,就其组成来说,涉及硬件、软件,以及促成互联的各种协议、规则与标准等,然而,这三者各自又代表着不断变化发展的庞大领域,就其涵盖的具体内容而言,无法一一说明。这里仅讨论网络学习者学习过程中可能触及的交往范围与交往方式的变化,在学习的历史发展层面回顾学习组织形式的发展,以寻求网络发展与学习之间的联系。

3.2.1 学习分析的研究现状

传统意义上对学习系统的分析，主要是从教学的视角入手，将教学系统分为“老师、学生、内容、媒体”四大要素[157]（余胜泉等，2005），这是常见的划分方法之一，这四要素组织有效性的度量方式主要是采用学生对比较固定的“学习内容”的掌握程度。这种掌握程度从另一个角度来说，就是教学效果的量度。

随着智慧课堂、教育大数据和教育云计算的发展，学习分析逐渐成为教育信息化与教学互动的“深度融合”方式之一。学习分析学（Learning Analytics，LA）是使用智能数据、学习者数据，以及分析模型来发现信息和社会性联系，并以此为依据进行学习预测和提供建议[158]（Siemens，2010）。国外对学习分析技术的研究工作起步较早，也相对成熟，其研究成果主要集中于对学习分析技术的概念、内涵及与之近似概念的比较研究[159-161]，还包括学习分析技术的系统架构及学习分析技术所采用的分析方法[162]，同时伴有少量的可视化工具使用及对学习者学习过程数据的处理和应用方面的实证研究等[163]。

国内对学习分析技术进行研究相对较晚，主要研究工作集中在引进学习分析技术相关概念及对学习分析技术的相关理论进行介绍，对国外学者的成果加以引用与分析。顾小清、张进良、蔡慧英[164]（2012）、王良周、于卫红[165]（2015）、蒋慧峰[166]（2016）、高月、傅钢善[167]（2016）等学者从不同角度对学习分析的研究和发展作出综述。朱珂、刘清堂（2014）构建了应用学习分析技术的自适应学习系统框架，通过对 Sakai 学习平台的二次开发，实现了学生及学习环境数据的获取、存储、分析和报告[168]。姜强等（2015）学习者从数据与环境（What）、关益者（Who）、方法（How）和目标（Why）四个维度构建了个性化自适应在线学习分析模型[169]。祝智庭、沈德梅（2013）对 LA 的定义、缘起、设计框架和模型等问题进行了系统研究，提出了“目标确立—系统研发—干预措施”的 LA 过程环节，并在此基础上构建了智慧教育中的 LA 过程模型[170]。武法提、牟智佳（2014）以电子书包为载体，提出了基于大数据的学生个性化分析模型[171]。此外，还有学者分别对学习分析系统架构[172]（冯翔等，2014）、数据模型及数据处理方法[173]（魏顺平，2016）等问题进行了探讨。

截至目前，在国内外研究者的共同努力下，除了学习分析技术的应用案例逐渐增加外，不论是学习分析技术的概念与内涵，还是相关分析方法和实用工具的开发与应用都达到了一定的研究层次。

3.2.2 互联网背景下学习分析系统

当互联网成为学习者生活和成长环境的一部分，成为终身学习的重要支撑环境时，对“学习内容”的选择较强依赖于学习者对自我的认识、对未来的设计，这种学习方式在很大程度上取决于学习者对网络交往工具的驾驭与利用。因此，在分析网络上以自我导向为主的学习行为时，笔者在借鉴北京师范大学庄秀丽老师在其2006年博客中提到内容的基础上，构建了一个新的学习系统分析框架，它包括“学习内容资源”“帮助者指导者”“交往范围”“交往方式”，以及“学习者”等，如图3－1所示。

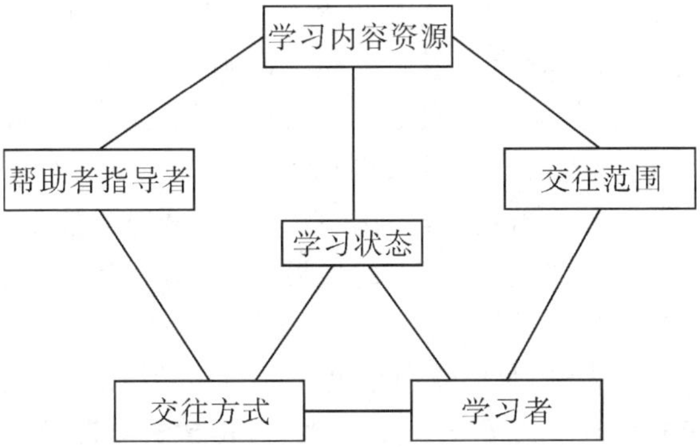

图3－1　互联网背景下学习系统分析框架

由于学习工具应用的学习效果会反映在“学习内容资源”掌握和“帮助者指导者”伙伴关系的建立上，工具的本质效用反映在“交往范围、交往方式”的变化与度量上，因此，“学习工具”没有纳入该学习系统分析框架中。

从历史的角度看，主要存在的学习组织形式有三种：第一种是以一对一为主的师徒制方式；第二种是采用课堂教学的学习组织方式；第三种是通过互联网进行学习的方式。这三种学习组织形式都可以用“学习系统分析框架”这个学习系统来进行比较分析。

师徒制在我国由来已久，即老师带领学生进行学习、工作、生活，是使学生更好、更快地融入工作当中的一种形式。

师徒制学习方式在古代教育（公元5世纪前）和中世纪教育（公元5世纪到17世纪上半叶）表现较为明显。这种方式主要采用师傅带徒弟的办法，包括家庭教育、行会教育、作坊教育等形式。师徒制学习内容资源较为复杂，各个学科中的学习内容均不相同。例如在化学学科中，对于实用化学教育，主要是与人类生产生活密切相关的化学知识，从做中学、学中做，注重经验知识和技能的传授与学习。从认识火，到利用煤、石油、天然气的能源化学；从以陶瓷和玻璃为代表的无机材料化学到冶炼金属的冶金化学，以及纸和火药的化工技术，都是化学学习者的学习内容[174]。金丹术则是化学学习内容的另一个重要组成部分，古代金丹术流传到了世界各个地区，成为各地学习者学习化学知识的又一重要内容[175]。但是由于自身原因及各地区的文化影响，金丹术在经历巅峰后就逐渐衰落了，化学知识则通过本草学、医药学中的相关内容被学习者学习。进入16世纪后，西欧工匠们编写的《冶金化学》《矿物化学》等论著中真实地记载了工匠们的化学实践经验[176]。以上这些成为不同时期实用化学的学习内容资源。对于“理论化学”的研究，主要是依附于哲学理论而存在，其学习内容主要是由直观猜测提出，与实际化学过程相距甚远。

由化学学科的学习发展可以看出，师徒制的学习内容主要是通过师傅作为知识的主渠道进行知识学习，这里的知识包括了学科的基础知识、操作基本技能等。

在师徒制的学习方式中，学习者主要是作为徒弟的工匠阶层，以及少数研究“理论”哲学家的学生；帮助者指导者主要是工匠师傅，以及少数哲学家；交往范围仅限于师傅和徒弟之间，范围较为固定；交往方式从师徒口授、言传身教到利用文字、符号等书面材料进行传授，主要是面对面传授。

课堂教与学的学习方式出现于学校教育。人类早期学校是在原始社会末期、奴隶社会初期出现的，并且是以生产力的发展、体力劳动和脑力劳动分工、文字的产生等因素为基础产生的。学校的产生使文化教育和人类的学习活动得到更快的发展。同样以化学学科为例，化学学科借助于医药化学的形式，使得相对系统的化学学习随着医学课程走进了高等学校。19世纪，化学学习逐渐实现了由私人实验室的师徒制向教学实验室课堂师生制的转变，直到现在，课堂的教与学依然是知识学习的一个主要方式。随着氧化学说、原子分子学说、化学元素周期律、经典有机结构理论、化学热力学定律、溶液理论、电化学理论等一系列化学理论的建立，化学知识真正开始摆脱长期以来单纯实用型的特征，化学学习内容资源主要是目前已经发展为有相当理论深度且结构严谨的课程，实验比重不断增加，在注重基础知识学习的同时，传授给学习者实用的化学化工知识[177]。也就是说，主要通过课程载体让学习者进行学习，具体课程就是学习的内容资源，这里的课堂可以在传统教室中，也可以在网络的虚拟空间中。

在课堂教与学的学习方式中，学习者主要是学生，帮助者指导者主要是教师，交往范围依然较为简单，即老师和学生的这种固定的交往。交往方式可以分两种情况：一种是通过传统课堂的方式，另一种是通过网络虚拟课堂的方式进行。

在网络学习中，学习内容资源已经扩大到整个互联网络，它依赖于学习者对网络的驾驭和利用能力，依赖于学习者对自我学习需求的挖掘及对可利用网络资源的挖掘。对于网络上以自我为导向的学习来说，首先要求学习者是一位主动积极的终身学习者，这是学习交往行为发生的基础和前提。学习者的主动积极性会贯穿在整个学习行为中，例如对自我的反思内省、对信息内容的加工分享、对交往关系的优化管理等。总之，向上的态度和积极的行动是它的主要表现特征。帮助者指导者也不是固定的，同样也依赖学习者对网络的驾驭和利用能力，依赖学习者融入不同的学习社群、构建学习伙伴关系的综合能力。学习者自身需要担当起多元化的角色，既是被指导者、被帮助者，同时也是帮助者指导者。

学习者对交往方式的驾驭和利用，构成了网络空间的学习交往行为，其结果就形成了学习者所触及的交往范围，它可以指所触及的知识领域范围，也可以指所触及的学习社群交流伙伴范围。学习者的交往行为依赖于学习者的选择，是学习者学习能力的表现之一，交往范围决定学习者触及的学习内容资源与所能够获得的帮助者指导者的伙伴资源。交往方式主要是指网络空间所提供的各种旨在促进信息分享和人际交流的各种不同的服务和工具，以及学习者自身对服务和工具驾驭和利用的能力。交往方式一方面取决于互联网所提供的交往服务与工具软件，另一方面也取决于学习者自身对服务与工具的驾驭与利用能力，这两个方面共同决定着网络学习的交往行为及交往范围，进而“交往方式”还间接影响着学习者所能够触及的学习内容资源和所能获得的帮助者指导者的伙伴资源。

根据以上对“学习系统分析框架”，即“学习内容资源、帮助者指导者、交往范围、交往方式、学习者”的分析，可以依据它们描述学习者某个阶段进行基于网络的学习状态。

3.3　互联网背景下非正式学习的现实审视

网络迅速发展，大大推进了技术对学习的支持力度，在网络教育环境下，网上丰富的资源为教师作为学习者进行知识学习创造了多姿多彩的学习情境，使他们在使用信息工具支持学习活动、利用网络进行知识学习等方面有了长足的进步。

3.3.1　互联网中交互服务与工具的发展

从应用层面来看，互联网的信息组织方式决定着它的应用方式，采用超链接形式组织信息的 WWW 技术的出现，奠定了目前网络浏览器、搜索引擎的访问、信息搜索的一种总体应用格局。

WWW 技术使互联网成为信息的海洋，任何人通过浏览器、搜索引擎都能访问分布在全球网络空间的信息和内容。网络应用的第一次变革实现了信息内容的互联，第二次应用变革则是实现“人”的社会互联。“人”是这个过程中信息内容的生产者、提供者、吸收者及分享者，所有的服务和工具都因“人”的发展变化而发展变化，现有的应用服务和工具变化及“人”的社会互联趋势对学习者网络学习交往方式的作用和影响是巨大的。

3.3.1.1 工具软件

工具软件的发展带来了交往方式和交往范围的变化，这种变化对网络学习有着较大影响，换一个角度说，网络交流工具担当着网络学习工具的作用。

目前，网络上流行的常用的交流工具如表3－7所示。

表3－7 常用网络交流工具

软件名称	资源贡献者	资源使用者	社会关系的构建	出现时间	备注
BBS/留言板/聊天室	多人	多人	对共同主题的关注使部分人结成学习伙伴	20世纪90年代前	BBS是网络较早出现的分享服务
E-mail	单人	单人（群发功能—多人）	主要用来进行一对一的信息传递。对直接参与讨论的学习者，没有直接构建人的社会关系，但长期的交流讨论使部分人成为学习伙伴	20世纪90时代前	E-mail最早出现于1971年，微软Outlook在1996年推出1.0版
IM	单人/使用群聊则为多人	单人（群聊—多人）	主要用来进行一对一实时信息和思想火花的传递	20世纪90年代后	IM最早出现于1997年的ICQ，随后，微软、雅虎等公司等都发展出了各自即时工具，国内的如QQ
博客	单人或者多人	多人	技术上通过留言、引用通告等功能直接构建人的社会关系，对共同主题的关注也进一步使人结成学习伙伴。相关周边技术规范的出现加速了资源贡献者、使用者的社会化过程	20世纪90年代后	博客不同于以往工具软件之处在于相应技术如RSS规范技术、Folksonomy标签技术等的发展，基于博客的信息交流分享的方式发生了突变

续表 3-7

软件名称	资源贡献者	资源使用者	社会关系的构建	出现时间	备　注
Wiki	多人	多人	Wiki系统属于一种人类知识的网络系统，支持面向社群的协作式写作，其写作者自然构成了社群，Wiki系统为这个社群提供了简单的交流工具	20世纪90年代后	Wiki的自主性、可增长及可观察的特点，使Wiki本身也成为一个网络研究的对象。WiKi作为一个群体协作的平台，还有平等、共享等特点
微博	单人或者多人	多人	允许任何人阅读或者只能由用户选择的群组阅读。这些信息能以短信、实时信息、电子邮件或网页等方式传送	2006年	微博对用户的技术要求门槛低，语言的编排组织上没有博客高。微博使大量用户可以通过手机、网络等方式来即时更新自己的个人信息
微信	单人或者多人	多人	微信提供公众平台、朋友圈、消息推送等功能	2011年	微信是腾讯公司推出的为智能手机提供即时通信服务的免费应用程序。支持跨通信运营商、跨操作系统平台通过网络快速发送免费(需消耗少量网络流量)语音短信、视频、图片和文字，是支持多人群聊的手机聊天软件

以上每一类工具都涉及很多具体的应用软件，以及由此拓展融合了相关技术的软件工具，例如Skype的本质是实时聊天工具，但它采用了P2P(Peer to Peer，对等连接或对等网络)的底层计算技术，大大提升了数据传输过程中网络计算资源的利用，因此比早期出现的ICQ、QQ等有了较大的进步。

从信息资源贡献者、使用者的数量对比及工具自身对社会性技术的支持来看，BBS支持“多人对多人”的交流模式，IM、E-mail主要支持“单人对单人”的交流模式，博客支持“单人对多人”的交流模式。

“单人对多人”的交流模式使个体学习者有可能与多个其他学习者建立联系、交流思想。与现实空间中个体能触及的交流范围相比，博客这种“单人对多人”的交流模式大大拓展了个体交流范围的空间，它不受地理位置的限制，建立在互联网的“全球村”中。

从“学习系统分析框架”的角度进行分析，“单人对多人”的交流模式使学习者能够触及到的学习资源来自多个学习者所储备的知识和展现的智慧；“单人对多人”的交流模式使得学习者能够获得的学习指导和帮助有可能来自多个网络学习伙伴的支持。正是类似于博客这样的交流工具、交流方式、“单人对多人”的交流模式所带来的学习内容资源和学习指导支持的伙伴资源，共同决定着学习者的学习状态和学习发展的格局。

如果有多个使用博客工具彼此交流的学习者，他们之间的交流互动可能就是“多人对多人”与“单人对多人”的叠加，这种叠加模式与 BBS“多人对多人”的模式不同，其关键之处是 BBS 缺乏从技术层面实现对多个参与交流个体之间的社会互联，能够让一个 BBS 圈子里的人熟悉起来的唯一关联线索就是共同的内容主题。因此，相比于 BBS 来说，博客从技术上把相关内容的人逐渐地互联起来，采用技术手段实现了对网络空间随机交流行为过程进行“记录”和“管理”。

3.3.1.2 网站服务

WWW 技术实现的是将内容通过超链接的方式互联在一起，全球资源的互联主要就是通过以网站为单元节点进行的资源关联，每一个网站包括诸多页面，每一个页面连接着若干文本、图形、图像、音频、视频之类被称为媒体素材的内容。

传统意义上以“内容呈现”为中心服务功能的网站（例如诸多企业、机关单位或个人站点），都是采用数据库存储的大量内容来构建动态网站或者直接基于HTML静态页面来构建网站，如中国教育在线（http://www.eol.cn/）。目前很多网站都是采用这种将站点内容集中呈现给用户，近乎一次就完成网站构建的机制和模式。

相比较而言，国家教育资源公共服务平台（http://www.eduyun.cn/）之类的网站，站点内容不再是来自某一个企业、机关单位或个人，内容呈现也不是近乎一次完成，而是由无数志愿者开放地参与站点建设，不断地、渐进地完善其中内容的积累与组织。

虽然，中国教育在线与国家教育资源公共服务平台都以内容呈现为主，但这是两种不同的网站构建模式，其不同不在于网站内容本身的差异，而在于网站所具有的个体参与的互动性的巨大差别。

与中国教育在线这种传统网站具有典型性差异的网站（如中国教育人博客 http://www.blog.edu.cn/、博客网 http://www.bokee.com/等），拥有“千”数量级以上的注册用户和使用者，这样的网站并没有集中提供内容服务，网站的内容由每一个注册用户提供、拥有，被所有使用者享用，这就是WWW技术所造就的第一代以内容互联为中心的应用服务与目前正在进行中的以“人”的互联为中心的第二代网络应用服务的巨大差异。以“人”的互联为中心的网络应用服务采用技术手段能够挖掘蕴藏在每个人身上的智慧资源，同时也使每个人能分享到更多人的智慧资源，从而使得人类的知识得到更大范围和更大程度的传承分享和发展创新。

从前文提到的“学习系统要素”的角度分析网站服务的变化可知，每个学习者经由类似于中国教育人博客、博客网这种具有促进人际互联功能的网站所提供的服务，基本上能够快速对自己想要了解的学习内容信息进行收集，收集方式不是从某个固定网站中获得信息，而是采用人脑这一最智慧的方式选取众家之长，通过对互联群体中人的汇集来获得对信息的收集、筛选与整合。这种促进人际互联的网站服务，对于学习者获得学习所需的帮助者指导者的意义和作用就不言而喻了，每个人只要是一位主动积极的学习者，都有可能在需要帮助的时候寻找到所需的帮助。交往方式与交往范围的关键之处，在于第二代网站服务不同于传统只以内容呈现为主。因此，采用“学习内容资源、帮助者指导者、交往范围、交往方式，学习者”这样的学习系统分析框架分析网络学习与正在发展中的网络应用第二次变革趋势是相适应的。

3.3.2 中小学教师常用网站和BBS

随着网络的普及及在线学习的迅速发展，各类教学网站增加较快，这为在21世纪初开始建立各类教学网站或者教师个人主页，以及利用教育教学类BBS进行学习交流的教师提供了广阔的知识来源。

网络上大部分中小学学科教学网站是提供各类教学课件、教案、素材、试题等教学资源的网站，大部分网站的教学资源质量参差不齐，需要教师自行进行甄别挑选。部分网站在后期改版的过程中加入了教研活动，例如教研论文、课题研究等内容；有些网站还内含了论文版块或博客版块。东莞市教育局教研室已经构建了体系全面的各级各类主要科目的教研平台。相对而言，目前关于美术、音乐、体育等科目的网站相对较少。

除了以上点击率比较高的网站之外，现今活跃在网上的基础教育学习的相关BBS也很多，有专门交流专业问题的BBS，还有专门为中高考师生提供的交流知识、分享信息的BBS，但是针对教师自身专业发展的BBS较少。

以上BBS站点和学习者个体在范围上还有相当的局限性，由于篇幅的关系及网络节点的不断增加，有很多站点和BBS未涉及。

由以上所列举的网站和BBS的信息来看，存在三个共同点：一是它们为教师作为学习者提供了丰富的专业学科学习资源和教学资源；二是网站已经从单纯的提供知识学习，向进行学习上的交流讨论转变（例如很多网站都提供了在线交流讨论的功能）；三是教师作为学习者可以通过 BBS 找到自己的“同类”。对于那些活跃在 BBS 上的学习者来说，他们通过自己的论坛，结识了很多的“同类”，网站论坛成了很多学习者的“栖息地”。

BBS 这样的论坛，在信息化教育教学先行者成长过程中，不仅扮演分享资料、切磋讨论的作用，笔者认为它更是网络时代的一种学习交流工具。这种学习交流工具不同于传统的纸和笔，也不同于广播电视调频收音工具，它是一种能使一群有共同爱好的人交流思想的工具，是一种思想的大集市，任何人都来去自由，可以分享见解。对主动积极学习的学习者来说，在这样的一种思想的大熔炉中能够得到思想的升华，这就是为什么早期有一批学习者能够无师自通地快速成长，将信息技术应用于教师自身的学习之中，这在很大程度上得益于学习者可以在 BBS 中进行交流。在以前中文网络的教育资源不是特别丰富的情况下，这种交流对学习者的成长十分重要，那时的学习者体验着用信息技术工具讨论信息技术与学习转变的作用，以及如何去转变行动，这就是当初学习者自身成长中最直接的“在做中学”。

3.3.3　中小学教师博客和名师工作室

基于网络的教师非正式学习走过早期春天的孕育，伴随博客这一写录互联工具的产生与普及，从 2003 年底到现在，基于网络的教师非正式学习实践已经不再仅仅局限于小部分学习者。

博客，是一种介于公共化门户网站和个性化个人网站之间的新的网络表达方式，被称为是“继 E-mail、BBS、ICQ 之后的第四种网络交流方式”，其基本特点是以网络日志的形式出现，具有更换频繁、简洁明快和个性化的特征，并以链接为基本手段，真正发挥 Web 技术的优点[178]（娄珀瑜等，2006）。毛向辉（2003）先生概括出博客的三个阶段六个功能是“思—想，写—录，品—学”[179]。博客可以将工作、爱好和学习有机结合，把日常看到和想到的思想精华及时积累起来，并在交流和共享中达到思想的碰撞。正如北京师范大学庄秀丽（2003）博士所言：“每一个 Blog，都是跳动着的一颗生命，是闪烁着的一束火花。生命彼此感应，火花彼此碰撞，星星之火，可以燎原[180]。”博客的出现，标志着以“信息共享”为特征的第一代门户之后，追求以“思想共享”为特征的第二代门户正在浮现，它代表着一种新的生活方式和工作方式，也代表着一种新的学习方式的出现。随着博客的推广和普及，个人博客如雨后春笋般迅速出现。

笔者认为我国早期基于网络的教师非正式学习实践的先行者很大一部分就是在 BBS 的讨论过程中产生的，因此可以认为 BBS 的产生是学习者进行交流、共同学习的一个“里程碑”。现今，博客这种新的工具已经被广泛应用，如区域、学校、个人的博客，因此可以认为博客是学习者进行网络学习交流讨论的又一个“里程碑”。

那么，博客作为交流工具应用的效果跟 BBS 有什么不同呢？笔者认为，从 BBS 到博客，实现了参与交流主体从“符号”到“人”的飞跃。BBS 是个大集市，每位真实生活中的学习者来到这里，就像戴着面具参加化妆舞会，进来的标识就是注册的 ID 号而已。但博客不同，它是在互联网平台上不停实践和追求生命存在价值的自由舞者，充满着个性。互联网以“人”存在为中心的应用发展趋势，让笔者深深感受到“技术”发展的“人性”回归。

3.3.4 基于云技术的网络学习环境

2008 年，云计算概念由谷歌(Google)公司率先提出，短时间内其核心理念在全球范围内迅速传播并发展起来。迄今为止，云计算在我国已经成熟起来，同时教育领域中也逐步被云计算迁移，形成“教育云”，成为我国教育信息化的基础架构。

教育云包括“云计算辅助教学”(Cloud Computing Assisted Instructions, CCAI)和云计算辅助教育(Clouds Computing Based Education, CCBE)多种形式。

云计算辅助教学是指学校和教师利用“云计算”支持的教育“云服务”，构建个性化教学的信息化环境，支持教师的有效教学和学生的主动学习，促进学生高级思维能力和群体智慧发展，提高教育质量，也就是充分利用云计算所带来的云服务为我们的教学提供资源共享，存储空间无限的便利条件。

云计算为学习环境带来了巨大的变化，它使得非正式学习在学习者的活动中占据越来越重要的比例，学习范围扩大，可以随时展开学习，网上的学习资源将会越来越丰富，学习将和散步一样自然而随意。同时，非正式学习的学习方式和可选平台更加多样，学习者可以根据自己的需要，定制学习计划和学习资源。学习已不再需要步调一致，自学能力将变得非常重要。最后，学习方式和学习界面会更简化，学习工具降低了使用门槛并可以迅速上手，为知识学习和伙伴学习节约了大量的时间和精力，

云计算辅助教育也可以称为“基于云计算的教育”，是指在教育的各个领域中，利用云计算提供的服务来辅助教育教学活动。云计算辅助教育是一个新兴的学科概念，属于计算机科学和教育科学的交叉领域，它关注未来云计算时代教育活动中各种要素的总和，主要探索云计算提供的服务在教育教学中的应用规律，与主流学习理论的支持和融合，相应的教育教学资源和过程的设计与管理等。

这种以网络教学平台为依托，以网络学习资源为载体，以学习者的非正式学习为基础，以移动学习为舞台，将几者结合而构成新型网络学习环境的云服务为开展共享型的碎片化学习提供了良好空间。在此，笔者仅对部分以云技术为基础的学

习平台进行分析。

(1)国家数字教育资源公共服务平台

国家数字教育资源公共服务平台（简称：国家基础教育云平台）向全国各级各类教育免费提供公益服务，向广大的学校、教师、学生和家长提供各种教学服务和教育教学资源，实现促进教育均衡发展的目的。它为广大教师开展非正式学习提供了丰富的学习资源。

(2)慕课（MOOC）平台

随着开放课件运动不断发展，大规模在线开放课程慕课（MOOC）应运而生。慕课（MOOC）以学习者为中心，从学习者兴趣和需求出发，在轻松友好的学习氛围和先进的学习工具支持下，将获取知识的学习欲望转化为主动汲取并同化知识的学习行为。这种学习方式漠视“人”这一学习主体的“异化学习”，回归为学习者可以感受到自由与创造的“快乐学习”；使学习者、教学者和学习环境各要素在以人为本的原则下相互适应，呈现出开放自由、和谐共生的状态，体现为以人为本的教育理念和更深程度上的开放共享。慕课（MOOC）学习平台的出现，为学习者在非正式学习过程中实现系统的、专业的学习提供了可能。

(3)移动学习

智能手机作为信息传播的“第五媒体”，在非正式学习过程中扮演着重要的作用。利用手机媒体的传播特点可以构建智能手机的移动学习方式，促进移动学习更加适合非正式学习的发展。

截至2014年11月，我国教育类App总数量已超过7万个，约占我国App市场份额的10%，在苹果App store中仅次于游戏App，位居第二。第七届新浪中国教育盛典上曾以“指尖上的中国教育”为主题，发布了我国第一份全面、系统的教育App测评报告，测评以技术、内容和人气互动为评价标准，结果发现值得推荐的App所占比例不足10%。App的出现，为碎片化学习提供了另一种学习方式，也为非正式学习创造了新的条件。工具类的App为非正式学习的学习者随时学习创造了良好的条件。当前相对较好的App有有道词典、百度作业帮、金山词霸、慕课网、新浪公开课、沪江网校等。

微信除了其常见的通信功能和社交功能之外，其平台化功能为非正式学习的学习者提供了方便快捷的学习资源。除了教学视频呈现、学习材料呈现等主要功能之外，公众平台还可以结合微信即时通信和群聊功能，实现创建教学情境、个性化指导、自主学习和协作学习等多种学习方式。

3.4 基于不同网络工具学习的本质揭示

由于学习工具是网络非正式学习发生的基础，也是分析和度量网络非正式学习成效的基础，建立在自主选择基础上的网络学习，其学习者通过使用学习工具才能突破传统学习情境的交流范围、有自主选择学习资源内容和学习帮助指导伙伴的可能。因此，笔者以不同学习工具的自身作用和特点为基础，结合“学习系统分析框架”（即学习内容资源、学习者、帮助者指导者、交往范围、交往方式），在“学习内容资源”拓展、“学习伙伴关系”建立所可能产生的作用和影响的深度与广度上，试图以不同网络学习工具为标准对化学学习进行分类。一方面是对网络上各种学习工具特征进行观察分析的需要，另一方面是出于对网络非正式学习的发生进行度量评价的需要。

网络上现存的学习工具很多，本章“3.3.1.1 软件工具”中对其进行了较为详细的分析。

对于基于网络非正式学习的分类，笔者从学习者最为常用的工具入手，将其分为四类，分别是以搜索引擎为代表的个人型非正式学习，以 BBS 为代表的平衡型非正式学习，以博客为代表的集体型非正式学习，以云计算及移动学习构成的网络学习空间为代表促进资源共享和个人自主学习的碎片型非正式学习。

以搜索引擎为代表的个人型非正式学习，不直接支持学习伙伴关系的建立，主要提供学习内容上的拓展功能。在资源内容方面存在对学习内容进行深度和广度拓展的可能，但是仅通过类似搜索引擎这样的学习工具建立学习伙伴关系的可能性较小，学习者参与度不高。

以 BBS 为代表的平衡型非正式学习，学习工具支持学习伙伴关系的建立是基于共同特定的内容主题，工具能够促进对学习内容的深度加工。在资源内容上能够深化某主题内容，同样也可以建立某一特定主题的学习伙伴关系，学习者参与度一般。

以博客为代表的集体型非正式学习，使得“人”连同他的知识积累一同构成网络空间的一个“节点”，可以构建有强弱链接关系在一起的开放网络。在资源内容上同样存在对内容深度和广度探索的可能，也存在建立基于“人”的多元的学习伙伴关系的可能，学习者参与度较高。

以网络学习空间为代表的碎片型非正式学习，更多关注的是知识内容共享性和碎片化，强调利用碎片化知识进行个体学习或组织学习[181]（Zhao ，etc.，2001）。随着移动互联时代新形态数字技术的发展和媒体的教育应用，学习内容资源及学习者学习模式和交往方式不再是单一、线性、结构化的。随着学习内容资源的碎片化、微型化和泛在化，带来的是学习交往方式的泛在化、帮助指导者的多元化、学习思维碎片化，其具体表现在学习者外显学习行为碎片化和内显学习认知碎片化两个层面。如图 3－2 所示。

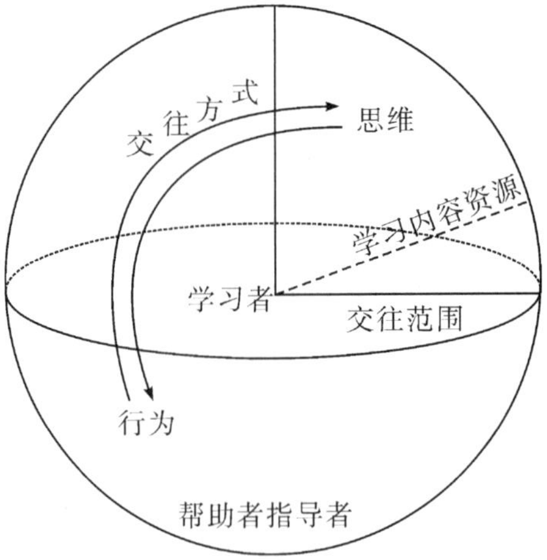

图 3－2　碎片型非正式学习的内涵

学习交往方式、交往范围及学习内容资源的碎片化产生零散的、分布式、非正式的学习行为，易于形成学习者个体的思维碎片。同时，零散的、非系统化的思维模式易于促使学习者产生不连续的学习行为，学习行为通过学习者同帮助者、指导者的交往反作用于学习者思维，二者是相互影响、相互促进的。帮助者、指导者贯穿学习的始终。

网络上其他各种学习工具根据其对“内容资源”拓展和对“学习伙伴关系”建立的支持作用，都可以用以上四种分类对它们进行分析和归类。例如对 Maillist 的学习效能作用，就可以归入第二类平衡型；对类似 Gmail 这样的邮件工具及即时通信工具 MSN 等，其网络交流的主要功能是满足固定两端之间的通信需要，由于对于两人之间或者群发邮件/群聊的学习行为而言，特定时间常常关注具体的特定话题，笔者倾向于将其归入第二类平衡型非正式学习中。也就是说，这些工具在促进学习伙伴关系构建上不是十分明显，但是在深化主题内容上的作用是明显的。当然也存在某种工具介于某两个分类之间的情况。

另外像博客这类工具除了可以从学习资源内容拓展、学习伙伴关系建立分析的尺度外，它自身还有一个重要特性，就是时间尺度。时间越长，博客这一工具所承载的“人”的丰富性特征就会越明显，即使是主题特定的专题博客，其内容深度和广度上的特点也会随时间而显现。

互联网络对于学习者而言，最大的特点和优势就是选择的自由，学习者应该从掌握网络交流的学习工具开始新的人生旅程，重塑和创造自我导向的学习人生，以此去把握社会发展长河中由技术人性化回归所带来的自由。

不同学习工具能够满足学习过程中的不同需要，以上对学习工具不同归类的分析，并不说明它们之间存在替代关系，学习者应根据自身需求去进行选择。

3.5　小结与反思

综上所述，网络教育应用初期，人与互联网络并未融为一体，网络对学习者来说，只是一个存有很多学习资源的信息仓库，不同的学习者并没有通过网络建立直接或间接的协作分享的学习方式。随着基于人的互联、思想互联的网络教育应用，以及从基于资源内容的学习越来越转向基于知识管理、基于学习者不断优化内外知识结构网络的互联学习的一系列变化，使得学习者不再置身于互联网络之外，由社会性软件（如博客，Wiki 等）这样具有很强身份标识作用的网络节点，把不同的学习者在网络中互联在一起，并且通过“自链”“他链”及其他方式进行学习群体类聚，形成以人为中心的不同主题内容的学习社群。在学习社群中学习者之间可以分享信息源、切磋学习心得，提升信息获取效率，促进隐性知识传播转化，深化主题挖掘功能，并增进知识创新可能。由此可见，社会的技术化，软件的社会化，信息社会对知识分享和知识创新的需求、对人才信息能力和协作能力的要求，使得社会性软件在教育领域的应用将成为未来不可忽视的主题。

第四章 基于 SS-learning 的非正式学习

前文将基于网络的非正式学习分为四类，即以搜索引擎为代表的个人型、以BBS为代表对特定主题集思广益的平衡型、以博客为代表促进人与网络的社会性互联的集体型、以网络学习空间为代表促进个人自主学习的碎片型。

对于具体网络非正式学习过程来说，学习工具的学习效能作用如何发挥？教师作为学习者进行基于网络的非正式学习的动态过程如何通过学习工具的使用而展开？这些就是本章所要讨论的内容。

4.1 基于网络的非正式学习研究视角

互联网背景下的非正式学习研究视角较多，在此，笔者结合网络学习的实践，选择从知识管理的角度入手，从知识的分类出发，利用 SECI 模型和信息空间模型，对基于网络的非正式学习进行研究。

4.1.1 知识的分类

关于知识的分类，从不同的角度有不同的分类方法，最著名的分法是匈牙利哲学家迈克尔·波兰尼(Polanyi，1966)从可转移性的角度做划分，他认为知识可以分为两类：显性知识(Explicit Knowledge)和隐性知识(Tacit Knowledge)①[182]。凡是能以文字与数字进行表达，而且能以资料、科学法则、特定规格及手册等形式展现的知识都属于显性知识。这种知识随时都可以在学习者个体之间正式而有系统地相互传送。例如概念、公式、定理等内容都属于显性知识的范畴。

隐性知识是相当个人化且富于弹性的东西，因人而异，很难用刻板的公式来加以说明，因而也就难以流传或者与别人分享。个人主观的洞察力、直觉和预感等都

① Tacit Knowledge 又被翻译为“缄默知识”“默会知识”，这里笔者选择使用“隐性知识”的译法，以强调和“显性知识”的对比。

属于隐性知识。隐性知识深植于个人的行动与经验之中，同时也贮藏在个人的理想与价值或者所珍惜的情怀之中。隐性知识有下列两个层面：①技术层面，包括一些非正式的个人技巧或技艺，例如做化学实验过程当中的仪器操作技巧；②认知层面，包括信念、理想、价值、心意与心智模型等深植于内心深处，却经常被人们视为理所应当的东西，例如科学家们为了科学事业而献身的精神、严谨的治学态度等。隐性知识的这个认知层面虽然难以明说，但却深深影响着人们对世界的看法。这两类知识的不同性质见表 4－1[183]（Bolisani & Scarso，1999）。

表 4－1　显性知识和隐性知识的比较

显性知识	隐性知识
知道“关于……”	知道“怎么样”
客观知识	主观知识
使事实合理化，正式模型	意见、感觉和经验的系统
易于编码、转移、再利用	难于转移

波兰尼知识分类理论关于显性知识（显然的知识）和隐性知识（暗示的知识）的区分，扩展了对知识领域的研究。可以肯定地说，隐性知识构成了人们广泛意义上的认识和实践行为的必要基础，它在人类认识的各个层次上有着主导性、决定性和优越性。在波兰尼看来，人类的理解活动实质上就是一个隐性知识发挥作用的过程，一切显性知识都有隐性知识的根源，一种完全明确的知识是不可思议的。波兰尼非常肯定地说：“我们承认，宇宙的精确知识确实是我们最重要的精神财富，我们甚至可以说，人类最杰出的思想行为在于产生这种知识。人类心灵最伟大的状态就是将迄今为止未标明的区域纳入它的控制之下。这种行为更新既有的显性知识框架，因此，它们不可能在既有的（显性知识）框架中进行”[184]（石中英，2001）。

但是，应该看到的是，隐性知识对认识和实践的影响是相当复杂的。在显性知识获得方面，隐性知识既可以起到基础的、辅助的甚至是向导的作用，也可能产生干扰和阻碍的作用。

4.1.2　SECI 模型

日本学者野中郁次郎（Ikujiro Nonaka）与竹内宏高（Hirotaka Takeuchi）在波兰尼进行知识分类的基础上共同提出 SECI 模型（SECI Model），用来解释知识创造与不断累积的过程[185]（Nonaka，1991）。该模型存在的前提是无论是人的学习成长，还是知识的创新，都是处在社会交往的群体与情境中来实现和完成的[186]（Nonaka，1994）。正是社会的存在，才有文化的传承活动。任何人的成长、任何思想的创新都不可能脱离社会的群体、集体的智慧。

知识创造是显性知识与隐性知识之间互动的一种螺旋式程序，它们互动的结果会导致新知识的创造。这两种知识有四种可能的组合，即知识转化的步骤可以分为下列四个阶段：社会化（Socialization）、外在化（Externalization）、组合（Combination）及内化（Internalization）。这四个阶段及相关的思想就被称为SECI模型，它是描述显性知识与隐性知识相互交替与转化的一种动态程序，从该模型可以了解到在各种社会环境中透过一系列的自我超越程序会展现出四种知识创造的形态[187]（Nonaka，2000）。通常知识在每个阶段的转化过程中，需要不断自我突破和超越，而且会像滚雪球一样，越滚越多，不断增加，并且呈现出螺旋式的演进轨迹，如图4－1[188]所示（Nonaka，1996）。

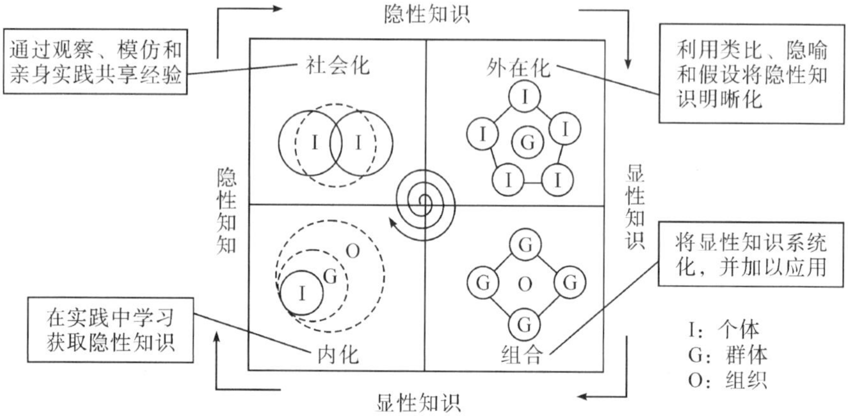

图4－1　隐性知识与显性知识的相互转换

社会化指许多个人共同在一起生活、工作，而不是只靠书本学习，使大家相互了解彼此的思想与感觉，促使彼此交换及分享各自的隐性知识，实现隐性知识转化为隐性知识的潜移默化。它是一个通过共享经历建立隐性知识（如共享思维模式和隐性技能等）的过程。而获取隐性知识的关键是经历，尤其是那些共享经历。学徒和师傅一起工作，并从中学习手工技能，这种潜移默化的学习不是通过语言，而是通过观察、模仿和实践来实现的。

外表化指将隐性知识用让人能理解的形式表达出来。在知识创造过程外表化的阶段，个人成为群体中的一分子，群体中的个人将自己的心思意念与想法表达出来，彼此相互交流，进而整合成该群体的心智世界，实现隐性知识转化为显性知识的外部明示。它是一种将隐性知识用显性化的概念和语言清晰表达的过程。这种模式对整个知识创造的过程来讲是至关重要的。在这个过程中，隐性知识又常常通过隐喻、类比、概念和模型等方式转化为显性知识。

组合是将显性知识转化成为更复杂多样的显性知识，包括知识的传播、扩散和系统化的过程。外表化阶段产生的新知识在进入组合阶段后就超越了各自的群体本身，在各群体间进行有系统的相互交流及扩散，实现显性知识转化为显性知识的汇总组合。它是一个通过各种媒体（文件、会议、电话、会谈、电子交流等）产生的语言和数学符号，将各种显性概念进行组合化和系统化的过程。

将新创造的知识综合起来，加以内化，即将显性知识转化为组织的隐性知识。个人应知道自己在组织中所处的地位，并从组织的知识中找出所需的相关知识，实现显性知识转化为隐性知识的内部升华。它是一个将显性知识形象化和具体化的过程，它与通常所讲的“做中学”（learning by doing）的学习形式密切相关，通过汇总组合产生新的显性知识被组织内部成员吸收、消化，并升华为自己的隐性知识。这样，个人的隐性知识又构成组织隐性知识系统的一部分，从而成为组织有价值的知识资产。

SECI学习模型揭示了隐性知识和显性知识在组织内部不同学习主体之间转移创造的过程：组织隐性知识通过“潜移默化”转化为个人隐性知识；又经过“外部明示”转化为个人显性知识；进而由“汇总组合”转化为组织显性知识；最后经过“内部升华”又转化为组织隐性知识。

在“隐性知识”与“显性知识”相互转化SECI模型的“社会化、外在化、组合及内化”过程中，完成一次螺旋上升的每一个阶段都有一个“场（Ba）”存在。相应于知识转化四个过程阶段的“场”，分别为“创始场（Originating Ba）”“对话场（Interacting Ba）”“系统场（Cyber Ba）”“练习场（Exercising Ba）”[189]。野中郁次郎和竹内宏高指出，“场”是大家所共同享有的空间，用来作为“知识创造的一个基础”[190]。

创始场中，个人之间彼此交互表达其感觉、情绪、经验与心态。这个场是知识创造过程中的起点，属于“社会化”阶段，个人之间面对面的接触经验对隐性知识的移转与转化十分重要。

对话场代表“外表化阶段”，大家以开放态度，彼此充分对话，将隐性知识转变为显性知识，以便创造新知识及价值。

系统场在学习者内部将新的显性知识和现有的信息与知识组合，以产生更新的显性知识，并使之系统化，同时利用网络、文件与资料库等资讯来强化这项知识的转化程序。

练习场代表“内化阶段”，能促使显性知识转化为隐性知识。在帮助者和指导者的帮助下，以观摩或实际演练等方式不断进行练习，能够应用在实际生活中或者模拟显性知识，并持续将这些知识进行内化。

上述四种场中各自的不同特性有助于新知识的创造，在每个场内所产生的知识最终将成为组织的知识基础而归大家共同分享。然而，学习者个体内部的各个场不仅仅只是用来累积各种不同信息，更重要的是这些场具有动态性，能将隐性知识转化成显性知识，再进而将显性知识转化成隐性知识，并采用这样周期循环的方式持续创造新知识。

4.1.3 信息空间模型

SECI模型提供的是一种知识创新与应用过程的动态视角，而布瓦索（Boisot，2000）则提出了一种与SECI模型有互补作用、集合了“信息的构建”和“信息的分享”的“信息空间”（Information Space，简称I空间）模型，该模型提供了一种把握复杂信息的空间静态视角，它将认知个体和社会信息处理汇聚在一起创造了一个三维实体，称之为“信息空间（I空间）”模型，如图4－2[191]所示。

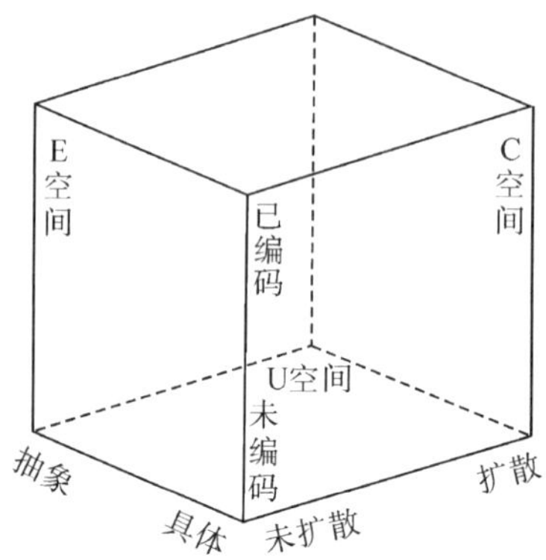

图4－2　信息空间模型

布瓦索（2000）提出集合信息构建与分享的“信息空间（I空间）”分析框架，将“信息空间”分为认识论空间（Epistemological Space，E空间）、效用空间（Utility Space，U空间）和文化空间（Culture Space，C空间）三个分析框架[192]。

E空间主要是从认识论意义上对知识从具体经验向抽象概念化的过渡分类；C空间主要是从传播分享意义上对知识从未扩散未编码的个人知识向编码扩散的公共知识的过渡分类；U空间是从知识社会效用意义上对知识从局部知识到科学知识进行过渡的分类。

实际上，人们形成概念的过程就是由具体到抽象的认识过程。在这个过程中，信息技术（编码）与认识方法（抽象）的结合，导致了E空间的存在。E空间反映创新者创新概念的产生过程。创新思想的最初萌芽是模糊而具体的杂乱信息。它首先需要通过抽象和编码形成创新思想模型，之后才能有清晰而确定的创新概念。对于创新者来说，最重要的是将创新思想火花（创新冲动）转化为能导致发明实现的创新概念（创新构思）。创新概念的形成是创新活动的源泉，它构成创新信息流动模型中创新源信息。E空间的方法论意义在于创新的构思（从具体上升到抽象）可经过“编码—抽象”和“抽象—编码”两种不同的方法。在由混沌的、具体的创新冲动到清晰的创新构思的过程必须经过思想模型这个中间环节。

概念的形成是思维抽象活动的结果，编码的作用则涉及显性知识和隐性知识的存在。在形成创新概念的过程中，除了科学原理、市场分析的明晰知识以外，实践技能、市场经验中的隐含知识不可忽视。在 E 空间里，创新冲动是隐性知识和显性知识共同作用的结果。

E 空间之所以属于认识论范畴，在于信息的编码和通过抽象方法形成概念是一个在编码和抽象的二维平面里逐步认识的过程。图 4－3 表示通过编码和抽象形成化学中氯气概念的过程。

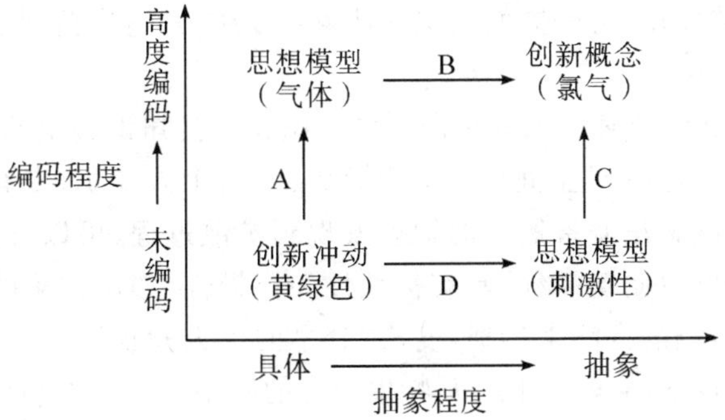

图 4－3　E 空间创新概念的形成

在 E 空间里，“黄绿色”是具体的、未编码的信息，经过抽象形成某种特性（“刺激性”），经过编码形成新的具体物（“气体”），最后分别经过编码和抽象形成“氯气”的概念知识。编码包括抽象前的编码 A 过程和抽象后的编码 D 过程。编码 A 过程是对具体信息的组织化工作，是抽象的前期准备，是信息的粗处理。编码 D 过程是对抽象结果的结构化处理，是信息的深加工和精处理。A—B 和 D—C 两条认识路线殊途同归，最终形成概念知识——“氯气”。

从认识发展的内在要求看，个人在 E 空间里获取的特定知识只有在进一步抽象和扩散中才能发挥效用，因而在抽象和扩散构成的效用空间（U 空间）里形成四种知识；同样还是氯气发现的过程，对于 U 空间的知识而言，如图 4－4 所示 。

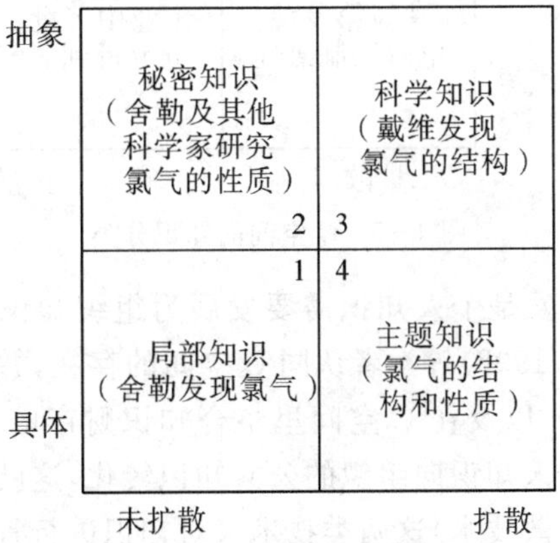

图 4－4　U 空间的知识分类

布瓦索认为，局部知识是未扩散的具体知识，秘密知识是未扩散的抽象知识，科学知识是已扩散的抽象知识，主题知识是已扩散的具体知识。由于人的认识不断深化，关于特定时间、特定地点和特定对象的局部认识（舍勒发现氯气）需要发展成为具有普遍意义的科学认识（氯气作为化学学科的一个重要的物质，其性质和结构已经被人们研究并进行了广泛应用）。这就是沿着广度（扩散）和深度（抽象）两条路径将个人知识发展为集体知识。U 空间是效用空间，一方面知识的传播（扩散）促进了知识的使用，另一方面知识的抽象程度越高，适应范围也越广，其效用也越大。

C 空间是布瓦索描述个人知识向群体知识和社会知识转变的心理学和社会学过程的分析工具。他将 C 空间里的知识分为四类：个人知识、专有知识、公共知识和常识知识。由电解法制备氯气的知识发现到扩散过程，可以看出，个人知识（法拉第发现电解法可以制备氯气）具有扩散性和模糊性，如法拉第的个人经验、技艺等，它只能通过示范的方法来传播，变成“分享的个人知识”——常识知识；专有知识是带有个人特点的结构化知识，瓦特申请到的制备氯气的专利可以通过编码，很容易扩散为公共知识（电解法制备氯气）；公共知识是社会里最普遍传播的知识（当前工业采用的就是这种方法）。由此可以看出四种知识的序列关系如图 4－5 所示。

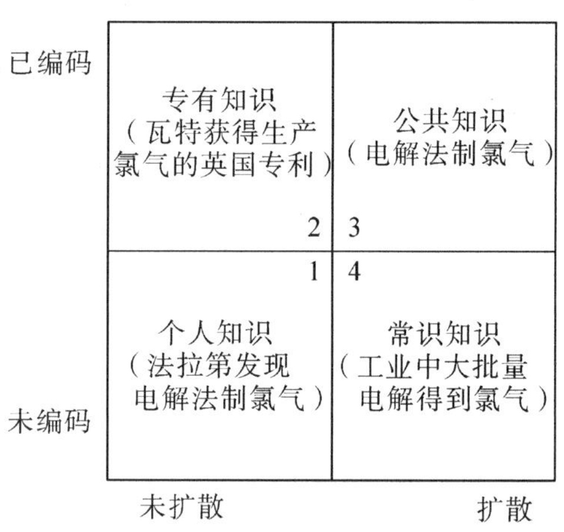

图 4－5　C 空间的知识分类

C 空间对我们的启发是个人知识需要发展为组织知识，应该成为组织管理的任务和对象。Griffiths(1998)等学者认同 C 空间的存在，并指出：有效的技术管理是知道何处有知识财产，以及在 C 空间里整合知识财产的组织联结[193]。在 C 空间里关键是需要促进个人知识向组织的公共知识转化，这就需要利用信息技术（编码技术）和社会技术（扩散技术）这两类技术来对知识进行管理。

4.2 SS-learning 的内涵剖析

基于知识经济的信息社会，技术的发展和运用几乎渗透到生活的各个方面，网络的发展转变了传统的信息获取、阅读和写作方式。社会性软件的发展对学习提供了友好的技术支持，与学习的发生——知识的转化相辅相成，知识转化的过程融合于社会性软件的使用中。笔者依据“学习系统分析框架”，结合自身长期网络学习的观察和体验，以及对网络学习技术发展的考察，将学习者基于社会性软件进行基于网络的非正式学习方式归纳为 SS-learning（Social Software learning，社会性软件学习）。

从网络学习者的学习来看，社会性软件的出现和普及为学习者转变学习方式创造了良好的技术平台，同时，社会性软件对学习者个人进行知识管理和知识共享与创新等也产生着重要的影响。因此，SS-learning 在网络化社会中起着重要的作用。

笔者认为 SS-learning 是指利用各种社会性软件进行知识学习的一种学习方式，它是学习者在指导者、帮助者的正确引导下，运用科学的方法对不同来源、不同层次、不同结构、不同内容的知识进行综合，实施再建构，使学习者的单一知识、零散知识和新旧知识经过自身思考形成新的知识体系。

4.2.1 Web 2.0 时代知识的创新

网络互联应用技术的发展将人与其知识积累捆绑在一起，成为网络中的一个节点（如博客、Wiki），在预示着基于社会性技术的互联网应用的第二次变革中，使所有网络知识应用的消费者，同时也成为网络知识的贡献者，相关的互联技术、开源运动、自由精神的召唤与协作规则的建立更是在加速这一过程的实现与普及化。

从学科教师专业发展这一领域涉及的公共知识产生的过程及布瓦索 I 空间模型中的 C 空间可以看出，领域公共知识是能够被这个领域中的人广泛扩散传播并且成为已经编码的知识，这种知识相应于“隐性”“显性”知识的划分属于显性知识类别，而且这种显性知识的概念抽象程度越高，就越接近学科教师知识结构中的基础科学知识的范畴。例如，对于化学教师而言，在化学发展史中，湿法炼铜是早在中国古代就被匠人们广泛掌握了的领域公共知识，随着化学学科知识的发展，这种经验被逐渐抽象，到现在已经抽象成 Fe 可以置换出 $CuSO_4$ 中的 Cu 这种学科基础知识。

创新、变化是时代发展的主旋律，基于领域基础科学知识范畴的知识创新过程不再只局限于某个领域中某几个人的范围，而是由众多学习者、应用者参与合力共同作用的过程，互联网第二代应用技术的发展为增进个人知识积累和领域知识积累创造了空前的协作平台。图 4 - 6 就表示个人知识积累与公共知识积累之间的关系。

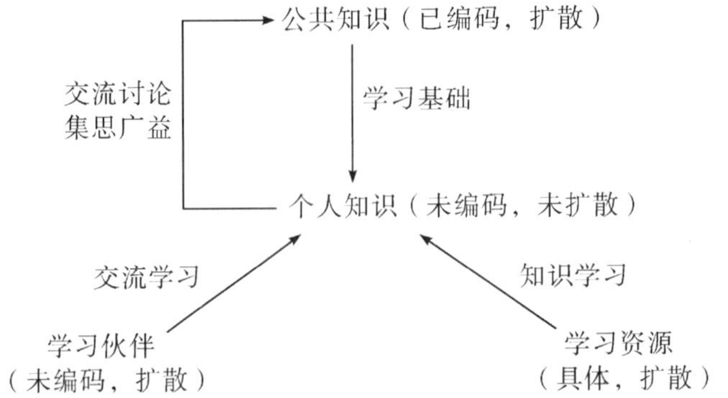

图 4 - 6　个人知识积累与公共知识积累之间的关系

从图 4 - 6 可以看出，对于个体学习者来说，主要有来自三方面的因素制约个体学习者学习知识积累状态水平：一是领域公共知识自身发展的水平，也就是这个领域发展的成熟度水平，比如化学学科的发展，相比于一些新兴的学科专业来说，其领域的公共知识的积累沉淀就比较丰富；二是个人知识积累受限于学习者所能够触及的学习伙伴资源；三是个人知识积累还受限于学习者从公共领域知识中能够获取到的学习内容资源的多少与质量。

从公共知识积累与沉淀来看，按照 SECI 模型知识创造与应用的过程，所有系统化的公共知识起初都存在于个人的“知识库”中，它表现为隐性、未编码与未扩散状态。由于“社会化”过程，个体之间有了交流、有了集思广益，才出现群体智慧的结晶，对此进行编码显性化，对公共知识的增加有所贡献，增加的公共知识又成为学习者学习新的个人知识的基础，它们之间是一个不断修正的过程。

根据互联网应用技术第二次变革的现状与趋势，可以知道：以博客为起始代表的学习工具的普及，人与其智慧在网络空间的捆绑式出现，突破了传统学习模式下学习者对其指导者帮助者伙伴资源的获取状态；RSS 订阅模式以及一些服务网站所基于的旨在促进社会性互联意义上的知识分享服务使得各种学习内容资源获取工具形成社会化，大大突破了原先学习者对学习领域资源内容获取的模式，开源运动（包括 MIT 公开课程）、慕课（MOOC）、移动学习等也都是在为学习者对领域公共知识的内容资源获取创造前所未有的环境和条件；以 Wiki 为代表的协同共创工具的出现，预示着领域公共知识的创建模式同样处于变革之中。以上这些都为知识的创新提供了良好的条件。

关于知识的创新可以从三个角度来认识：对象，指知识内容，包括显性知识和隐性知识；工具，这里主要指网络常见的学习工具，例如 E-mail、博客、推特（Twitter)、微课视频、慕课(MOOC)平台等;主体,指个人领域、学习伙伴领域、公共领域等[194](肖宏文,2001)。这三个方面构成了知识创新的三要素。概括来讲,知识创新是学习者通过各种工具软件同其他学习者进行交流,将显性知识和隐性知识通过自身加工进行重新建构,并利用各种具有共享功能的软件同学习伙伴进行分享,从而转变为具有公共领域意义上的知识的过程。知识创新三要素的关系可以用知识创新的三维模型来表示,如图 4-7 所示。

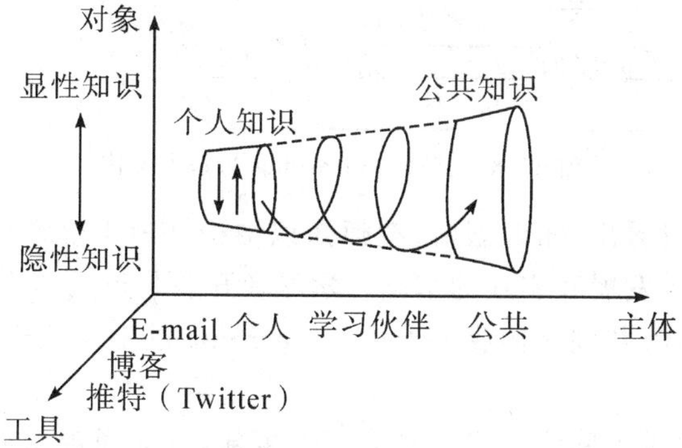

图 4-7 知识创新的三维模型

该图清晰地表达了知识创新的内涵。学习者个人通过对学习资源的学习,拥有个人知识,这种知识可能是信息、经验、想法,甚至只是一种灵感或思想的火花,通过各种工具[例如 E-mail、博客、推特/(Twitter)、慕课(MOOC)平台],使个人知识能够同学习伙伴进行共享,在共享的同时,经过学习伙伴的共同讨论、分析、修正,使原始的个人知识得以进一步扩大和创新(在图中表现为知识积累不断增长),知识的质量和数量不断提高,最终形成公共领域的知识财富。

因此,Web 2.0 时代个人知识增加的过程就是公共知识创造的过程,学习的过程就是创新的过程,这就是 Web 2.0 时代网络空间知识在不同系统层面之间的"生产"与"消耗"的协同机制。

4.2.2 支持 SS-learning 的四层架构

个人知识的管理、创新与学习共同体中集体智慧的发展息息相关。王星、李怀龙(2015)等学者提出的微学习空间[195]可以看作是以网络学习空间为代表促进个人自主学习的碎片型非正式学习的一种新的视角。

在此,笔者以微学习空间的构建模式为基础,对支持 SS-learning 的基本架构进行了拓展和延伸,如图 4-8 所示。

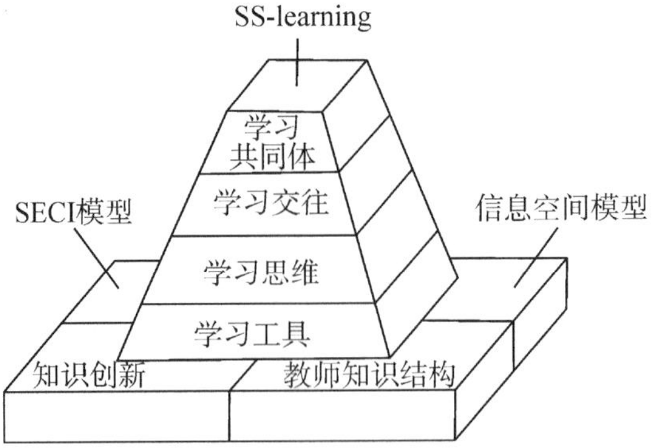

图 4－8　支持 SS-learning 的基本架构

由图 4－8 可以看出，知识创新、教师知识结构、SECI 模型和信息空间模型共同构成 SS-learning 发展和实践的基础。学习者开展非正式学习的学习工具、学习思维、学习交往、学习共同体构成了支持 SS-learning 的四层架构。

(1)学习工具

技术的发展促进了网络学习工具的不断更新，目前涌现出的学习工具功能全面、种类丰富、针对性强，可以支持在线学习、移动学习和辅助传统课堂教学，从侧面反映出当前教与学活动对学习工具需求的变化。英国“学习和绩效技术中心”网站(C4LPT，Centre for Learning & Performance Technology，http://c4lpt.co.uk/)作为著名的学习工具软件统计分析网站，自 2007 年起每年都根据通过德尔菲法(Delphi Method)获得的关于学习工具排名的统计结果，评选排名前 100 个学习工具(Top 100)，并为用户介绍和推荐。我国学者钱冬明等(2012)[196]、穆肃等(2014)[197]、张梦萍等(2015)[198]分别对 2007—2012 年及 2014 年的学习工具变化情况进行了分析。由其分析情况可以看出，学习工具的应用发展与学习技术发展相一致，同时学习工具在注重支持社会性学习和群体学习的同时，更关注对个体学习的需要和过程的支持，注重网络中个人学习过程的知识管理及社会性知识共享。因此教师学习者选择学习工具不应盲从，而应根据实际工作需求选择适合自己的学习工具来开展非正式学习。

(2)学习交往

学习者在互联网上的非正式学习中的交往是其进行学习的基本活动方式之一，学习者在对知识进行认知和建构完善的过程中，所需的信息与知识都不是通过灌输强加的，也不是内部自发形成的，而是学习者在与他人交往互动过程中逐步同化或顺应而生成的。存在的区别就是交往范围的大小和交往深度的多少，这些决定着学习者对知识构建的效果。在 SS-learning 中，学习者因共同的学习需求进行交流互动，在活动过程(如协作探究、问题研讨等)中随着认识和体验的不断加深，创造性的火花不断产生，认知结构因同化与顺应而不断从旧平衡达到新平衡，也使得学习者获得隐性知识和显性知识的发展与提升。

(3)学习思维

网络学习由于在一种全新的环境下促进学习者的学习,使得它在很大程度上影响着学习者的学习思维策略。而在网络学习中学习者同帮助者指导者之间存在着同步或异步的互动,这就要求学习者必须通过不断的交流与互动建构自己的知识体系,同时也需要学习者具有多元互联性的思维方式,能够从伙伴间的交流和获取的资源中提取有效的信息,以提高自身解决问题的能力。由于基于网络的非正式学习最终的学习目标是实现知识的"意义建构",即掌握事物的性质、规律以及事物之间的内在联系,因此获取信息并不是学习的主要目的,而利用有效的思维策略,把信息转化为知识,使学习者能够消化、理解信息并使其具有意义才是学习的真正目的。

(4)学习共同体

学习共同体是学习者个人进行交流讨论的场所,是知识(包括显性知识和隐性知识)进行外在化和组合的重要场所。在 Web 2.0 理念与技术的支持下,出现了一系列体现社会性学习和集体资源智慧分享的 Web 2.0 新型学习社区,如益学会、译言、好看簿等。非正式学习共同体中教师学习者积极参与知识的分享与创新,促进学习共同体的建设,能够实现个人智慧和集体智慧的相互转化。学习者在这样的学习环境中交流信息、探讨问题、提出新的观念、拓展问题思路、交流学习心得、相互争论、达成共识,不仅学习到了知识,而且获得了学习能力,提高了多种智能,促进了团队合作精神,提升了集体智慧。

4.2.3　SS-learning 的内涵本质

网络进入学习者的世界,为学习注入了新的活力,作为信息技术与教育的结合,网络有着其他教学媒体不可比拟的优势,但在进行 SS-learning 的实践中不应追求"形式"而忽视"本质",应该全面而深刻地把握 SS-learning 的内涵与本质。

(1)SS-learning 不仅是技术的学习,更是一种新的学习方式

网络学习的诸多定义中,较为权威的是欧洲委员会的定义,它把网络学习定义为"通过促进利用资源与服务的机会以及远距离的交流与合作,用新的媒体技术与互联网改进学习的质量"[199](周志毅,2005)。在定义中,明显地突出了网络学习需要以"技术"为基础的这一显著特征。

作为对 SS-learning 的技术支持,掌握学科基本知识是基础,拥有计算机是前提,互联网的使用质量是关键。SS-learning 一方面需要技术"铺路搭桥",另一方面需要学习者掌握使用技术进行选择性学习的知识和技能。因此,SS-learning 不能停留在"技术的学习(learn from technology)"上,技术不仅是为学习者提供一台计

算机或者帮助他们连上互联网，更在于它使得学习者与一个充满学习资源的新世界相联系，为学习者提供了使其思想得以拓展的机遇，并获取了一个新的、充满挑战的未来，从而实现用技术学习(learn with technology)。

SS-learning 代表着一种新的学习方式，它与传统的学习有着显著的不同。目前，以“知识教育”为核心的传统教育理念及其实践正在逐渐暴露它的不适应性和局限性，最突出的问题是培养出来的“人才”对知识以死记硬背为主、创新能力不强，与现代社会对人才的迫切要求格格不入。信息时代学校教育的核心是培养人的创造能力和创新意识，而创造能力的关键是对信息的处理能力。面对当今海量的信息，死记硬背只会使个体疲于奔命，只有灵活地掌握信息处理的办法，在对信息的搜集、分析、判断、利用和重组等多个环节中游刃有余，才能成为信息时代成功的学习者。对传统学习方式和信息时代的学习方式的比较见表 4－2。

表 4－2　传统学习方式与信息时代学习方式比较

传统学习	信息时代学习
书本学习	网络学习
封闭学习	开放学习
课堂学习	交互式学习
获得知识的学习	获得信息的学习
口传耳听的学习	逼真地虚拟现实的学习
以教师为中心的学习	以网络为中心的学习

网络教育使自主学习成为时尚，互联网将全世界的各种信息资源连接起来，成为一个海量的资源库；各地的优秀帮助者和指导者可以从不同的角度提供相同的知识学习素材和教学指导，任何人都可以通过网络访问，形成多对多的学习方式。在这种情况下，学习者在学习时间和学习内容上有了充分的选择余地，自主学习成为必然。与此同时，互联网还可以实现交互的合作学习，学习或参考资料能很便利地在互联网上获取，知识获取的过程可以交给学生完成(如模拟方案中的启发式活动)，也可以直接与帮助者指导者交流(如 E-mail、微信)。此外，学习者的学习还打破了时空的界限，学习者可以根据个人的特征来安排学习的时间和地点，受教育的时间也得到了扩展。网络空间所造就的虚拟空间超越了物理空间的限制，以纯粹的“信息之缘”连接的新型学习共同体得以创建。

因此，学习者应该把怎样使用技术作为更重要的目标，从而形成一种用技术学习的新的学习方式。

(2)SS-learning 不仅是获取知识，更是对知识进行管理

知识存在于人身，具有人身的依附关系。相对而言，信息较为自我独立，它不仅是通常所接触到的具体的表现形态，也具有比较抽象的科学技术上的特定内涵，

更具有哲学上的重要意义[200]（孙雷等，2006）。SS-learning 不是简单地把信息搬到网上，或者把信息下载到文件夹中，重要的是如何把信息转化为知识，变为学习者自身的财富。知识管理伴随着知识经济的到来为这一问题的解决提供了契机。知识管理就是提升学习的能力，就是新世纪学习所需要的学习策略。

关于知识管理的定义和概述比较多，其中安达信管理咨询公司提出的定义最为典型，该定义可以用 $KM=(P+K)^S$ 表示，其中 KM 即知识管理（Knowledge Management），P 代表人（People），K 代表知识（Knowledge），S 则指知识的分享扩散（Sharing），P 和 K 之间的"＋"号，代表信息技术（Information Technology）的运用[201]。该公式所代表的意思是组织的知识积累，必须通过科技将人与知识充分结合，在分享的组织文化下达到指数的效果。由此可见，如果人与相关知识关联过程中分享的深度、广度和速度越大，那么知识管理所成就的价值也越大。

由公式 $KM=(P+K)^S$ 可以了解到知识转化，传播的深度、广度对学习和知识管理的作用和意义。因此需要一种能够将一群学习者聚集在一起的方式，让对知识有共同兴趣的一群学习者都能够围绕感兴趣的话题进行讨论，分享对方的观点，并能够相互帮助对新话题和想法进行讨论，进而能够促进某领域主题知识的积累和传播，这样一群学习者结合在一起就形成学习型组织。

学习型组织是以系统思考、自我超越、转换心智、共同愿景、团队学习这五项修炼铸造而成[202]（Marquardt，2003），在这样的组织中，"大家得以不断突破自己的能力上限，创造真心向往的结果，培养全新、前瞻而开阔的思考方式，全力实现共同的抱负，以及不断一起学习如何共同学习"[203]（Senge，1998）。在学习型组织中完全可以进行知识的学习，这种以学习为中心的学习型组织和学习共同体离不开知识管理，而学习共同体和学习型组织反之又能够促进知识的转化与管理。

（3）SS-learning 不仅是个体学习，更是社会性学习

网络学习中，学习者可以根据自己的学习特点和意愿，采用适合于自己的学习方法，主动选择学习内容、学习时间和地点，自己控制学习进度，在网上获得同伴对自己学习情况的反馈信息。这种学习资源的丰富性、学习方式的个性、学习空间的非局限性，大大增加了个体学习发挥的自由度和效率。同时，更重要的是这种学习已经不再把知识作为一种客观存在和必须掌握的共同标准，而是取决于知识对个体的意义及知识在解决各种问题时的重要性，个人在学习中的主动性凸现出来，相应的一种"为需要而学习"的观念在个体学习中得以确立。

然而，网络学习突破了传统学习中在相互认识的人之间产生面对面有限的同步交流、交流对象范围狭窄，极大地扩大了交互性。在学习共同体中学习，学习者能够注重扩展学习的地理空间、人际关系空间和学习主体空间，扩大学习主体之间的多层次、多方位角度的交流与合作，在交流讨论中促进对问题的更深层次的思考，与他人分享学习成果和学习的快乐，提升学习的价值。正如吉姆·布鲁纳所

言："当学习更像团队工作而不是单打独斗时，学习效果会获得提高。出色的学习就像出色的工作一样是合作的和社会性的，不是竞争性的和与世隔绝的。同其他人一起工作通常会提高学习的参与程度，与别人共享思想、对别人作出回应能发展思维，深化理解。"[204]（Abbey，2003）

4.2.4 SS-learning 的微观过程

关于学习者个体成长过程的学习是非常丰富和多样的，有日常生活的学习，有工作实践的学习，也有书籍阅读的学习等，它们共同组成每个人生命成长的学习整体。网络学习最大的优势在于由学习工具引发的学习资源的自由获取，从而大大拓展传统学习下学习者所能够涉猎的范围，并且重构了一种学习生活方式。因此，笔者在这里讨论基于网络的学习，并不是指基于网络的学习就是一个人学习的全部，也不是指网络学习就能够代替其他学习进程。基于网络的学习是作为学习者进行知识学习的一种方式而存在的，这种方式有它的独特性。前面章节介绍的内容都在共同决定着基于网络的学习具体过程的展开。

SECI知识转化理论，主要是以"知识"应用与创新动态过程为参考系，即说明显性知识如何被应用、隐性知识如何被创新的流程。对基于网络的学习来说，学习者学习的过程也是在进行着不断"内化"与"外化"的动态转换过程，但是这时参考系不是知识应用创新的动态过程，而是以学习者自身为参考标准，即相对于学习者来说，存在着不断的"内化"与"外化"的学习过程。学习者知识内化和外化的过程如图4－9所示。

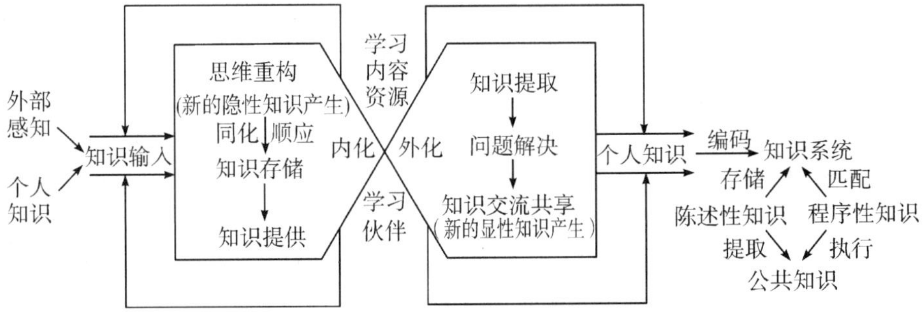

图4－9 知识内化和外化过程

学习者进行内化学习的输入，是通过学习内容资源和学习伙伴完成的，这两者共同促进学习者对所获得知识学习进行内化的过程；学习者将外部感知的知识和已有的知识，通过自身思维重构，进行匹配，即对知识进行转换与分析，以便能够纳入或扩展到自身认知结构中，这是新的隐性知识形成的过程。学习者获得新知识，以及对新知识的理解和存储，都必须建立在新知识与旧知识的有机联结上，这种联结一般有同化和顺应两种方式。同化指个体将新知识有效地整合并建构到自己已有的知识结构中的过程,顺应指个体遇到自己不能用已有的知识结构同化新知识时,对已有的知识结构加以修改或重构,以适应新知识的过程[205](张旭等,2008)。同化和顺应是学习者拥有层次性和累积性知识的原因,也是能够在认知系统中存储知识的基本特性。经过信息加工重构的知识经过语义编码长期存储,成为个人知识系统的一部分,根据实际需要进行提取相关知识解决实际问题。

外化是知识创造的关键,因为它是从隐性知识到显性知识创造新的、显性的概念的过程,是从个人为解决实际问题而在其个人知识系统中提取相关知识的过程。个人知识属于长时间记忆,认知心理学把长时记忆分为陈述性记忆和程序性记忆两部分[206](贝斯特,2000)。陈述性记忆是指学习者对事实和事件的记忆,它适合存储经加工处理后形成的任何具有意义联系的东西。程序性记忆是指学习者对自己通过练习后所逐渐获得的技能或经验的记忆。陈述性记忆中所存储的知识比较灵活,而程序性记忆中所存储的技能与经验一般比较固定。对于学习者的外化学习输出,同样也存在两条途径:一是学习者直接通过对原来学习内容资源的归纳整理等方式进行学习内容输出,二是学习者通过学习伙伴之间的互相激发以产生更富于创造性的知识输出。

由此可见,基于网络的学习就是在学习工具的支持下,在 Web 2.0 的网络协作机制中,学习者进行知识的"内化"与"外化"的学习微循环不断循环的过程。网络学习的"内化"包括 SECI 模型中的"内化、社会化"两个过程阶段,"外化"包括 SECI 模型中的"外在化、组合"两个过程阶段。

4.3　SS-learning 中学习者成长的动力系统

网络空间存在着丰富的资源,有学习内容资源,也有伙伴资源,最为重要的是网络为学习者创造了选择利用这些资源的自由。

但是,学习者如何才能发现和利用这些资源?如何在丰富自己学习的过程中也丰富网络空间的资源建设?这不仅是网络学习的技术问题,也是学习者学习的价值观问题。

面对这样充满选择、且学习者必须要学会选择的网络空间,每位学习者,都是一个生命的整体,生命的成长不仅仅是由基因决定,还由后天所处的文化、政治、经济等因素决定,这些后天因素具体反映在学习者身上,就构成了学习者成长的个人价值观系统。个人价值系统按照马斯洛的需求理论学说[207](贾小明等,2004),会在生理需求、安全需求、社会需求、尊重需求和自我实现需求五个不同层面展开和体现,对于需求满足的完整人性追求最终构成了我们每个人成长的动力系统。

社会互联的网络学习,可以从选择简单网络工具的学习开始,每种网络工具的掌握，对学习者来说，都会进一步扩大选择范围、提高选择可能性、提升选择复杂程度，而选择复杂程度的增加反之又会促进学习者选择能力的不断生成、促进学习者网络学习能力的增强。

学习者选择的过程是学习者与环境互动的过程，是学习者内部发生“同化、顺应”的过程。虽然，目前还无法度量学习者内部“同化、顺应”发生过程的能力状态水平，但可以通过学习者与环境互动中表现出的选择行为变化来度量学习者网络学习能力水平及其发展阶段的规律。

为了清晰形象地说明体现在选择判断中学习者网络学习能力水平的发展阶段，笔者以化学学科中学生学习化学元素及其化合物知识的过程为例。学生最初学习化学元素及其化合物知识时，学习基础的元素知识，例如某个元素的结构、化学性质、物理性质等知识，这些知识将会随着学生逐步学习进行加深，从而在个人的知识体系中被选择组合成越来越复杂的化学元素及其化合物的知识网络体系。

对于一位从没有接触过网络的学习者来说，当环境条件允许他能够利用网络展开交流和学习，那么网络中存在着的各种有利于学习的工具和资源的应用，将会随着学习者对工具的驾驭能力、对资源的管理能力不断提升，产生出越来越大的学习应用效应，使得学习者获得不断的发展和成长。

在网络时代，学习资源选择的自由和资源互联的 Web 2.0 组织方式，正在颠覆的不仅仅是传统的教育制度所带来的种种弊端，也在塑造着全新的学习观念：学习是学习者追求自我生命完整的行动。以人为中心的网络化社会互联学习不同于以往任何学习，其最大的特点就是所有学习行为都是学习者自主选择的过程和结果。

网络化社会互联学习需要学习者不断做出选择，完全自主的选择，投入多少时间、学习什么内容、选择什么样的学习伙伴，包括经常阅读哪些网站等，这些都是学习者的自由选择，所有的一切都是选择的结果，学习的过程就是不断做出选择的过程，学习路径沉淀就是选择的过程和结果的见证。

网络互联学习在向让人类个体重新回到原有的生命整体性和创造性的方向前进，学习者主动追求人性完整的自我价值的动力系统能够展开和不停运作，所以，每一位学习者透过互联网络，都能够选择成长的自由。

4.4 SS-learning 中学习者的信息素养

信息素养这一概念最早是由美国信息产业协会主席保罗·泽考斯（Zurkowski）基于 1974 年提出的，它包含了诸多方面：①传统文化素养的延续和拓展；②使受教育者达到独立自学及终身学习的水平；③对信息源及信息工具的了解及运用；④必须拥有各种信息技能，如对需求的了解及确认，对所需文献或信息的确定、检索，对检索到的信息进行评估、组织及处理并作出决策[208]。

这一定义将信息素养划分为三个基本层面:文化素养层面,信息意识层面和信息技术层面。这三个层面也是学习者进行网络学习所应该具备的信息素养,下面将分别对这三个层面进行论述。

4.4.1 学习者的文化素养

学习者应具备的文化素养属于知识层面的内容,它不仅仅是一种计算机文化的概念,而更重要的是对学科基础知识的掌握。目前为止,人们已经不再把知识简单地视为一种静止不变的、可以被拥有的东西,而是把知识看作是一个过程或者系统。

知识革命对学习者提出了全新的要求,学习者只有具备必需的学科知识,才能适应从印刷界面到数字界面的转变,才能通过计算机和网络进行学习。学习者只有具备必需的学科知识,才能学会作出选择。知识革命使得隐性知识在知识体系中的比例逐渐提高,面对同样的信息,不同的人可能会作出不同的选择,这将直接影响学习者的学习效果。因此,学习者必须提高自身认识,加强对信息的处理和判断能力,充分发挥自我管理能力和导航能力,在学习过程中不被无关的信息所干扰。学习者只有注重信息和学习的价值,明确什么样的信息是有用的,才能避免使自己迷失在信息的海洋中。

4.4.2 学习者的信息意识

信息意识是在网络中进行学习的学习者在网络社会中生活、学习和发展的重要前提,这些意识包括主体意识、时空意识、创新意识等。

网络学习对于学习者的主体发展和提升具有积极作用,学习者的"主体意识"十分重要。作为学习者首先应该有"按需学习"和"以我中心"的学习理念,充分利用网络学习个性化的特点,有目的、有计划地选择学习的内容、时间、空间以及学习方法,以满足自己对学习的不同需求。其次,通过网络学习丰富和扩大自己的社会交往,拓展活动范围。网络向人开放的同时,人也在向世界开放,通过普遍的交往,学习者有可能加强对共有人性的感受,寻找到人与人之间的共同点和需求上的差异性。再次,学习者要学会认知,使自己成为学习的主人。这就要求学习者能够自己在网络学习中明确学习目标,监控学习过程,评价学习效果,在这种调控的过程中,学习者的主体性无疑能够得到充分的表现和发展。与此同时,学习者还应使自己成为符号世界的主体,网络社会是一个由符号组成的虚拟社会,它虽然为学习者提供了更广阔的学习空间,但是并不能代替真实世界。网络学习无论用多么先进的技术，也永远无法代替师生之间、学习者之间面对面的交流。因此，学习者应该在利用网络的同时，积极在真实的实践交往中发展自己的主体性。

学习者通过网络被赋予了超越实际生存空间的可能，使得个体意识中的世界空间变小，个人空间变大，学习者可以通过互联网在任何国家或领域漫游，从而有一种享受无限空间的感觉，从而为学习者在现实空间和心理空间之外，增加了一个虚拟空间。这个虚拟空间不仅是指互联网中的存在，而且指学习者在互联网上的生存性活动，这就要求学习者有强烈的“时空意识”。

信息时代不仅使技术发生了前所未有的变化，更重要的是社会交往性质也由此引发重要的变化，以“计算机为媒体的交往”将在社会生活中占有越来越重要的地位，这种交往的根本特征是开放性、交互性和建构性。利用网络和多媒体技术，可以构建丰富的、反思性的学习情境，它可以为学习者的自由探索创造机会。因此，“创新意识”就成为学习者应该具备的信息意识之一。

4.4.3 学习者的信息技能

学习者的信息技能是对学习者在信息素养的技术层面的要求，它包括学习者利用计算机和网络进行学习的能力，其主要是基本的计算机操作和软件的使用技术，包括能够使用 E-mail、在线讨论、BBS 以及语音电话等方式进行交流，能够对个人博客进行维护，能够进行文件的上传与下载，能够使用学科专用软件绘制学科专业图形等基本技能。除此之外，学习者还应该具有基本的网络交往能力以及利用网络进行研究的能力。

4.5 SS-learning 影响因素量表的构建

前文已经在理论层面梳理出了用于分析 SS-learning 的“学习系统分析框架”五个维度的因素，它们分别是“学习内容资源”“帮助者指导者”“交往范围”“交往方式”和“学习者”因素。但由于以上五个维度的影响因素来自对当前网络背景下非正式学习现状的观察分析，缺乏实验数据支持。因此，有必要通过实验数据的采集和分析，去证实其研究结论，或者对其进行进一步的拓展和深化。

量表测量法是目前应用较为广泛的调查分析方法，就当前学习分析学以及其他调研分析的研究[209-211]来看，应采用量表测量法对 SS-learning 的影响因素进行研究。因此，本研究在 SS-learning 影响因素测试量表的设计与开发过程中，将采纳和借鉴国内外研究所采用的技术路线，设计开发一个用于下一步研究的五点式李克特量表，即：在前期研究的基础上先构建初级测试量表；再通过项目分析对初级测试量表进行结构效度检验，进而对题项进行筛选；然后通过克隆巴赫系数判定量表整体和具体题项的信度，对题项进行二次筛选；最后得到最终的测试量表。

4.5.1　维度指标分析

本研究采用前文探讨的“学习系统分析框架”所讨论的“学习内容资源”“帮助者指导者”“交往范围”“交往方式”“学习者”等要素进行维度分析。

由于学习者属于 SS-learning 中的内因。因此，对于网络化的非正式学习的学习者变量而言，可将其设定为单维度变量。

研究从微观的 SS-learning 中外因的视角出发，选“学习内容资源”“帮助者指导者”“交往范围”“交往方式”这四个维度来刻画 SS-learning 的外部因素。

最后，从宏观的角度而言，“政策制度”以及非正式学习参与的“学习共同体”作为宏观视角的内容，可作为 SS-learning 的另两个维度变量。

4.5.2　量表设计与开发

本研究的调查量表在设计上参考了大量以往文献研究成果，借鉴其中权威研究的理论构思以及被广泛引用的实证研究文献中的已有量表，吸收与本研究有关的信息，进而形成了初步调查思路。同时对国内外一些成功的调查问卷设计形式进行分析，设计出各变量的题项。研究中的概念模型中的各变量均是在借鉴了以往研究成果的基础上，进行一定的修改得到的，因此有关这些研究变量的测量方法有很多的理论和经验研究可供参考。

初步制定 SS-learning 影响因素调查测试题目，共计 40 道测试题目，通过邮件意见征求以及网络电话的方法，请 5 位教师教育专家和 5 位一线中学教师对测试题目进行修改意见的征集。根据专家和一线教师反馈的结果，对部分题目进行了删除，并对部分保留题目的表述进行了修改完善，最终形成了 SS-learning 影响因素调查测试量表。该量表包含两个部分，第一部分为对被测者基本信息的获取，包括被测者的性别、学历、教龄、任教学校所在地区、所教学科、网龄、每周上网次数和上网时间等内容。第二部分为测试题项，包含 35 道题目。量表选择五点式里克特测试量表的呈现形式，答案分为“同意”“基本同意”“一般”“不太同意”和“不同意”五个层级。

4.5.3　数据获取

本研究选取的研究对象为来自中学语文教师群、北京中学教师群、全国中学地理教师群、省中学美术骨干教师群、化学读书爱好者联盟、山东中学教师群、江安县中学数学教师群、奎屯市高级中学教师群、洋县中学青年教师群、成都中学教师群、高中物理江苏教师群和四川高中政治教师群 12 个 QQ 群中的教师。选择群的依据是在 QQ 中搜索活跃度高的、具有研讨和学习性质、非学校办公类的群。在这 12 个群中，笔者说明调研的目的和意义后，在各个群中随机选择了 30 位教师，向其 QQ 邮箱发放了调查量表。共计发放调查量表 360 份，回收有效调查量表 294 份，有效回收率为 81.7%。

本研究的被测试样本遵循了随机抽样，并且经过筛选之后留下的有效问卷具有较好的行业代表性，样本的其他特征也与本研究的要求相吻合。样本数量也已达到研究要求。因此可以认为，该样本具有良好的代表性，同时对于本研究后期研究所涉及的结构方程模型，通常认为样本量至少在 100 至 120 之间，以便用极大似然估计法(MLE)对结构方程模型进行估计。本次收集到的有效样本量为 294 份，已经达到样本分析的要求。

4.5.4　数据统计与分析

本研究选取 SPSS 21.0 对调查测试数据进行分析，用以检验测试量表中调查题项的适切性和可靠性，然后对测试数据进行因素分析，以确定测试量表的建构信度和效度，为构建 SS-learning 影响因素模型奠定基础。

4.5.4.1　基本信息统计

本研究所统计的被测对象内容包括性别、学历、教龄、任教学校所在地区、所教学科、网龄、每周上网次数和上网时间等内容。根据对 294 份有效调查测试数据的统计显示，参与调查的女教师占总人数的 56.80%，男教师占 43.20%；专科学历占 6.122%，本科学历占 62.59%，研究生学历占 31.29%；教龄在 3 年以下(含 3 年)的教师占 17.69%，教龄在 3 至 10(含 10 年)年的占 34.35%，10 至 15（含 15 年)年的占 29.93%，15 年以上的占 18.03%；来自农村的中学教师占 9.52%，乡镇的占 14.63%，县级的占 26.19%，城市的占 49.66%。对于教师所教学科，由于所选的 12 个群中，语文、数学、地理、思政、物理、化学、美术七个学科选择了专门的学科研讨群，因此被测的人数相对较多。其余五个未知教师学科的群中，音乐、体育与健康、心理健康教师人数相对较少，且未专门进行寻找和关注，因此随机发放的量表中没有以上学科老师作为被测对象。具体统计情况如表 4－3 所示。

表 4－3　被测者个人基本信息统计表

被测特征	特征值	人数	百分比
性别	男	127	43.20%
	女	167	56.80%
学历	专科	18	6.122%
	本科	184	62.59%
	研究生	92	31.29%
教龄	3 年以下(含 3 年)	52	17.69%
	3 到 10 年(含 10 年)	101	34.35%
	10 到 15 年(含 15 年)	88	29.93%
	15 年以上	53	18.03%
任职学校所在地区	农村	28	9.52%
	乡镇	43	14.63%
	县	77	26.19%
	城市	146	49.66%
所教学科	语文	51	17.35%
	数学	47	15.99%
	外语	21	7.143%
	思政	21	7.143%
	物理	34	11.56%
	化学	40	13.61%
	生物	11	3.741%
	历史	7	2.381%
	地理	29	9.864%
	音乐	0	0.000%
	体育与健康	0	0.000%
	美术	16	5.442%
	计算机(信息技术)	17	5.782%
	心理健康	0	0.000%
	其他	0	0.000%

续表 4-3

被测特征	特征值	人数	百分比
网龄	1 年以内	0	0.000%
	2～4 年	0	0.000%
	5～7 年	51	17.35%
	8 年及 8 年以上	243	82.65%
每周上网次数	1～2 次	0	0.000%
	3～4 次	8	2.721%
	5～6 次	19	6.463%
	每天都上	267	90.82%
每次上网时间	1 小时以内	43	14.63%
	2～3 小时	123	41.84%
	4～5 小时	104	35.37%
	6 小时以上	24	8.163%

4.5.4.2 项目分析

本研究采用临界比值(简称 CR 值)法对项目进行分析。在研究过程中对调查测试数据总分的高分组和低分组进行区分，再求高分组和低分组在每个题项的平均数差异的显著性。经过项目分析后将未达到显著水平的题项删除。该方法首先求出量表每个被试数据的总分，将得到的所有数据按总分高低排序。找出高低分组上下 27%的分数，分出高分组和低分组。最后，采用 t 检验的方法检验高低分组在每个题项的差异，将未达到显著的题项删除。

依据以上方法，将调查测试量表的 35 个题项按顺序以 Q1 到 Q35 编号，将 294 份量表的测试数据录入 SPSS 21.0 进行分析，检验测试题项的切适性和可靠性。按照“同意＝5 分，基本同意＝4 分，一般＝3 分，不太同意＝2 分，不同意＝1”的标准，求出被测数据的总分并排序。根据选择标准，可知高分组临界值为 161，低分组的临界值为 128。

在量表项目分析中，当采用极端值的临界比时一般将临界比值的 t 统计量的参考值设定为 3.000。根据表 4-4 的分析结果显示，所有题项的 t 统计量值都大于 3.000，说明所有题项都具有较好的鉴别度，应予以保留。

表 4-4　独立样本量 *t* 检验结果

		方差方程 Levene 检验		均值方程的 *t* 检验						
		F	Sig.	*t*	df	Sig.（双侧）	均值方差	标准误差值	差分 95%置信区间 下限	差分 95%置信区间 上限
Q1	假设方差相等	2.914	0.088	5.147	117	0.000	0.992	0.197	0.624	1.401
	假设方差不相等			5.188	118.947	0.000	0.992	0.197	0.624	1.401
Q2	假设方差相等	32.304	0.000	8.185	117	0.000	1.173	0.149	0.893	1.461
	假设方差不相等			8.194	76.578	0.000	1.173	0.148	0.893	1.461
Q3	假设方差相等	55.995	0.000	7.501	117	0.000	0.837	0.114	0.616	1.052
	假设方差不相等			7.553	72.745	0.000	0.837	0.113	0.616	1.052
Q4	假设方差相等	17.489	0.000	8.457	117	0.000	1.052	0.127	0.804	1.299
	假设方差不相等			8.486	92.104	0.000	1.052	0.127	0.804	1.298
Q5	假设方差相等	71.314	0.000	3.931	117	0.000	0.341	0.090	0.168	0.517
	假设方差不相等			3.964	68.652	0.000	0.341	0.090	0.168	0.517
Q6	假设方差相等	50.359	0.000	11.351	117	0.000	1.425	0.129	1.178	1.673
	假设方差不相等			11.419	79.134	0.000	1.425	0.129	1.178	1.673
Q7	假设方差相等	78.598	0.000	9.620	117	0.000	1.492	0.160	1.189	1.801
	假设方差不相等			9.688	69.111	0.000	1.492	0.159	1.189	1.801
Q8	假设方差相等	0.056	0.827	10.818	117	0.000	1.521	0.143	1.245	1.800
	假设方差不相等			10.840	108.712	0.000	1.521	0.143	1.245	1.799
Q9	假设方差相等	10.907	0.001	11.499	117	0.000	1.491	0.132	1.235	1.748
	假设方差不相等			11.546	97.525	0.000	1.491	0.132	1.235	1.748
Q10	假设方差相等	47.531	0.000	10.820	117	0.000	1.730	0.164	1.413	2.047
	假设方差不相等			10.889	74.028	0.000	1.730	0.163	1.413	2.047
Q11	假设方差相等	0.580	0.452	10.781	117	0.000	1.927	0.182	1.573	2.279
	假设方差不相等			10.779	114.809	0.000	1.927	0.182	1.573	2.279
Q12	假设方差相等	41.051	0.000	5.074	117	0.000	0.604	0.120	0.367	0.829
	假设方差不相等			5.102	80.097	0.000	0.604	0.119	0.367	0.829

续表 4-4

		方差方程 Levene 检验		均值方程的 t 检验						
		F	Sig.	t	df	Sig.（双侧）	均值方差	标准误差值	差分 95%置信区间 下限	差分 95%置信区间 上限
Q13	假设方差相等	14.324	0.000	6.845	117	0.000	1.051	0.155	0.749	1.351
	假设方差不相等			6.872	95.712	0.000	1.051	0.155	0.749	1.351
Q14	假设方差相等	66.354	0.000	10.028	117	0.000	1.157	0.119	0.926	1.382
	假设方差不相等			10.104	66.178	0.000	1.157	0.118	0.926	1.382
Q15	假设方差相等	26.075	0.000	7.221	117	0.000	1.102	0.157	0.800	1.401
	假设方差不相等			7.260	84.189	0.000	1.102	0.156	0.801	1.401
Q16	假设方差相等	12.483	0.001	11.014	117	0.000	1.407	0.133	1.154	1.648
	假设方差不相等			11.052	99.864	0.000	1.407	0.133	1.154	1.648
Q17	假设方差相等	28.131	0.000	13.831	117	0.000	1.528	0.015	1.309	1.746
	假设方差不相等			13.902	86.489	0.000	1.528	0.015	1.310	1.746
Q18	假设方差相等	20.513	0.000	7.134	117	0.000	1.070	0.156	0.774	1.364
	假设方差不相等			7.171	83.246	0.000	1.070	0.155	0.774	1.363
Q19	假设方差相等	115.786	0.000	6.241	117	0.000	0.581	0.098	0.402	0.760
	假设方差不相等			6.286	71.062	0.000	0.581	0.098	0.402	0.760
Q20	假设方差相等	37.549	0.000	10.742	117	0.000	1.441	0.138	1.179	1.706
	假设方差不相等			10.781	81.536	0.000	1.441	0.137	1.179	1.706
Q21	假设方差相等	48.376	0.000	10.244	117	0.000	0.988	0.099	0.798	1.175
	假设方差不相等			10.327	61.934	0.000	0.988	0.098	0.797	1.175
Q22	假设方差相等	41.652	0.000	8.382	117	0.000	1.340	0.162	1.024	1.657
	假设方差不相等			8.431	82.563	0.000	1.340	0.161	1.024	1.657
Q23	假设方差相等	36.087	0.000	13.208	117	0.000	1.881	0.145	1.601	2.167
	假设方差不相等			13.294	73.981	0.000	1.881	0.144	1.602	2.167
Q24	假设方差相等	22.440	0.000	9.249	117	0.000	1.149	0.124	0.903	1.395
	假设方差不相等			9.291	91.042	0.000	1.149	0.124	0.903	1.394

续表 4－4

		方差方程 Levene 检验		均值方程的 t 检验						
		F	Sig.	t	df	Sig.（双侧）	均值方差	标准误差值	差分 95％置信区间	
									下限	上限
Q25	假设方差相等	68.823	0.000	5.841	117	0.000	0.670	0.121	0.463	0.934
	假设方差不相等			5.889	63.071	0.000	0.670	0.120	0.463	0.934
Q26	假设方差相等	19.124	0.000	4.745	117	0.000	0.937	0.199	0.542	1.320
	假设方差不相等			4.751	97.764	0.000	0.937	0.198	0.541	1.319
Q27	假设方差相等	22.447	0.000	9.256	117	0.000	1.154	0.129	0.909	1.402
	假设方差不相等			9.303	91.049	0.000	1.154	0.129	0.909	1.401
Q28	假设方差相等	74.039	0.000	9.164	117	0.000	1.259	0.142	0.989	1.528
	假设方差不相等			9.229	69.118	0.000	1.259	0.141	0.989	1.528
Q29	假设方差相等	38.211	0.000	8.039	117	0.000	1.402	0.179	1.058	1.750
	假设方差不相等			8.083	85.970	0.000	1.402	0.178	1.059	1.750
Q30	假设方差相等	1.039	0.318	7.569	117	0.000	1.412	0.191	1.045	1.783
	假设方差不相等			7.578	113.236	0.000	1.412	0.191	1.046	1.782
Q31	假设方差相等	22.356	0.000	7.610	117	0.000	1.288	1.73	0.954	1.621
	假设方差不相等			7.642	95.408	0.000	1.288	1.72	0.954	1.620
Q32	假设方差相等	32.027	0.000	7.934	117	0.000	0.852	0.109	0.638	1.060
	假设方差不相等			7.991	73.941	0.000	0.852	0.108	0.638	1.060
Q33	假设方差相等	14.387	0.000	9.498	117	0.000	1.621	0.706	1.285	1.959
	假设方差不相等			9.536	93.081	0.000	1.621	0.706	1.285	1.960
Q34	假设方差相等	13.603	0.000	6.201	117	0.000	0.780	0.129	0.534	1.029
	假设方差不相等			6.239	81.280	0.000	0.780	0.129	0.534	1.028
Q35	假设方差相等	9.224	0.002	7.940	117	0.000	1.422	0.181	1.070	1.776
	假设方差不相等			7.963	104.875	0.000	1.422	0.180	1.070	1.775

（1）量表题项与总分相关性检验

本研究采用 Pearson 相关性检验法对量表题项与总分相关性进行检验，相关性系数参考值选定为 0.4。若题项的相关性系数小于 0.4，则表示该题项与整体量表的同质性不高，应予以删除。经过 Pearson 相关性检验，所有题项的相关性系数均大于 0.4，因此所有题项与总分的相关性都较高，应予以保留。

(2)信度检验

信度(Reliability)也称为可靠度，是指测量效果的稳定性和一致性，测量的数据具有较高的一致性指数，才能保证变量的度量符合信度要求。信度分析就是对量表的稳定性和一致性进行研究。评估系统的信度以组成该系统的每一个测量之间的系数为基础，通常对于一份量表而言，测量同一理念的项目越多，信度会有越高的表现。根据信度系数的种类、测量的内容及测量方法来进行区分，信度分析的常用具体方法有重测信度、复本信度、分半信度和克朗巴赫(Cronbach)创立的 α 信度系数法四种(后两种可归为内部一致性信度)。

本研究将采用克朗巴赫的 α 系数法检验各个测量题项，以 α 系数来测量同一理论维度下各项目间的一致性。一般认为，克朗巴赫 α 系数应达到 0.7 以上，在基础研究中，信度至少应达到 0.80 才可以接受[212](林震岩，2007)。

根据前文对量表测试维度的讨论，需要对学习内容资源、帮助者指导者、交往范围、交往方式、学习者、政策制度和学习共同体等维度进行数据采集，通过对以上变量数据的采集，使用 SPSS 21.0 软件进行信度分析，结果如表 4－5 所示。从表4－5可以看出，各变量的克朗巴赫的 α 系数在 0.868 到 0.902 之间。因此，SS-learning外因的学习内容资源、帮助者指导者、交往范围和交往方式各变量的题项之间具有较好的内部一致性。

表 4－5　信度分析结果

项目内容		删除该题项后的 α 系数	α 系数
学习内容资源	Q1	0.894	0.901
	Q2	0.877	
	Q3	0.892	
	Q4	0.899	
	Q5	0.893	
	Q6	0.894	
交往范围	Q7	0.871	0.887
	Q8	0.885	
	Q9	0.864	
	Q10	0.848	
	Q11	0.881	
	Q12	0.870	

续表 4-5

项目内容		删除该题项后的 α 系数	α 系数
交往方式	Q13	0.849	0.871
	Q14	0.868	
	Q15	0.869	
	Q16	0.856	
	Q17	0.867	
帮助者指导者	Q18	0.869	0.876
	Q19	0.875	
	Q20	0.851	
	Q21	0.866	
政策制度	Q22	0.889	0.900
	Q23	0.895	
	Q24	0.894	
	Q25	0.883	
学习者	Q26	0.839	0.868
	Q27	0.864	
	Q28	0.848	
	Q29	0.851	
学习共同体	Q30	0.900	0.902
	Q31	0.889	
	Q32	0.897	
	Q33	0.897	
	Q34	0.889	
	Q35	0.896	

(3)效度检验

效度(Validity)是测量的准确性和有效性，也就是测量的结果与所要达到的目标两者之间相符合的程度。测量的效度与测量的目标有密切关系，效度就是指测验本身所能达到目标的有效程度。一般将测验的效度分为内容效度(Content Validity)、效标效度(Criterion-related Validity)和结构效度(Construct Validity)。本研究将借助 SPSS 21.0 软件的因素分析法对问卷的结构效度进行检验。对七个潜变量运用 SPSS 21.0 进行因子分析,运行结果如表 4-6 所示。

表 4-6 各变量因子分析结果

因子	KMO值	Bartlett 卡方值	因子载荷(最小值)	累计方差解释率/%	显著性水平
学习内容资源	0.842	599.847	0.831	59.142	0.000
交往范围	0.804	458.124	0.698	57.594	0.000
交往方式	0.861	597.538	0.784	60.513	0.000
帮助者指导者	0.885	632.514	0.801	63.215	0.000
政策制度	0.826	578.541	0.735	56.289	0.000
学习者	0.819	489.215	0.716	56.846	0.000
学习共同体	0.833	586.743	0.743	61.628	0.000

当 KMO>0.9 时,极适合进行因素分析;0.9≥KMO>0.8 时,适合进行因素分析;0.8≥KMO>0.7 时,尚可进行因素分析;0.7≥KMO>0.6 时,勉强可进行因素分析;0.6≥KMO>0.5 时,不适合进行因素分析;KMO<0.5 时,非常不宜进行因素分析。而对于巴特利特球形检验,在做因子分析时,要求巴特利特球形检验结果的值必须达到显著水平,即 $P<0.05$。若 $P>0.05$ 则表示不适合做因子分析。根据表 4-6 中呈现的 SPSS21.0 软件统计分析结果,本量表的 KMO 值为均大于 0.8,且 Bartlett 卡方值的显著性概率均为 0.000,说明适合做因子分析。各变量因子载荷值均大于 0.5,且累计方差解释率均大于 50%,这说明量表对于所测量的概念具有较强的解释力。本部分数据的效度检测满足统计要求,即变量之间具有明显的结构性和相关关系,具有较好的结构效度。

4.6 SS-learning 的影响因素模型的构建

由前面调查分析的情况,可以将 SS-learning 的影响因素归结为:学习内容资源影响因素、交往范围影响因素、交往方式影响因素、帮助者指导者影响因素、政策制度影响因素、学习者影响因素和学习共同体影响因素七大共同因素。在此拟构建 SS-learning 影响因素假设模型,并采用结构方程模型理论对假设模型进行拟合度检验和评价,进而对模型进行修正,最终构建出 SS-learning 影响因素模型。整个影响因素模型的构建分为假设模型构建、模型拟合、模型评价和模型修正四个步骤，使用 AMOS 21.0 软件进行结构方程模型的相关分析。

4.6.1 假设模型的构建

学习内容资源影响因素、交往范围影响因素、交往方式影响因素、帮助者指导者影响因素、政策制度影响因素、学习者影响因素和学习共同体影响因素是基于前期理论研究和调查数据分析所得到的 SS-learning 影响因素，根据性质还可以把它们分为宏观因素、中观因素和微观因素。宏观因素包括政策制度，中观因素包括学习内容资源、交往范围、交往方式、帮助者指导者、学习共同体，微观因素包括学习者本身。

一般来讲，作为微观因素的学习者本身可以直接影响基于 SS-learning 学习方式的教师专业化发展。中观因素则会通过 SS-learning 的学习者间接影响教师专业化发展的促进。具体来说，学习内容资源、交往范围、交往方式、帮助者指导者、学习共同体对学习者的影响存在显著的正相关。也就是说，如果有充足的学习内容资源、宽泛的交往范围、适应于学习者学习的交往方式、同行的帮助者和指导者、能够提供良好学习氛围的学习共同体，将会使学习者自身专业化发展大大增强。

宏观的政策制度包括中央和地方政策制度两个方面，如果在中央或地方层面制定了鼓励教师开展网络背景下非正式学习的政策制度，将可能促进和维持教师开展非正式学习以提升专业发展。

此外，政策制度因素有可能对中观因素中的学习内容资源、交往范围、交往方式、帮助者指导者和学习共同体产生直接影响。例如，如果中央或地方制定了相关的鼓励教师开展网络背景下非正式学习的政策制度，会有更多的老师和学校领导重视该层面学习的开展，帮助者指导者的人数会不断增加，相关职能部门会在学习内容资源上倾斜，交往方式和交往范围会不断更新和扩大。

因此，基于过去研究的结论，以及前期的量表测量和探索性研究，本研究对 SS-learning影响因素模型进行如下假设构建。共计作出如下九个假设。

H1：非正式学习的政策制度与非正式学习的学习共同体的运用程度正相关。

H2：SS-learning 学习共同体的运用程度与学习过程中的学习者正相关。

H3：学习内容资源对 SS-learning 学习者具有正向影响。

H4：SS-learning 的交往范围对 SS-learning 的学习者具有正向影响。

H5：SS-learning 的交往方式对 SS-learning 的学习者具有正向影响。

H6：SS-learning 的帮助者指导者对 SS-learning 的学习者具有正向影响。

H7：SS-learning 的帮助者指导者有利于学习资源向学习者的转化。

H8：SS-learning 的帮助者指导者有利于交往范围向学习者的转化。

H9：SS-learning 的帮助者指导者有利于交往方式向学习者的转化。

由此而得出 SS-learning 影响因素假设模型，如图 4－10 所示，

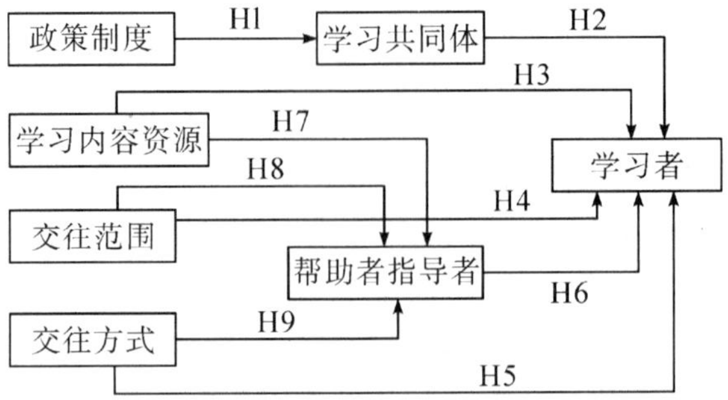

图 4－10　SS-learning 影响因素假设模型

在下面的结构方程模型识别和拟合度检验中，将对以上九个假设进行验证，并结合 AMOS 软件的分析数据和相关理论对假设模型进行适当修正。

4.6.2　SS-learning 的影响因素模型的构建

本章将在 SS-learning 影响因素测试量表构建、项目分析的基础之上，基于学习内容资源影响因素、交往范围影响因素、交往方式影响因素、帮助者指导者影响因素、政策制度影响因素、学习者影响因素和学习共同体影响因素七大共同因素，构建 SS-learning 影响因素假设模型，并采用结构方程模型理论对假设模型进行拟合度检验和评价，进而对模型进行修正，最终构建出 SS-learning 影响因素模型。整个影响因素模型的构建分为假设模型构建、模型拟合和模型修正等方面，使用 AMOS 21.0 软件进行结构方程模型的相关分析。

4.6.2.1　初始模型的构建

根据前文提出的研究假设及模型，运用 Amos 21.0 软件，绘制出初始结构方程模型，如图 4－11 所示。

其中 institution——政策制度；recouce——学习内容资源；range——交往范围；mode——交往方式；helper——帮助者指导者；learner——学习者；community——学习共同体。el 至 e38 代表了结构方程中的残差。

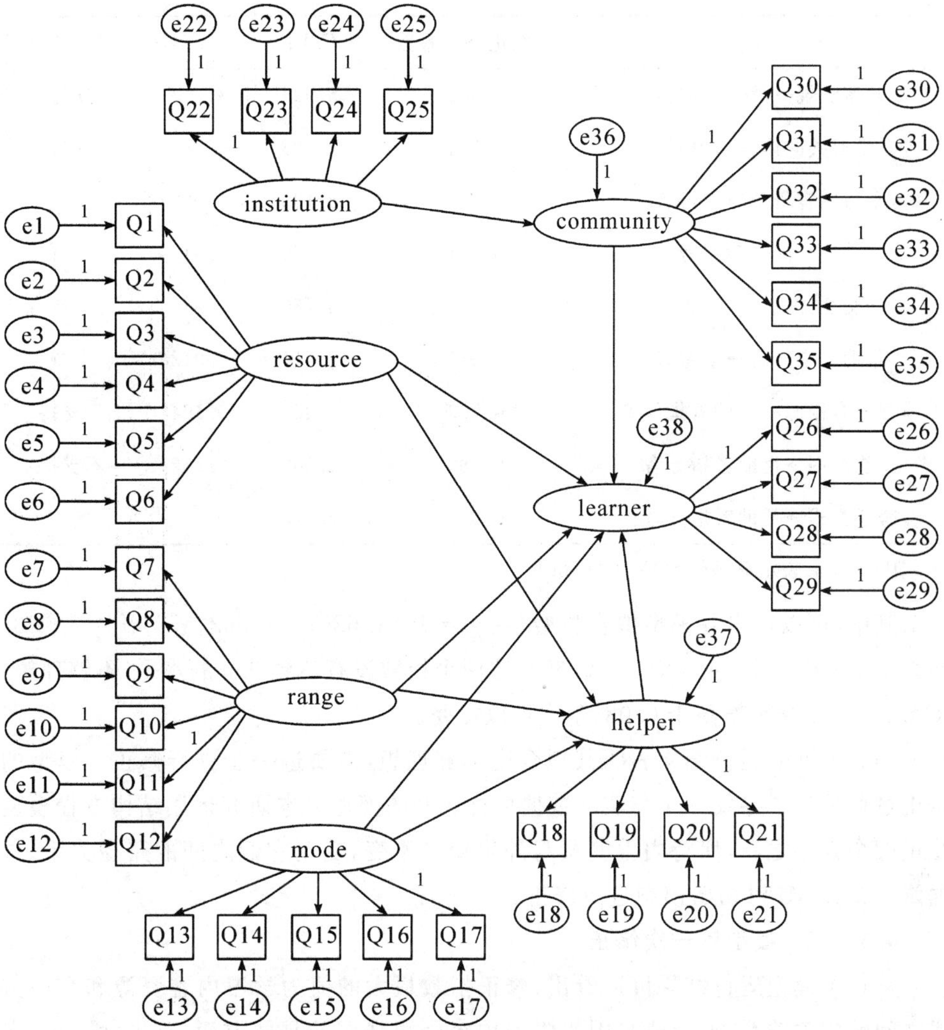

图 4-11　初始模型

由表 4-7 可以看出：在显著性水平为 95%时，除学习内容资源与帮助者指导者之间的路径和交往范围与帮助者指导者的路径不显著之外，其他七个路径系数均较为显著。也就是说，除假设“H7：SS-learning 的帮助者指导者有利于学习资源向学习者的转化”和“H8：SS-learning 的帮助者指导者有利于交往范围向学习者的转化”得到部分支持之外，其他假设均得到证明。

表 4-7　初始模型运行结果

路径	标准化路径系数	C. R.	P	假设支持结果
政策法规→学习共同体	0.581	5.924	***	支持
学习共同体→学习者	0.934	7.125	***	支持
学习内容资源→学习者	0.230	3.133	0.002	支持
交往范围→学习者	0.211	2.372	0.013	支持
交往方式→学习者	0.223	3.430	***	支持
帮助者指导者→学习者	0.635	2.514	0.012	支持
学习内容资源→帮助者指导者	0.709	1.350	0.194	不支持
交往范围→帮助者指导者	0.285	1.160	0.256	不支持
交往方式→帮助者指导者	0.617	2.372	0.020	支持

附：***表示显著性水平 $P<0.001$。

其中，可以得出各模型拟合指数值：$\chi^2=1704.624$；df=562；$\chi^2/\mathrm{df}=3.033$，略大于3；CFI =0.745，NFI =0.694，这两个指数没有达到0.9的水平，不够理想；RMSEA=0.082，略高于0.08，基本可以接受。

初始模型的运行结果表明其拟合度不够理想，需要进一步进行修正。模型的修正过程是为了寻找一个与实际数据拟合更好的模型。本研究运用结构方程模型修正四个方法之一：保持内生变量与外生变量不变，变动它们之间的路径关系，根据修正指数MI对初始模型进行修正。

4.6.2.2　模型第一次修正

从初始模型运行结果可以看出，修正指数最大的值为学习内容资源和交往方式之间的相关关系，这可能是因为学习内容资源强调的是两方面：首先，学习内容资源网络上具有系统性和逻辑性的显性知识；其次，还包括学习者和帮助者指导者个体及所在学习共同体中的隐性知识。而交往方式强调学习者通过网络与帮助者指导者之间形成的在学习过程中与之发生人际互动的关系，是以网络学习工具为载体，以作为学习内容资源的显性知识和隐性知识为交往内容的过程，因此两者之间具有较强的相关关系。在初始模型中添加了学习内容资源和交往方式的相关关系路径之后，得到第一次修正模型，如图4-12所示。

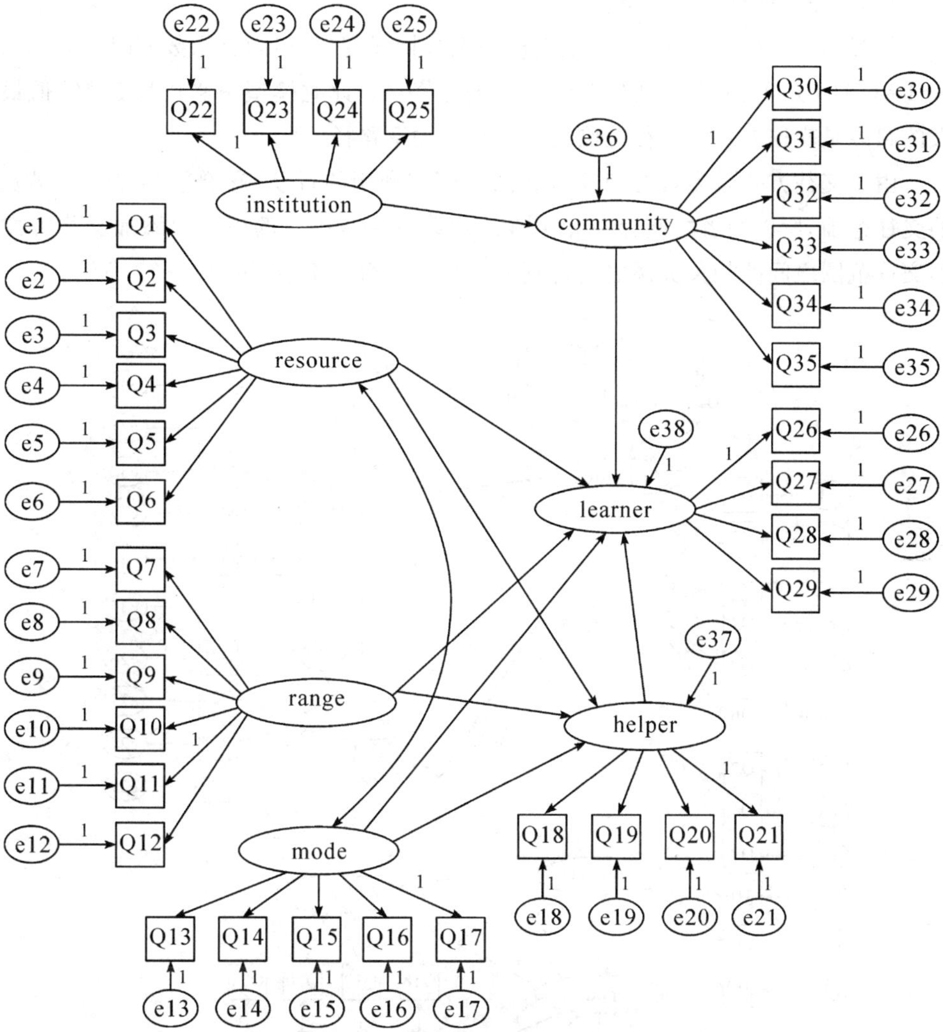

图 4-12　第一次修正后模型

第一次修正模型的拟合情况见表 4-8。

表 4-8　第一次模型修正拟合情况

χ^2	df	χ^2/df	CFI	NFI	RMSEA
1521.458	561	2.712	0.789	0.764	0.078

从表 4-8 可以看出，经过第一次修正的结构模型的 $\chi^2/df=2.712$，小于 3，可以接受；CFI＝0.789，NFI＝0.764；RMSEA＝0.078，小于 0.08，可以接受。各项拟合指标均有所改进，表明模型拟合情况变好。

4.6.2.3 模型第二次修正

经过第一次模型修正之后，虽然模型拟合情况变好，但拟合指数 CFI＝0.789、NFI＝0.764 还不够理想，所以需进一步进行修正。此时模型中修正指数 MI 值最大的路径是交往方式与交往范围之间的相关关系路径。

由于交往方式学习者对交往方式的驾驭和利用的行动，影响了学习者所触及的交往范围，所以两者之间存在相关性。在第一次修正后的模型中添加交往方式和交往范围之间的相关关系之后得到第二次修正后的模型，如图 4－13 所示。

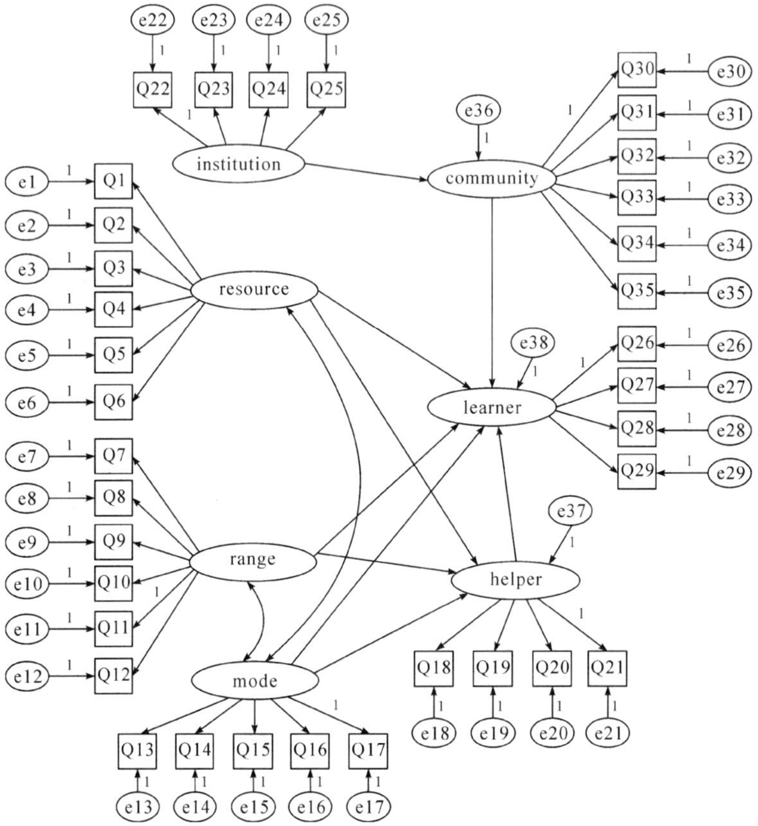

图 4－13　第二次修正后模型

第二次修正后的模型拟合情况如表 4－9 所示。

表 4－9　第二次模型修正拟合情况

χ^2	df	χ^2/df	CFI	NFI	RMSEA
1504.67	559	2.692	0.842	0.798	0.075

从表 4-9 可以看出，经过第二次修正后，模型的 χ^2/df、CFI、NFI、RMSEA 等各项指标均比第一次修正后有所改进，说明模型拟合情况变得更好。

4.6.2.4 最终模型确立

在进行了两次模型修正之后，虽然拟合情况得到改善，但仍然不是很理想。从模型运行结果可以发现，模型学习内容资源和交往范围之间相关关系修正指数的值最大。由于学习内容资源可以扩大到整个互联网络，它的获得依赖学习者交往范围的扩大及学习者对可利用网络资源的挖掘，因此两者之间存在相关性。添加了两者之间的相关关系之后得到最终模型，如图 4-14 所示。

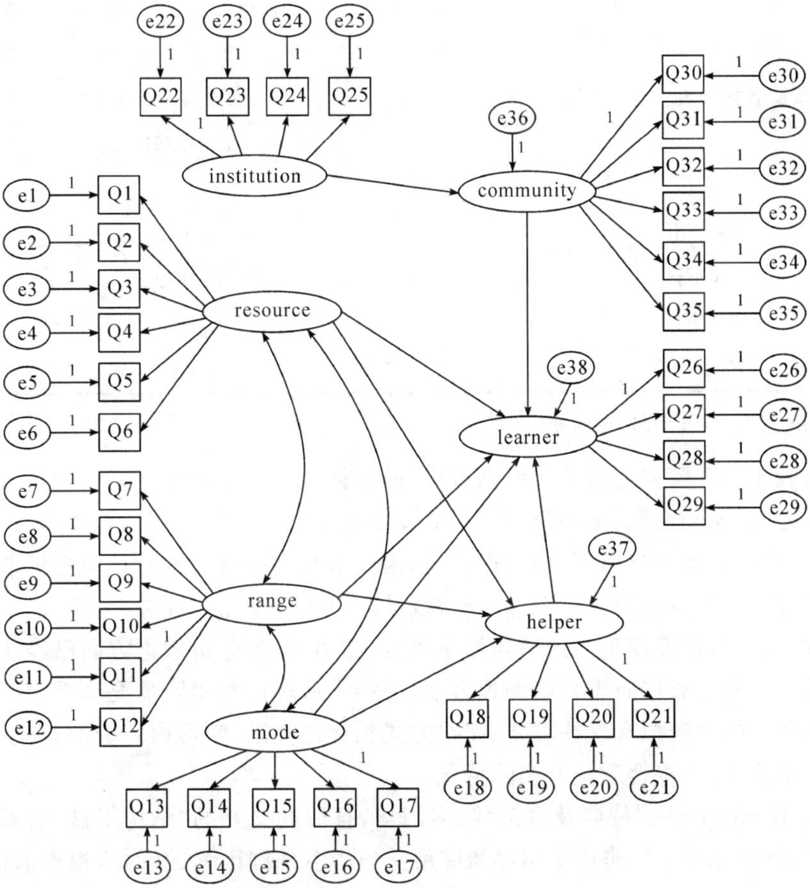

图 4-14 最终 SEM 模型图

最终模型运行结果如表 4-10 所示。

表 4－10 最终模型运行结果

路径	标准化路径系数	C. R.	*P*	假设支持结果
政策法规→学习共同体	0.581	5.925	***	支持
学习共同体→学习者	0.911	7.114	***	支持
学习内容资源→帮助者指导者	0.454	3.378	0.008	支持
交往范围→帮助者指导者	0.245	2.472	0.035	支持
交往方式→帮助者指导者	0.562	4.596	***	支持
学习内容资源→学习者	0.277	3.492	0.039	支持
交往范围→学习者	0.332	4.389	0.048	支持
交往方式→学习者	0.390	2.137	0.035	支持
帮助者指导者→学习者	0.206	2.501	0.013	支持
χ^2		1364.267		
df		550		
χ^2/ df		2.480		
CFI		0.909		
NFI		0.891		
RMSEA		0.042		

附：*** 表示显著性水平 $P<0.001$。

由表 4－10 模型运行结果可以看出，模型整体拟合度获得了极大的改善，其中 χ^2/ df 为 2.480，已经达标；CFI 和 NFI 值分别为 0.909 和 0.891，其中 CFI 值已经达标，NFI 值略低于参考值，但可以接受，因此这两个指数基本满足拟合标准；RMSEA 小于 0.05，满足拟合标准。因此，该模型拟合结果比较理想。

综上所述，假设模型经过适当修正以后，在 AMOS 分析数据方面已经达标，标志着模型与样本数据有着良好的拟合度。另外，从理论和实际情况来看，修正模型中增加学习内容资源和交往方式、交往方式和交往范围、学习内容资源和交往范围三条关系路径，也符合理论和实际情况。

SS-learning 是一种涉及多条件、多因素，且彼此交互的“结构不良”的概念，教师对于 SS-learning 的非正式学习和应用受到诸多外围因素的影响，根据前面的理论建构和数据分析显示，对于教师开展 SS-learning 学习有可能产生影响的因素包括学习内容资源影响因素、交往范围影响因素、交往方式影响因素、帮助者指导者影响因素、政策制度影响因素、学习者影响因素和学习共同体影响因素七个因素，它们彼此交互共同构成 SS-learning 影响因素模型。通过理论建构和数据分析最终得出的 SS-learning 影响因素模型所包含的七个影响因子，根据性质可以将其划分为宏观影响因素、中观影响因素和微观影响因素，其中宏观影响因素包括政策制度，中观影响因素包括学习内容资源、交往范围、交往方式、帮助者指导者、学习共同体，微观影响因素包括学习者。其具体的模型结构图如图 4－15、图 4－16 所示。

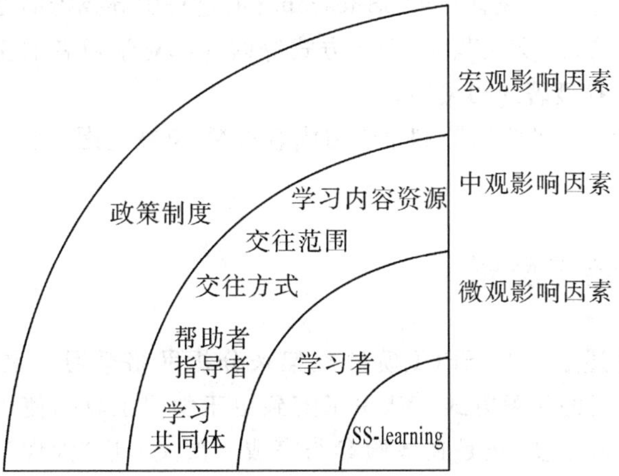

图 4－15　SS-learning 影响因素模型（简化版）

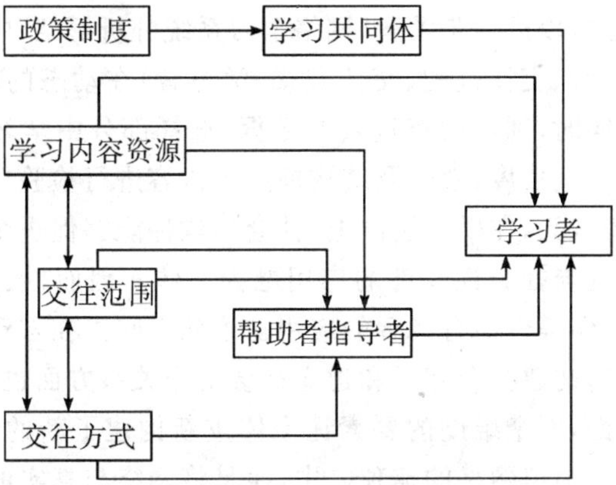

图 4－16　SS-learning 影响因素模型（详尽版）

4.6.3　结果与讨论

在前文研究的基础上，本部分的研究证明了 SS-learning 通过政策制度对学习共同体的影响提升了学习者的学习效果。通过对 QQ 群中教师发放的调查量表，可以对 SS-learning 提供的网络背景下的学习共同体对学习者学习情况的影响进行验证。填写量表的教师涉及语文、数学、英语、物理、化学、思政等多个学科。调查对象主要以中学教师为主，共收回有效量表 294 份。在这些量表的基础上进行分析，得出以下四个主要结论。

①政府机关为 SS-learning 提供的政策支持会对学习者之间、学习者与学习共同体、学习者与学习共同体之外的帮助者指导者之间产生正面影响。

②学习共同体的实施有利于 SS-learning 的过程中寻找帮助者和指导者。

③学习内容资源、交往范围、交往方式等内容都对学习者的正面影响显著，这三个维度之间具有显著的相关性。

④帮助者指导者的实行有利于学习内容资源、交往范围、交往方式三个维度向学习者的转化。

4.7 小结与反思

本章主要论述了应用 SECI 模型框架来分析网络学习的展开过程，提出了 SS-learning这种新的学习方式。从中了解到由于学习工具的使用，学习者产生了知识管理的需求和必要，正是在体验参与完成一次又一次“隐性”与“显性”知识的相互转化的螺旋进程中，学习者才不断获得智慧和提升价值判断能力，实现以自我为导向的学习人生的不断完善。从另一个角度讲，基于 SECI 模型分析网络自主学习的展开过程，也可以进一步了解“网络学习系统分析框架”中的诸要素（学习内容资源、帮助者指导者、交往范围、交往方式，学习者）在动态的网络学习过程中是如何相互作用的。同时，利用调查量表的数据，选择部分中学教师作为被测对象，然后利用相关软件对其信度、效度及结构模型等内容进行检验。

综上所述，笔者认为，在微观层次上，社会性软件能够促进个体知识的构建，将个人的知识管理过程与社会性软件的应用融为一体。因而，社会性软件在促进个体的学习、生活和工作等方面有广阔的应用前景和空间。在宏观层次上，社会性软件在学习共同体之间构建社会知识和建立社会协作关系方面也有很多可拓展的应用空间。在中观层面，五个维度的要素让个体重新构建了新的学习方式。社会性软件不是使人们陷入虚拟网络的孤独之中，而是将网络与真实的社会结合起来，构建社会网络，生成社会资本。

第五章　基于SS-learning的学习者个案分析

前几章从文献研究入手，以基于互联网应用的发展为背景，对教师利用社会性软件进行非正式学习的方式（即 SS-learning）进行了讨论。研究表明，SS-learning 中的各个部分并不是分开的，而是相互包容的整体，同时又具有各阶段的发展特征。

笔者根据前文所阐述的互联网应用发展特征、网络学习系统的分析框架，在对教师知识结构、针对学习者个人的 SS-learning 学习过程及学习模型讨论的基础上，对教师的非正式学习情况进行学习者个案研究。个案研究时先构建了对 SS-learning学习进程进行实践检验的案例分析框架模型，再根据模型对所选择的个案进行分析、比较和综合论述。

5.1　SS-learning 中的学习者学习

SS-learning 可以跨年龄段开展、跨知识水平进行交流和探讨，其成员的学习动力来自学习者个体内在驱动力，并且无人监督，也不存在传统意义上的教师，只有在学习者个人有学习需求时，这种学习才能发生。学习效果也有赖于个体自主学习能力和自我管理意识。因此从学习内容上而言，每位学习者具体的差异性很大。但是由于 SS-learning 是网络背景下的学习，就 Web 的发展而言，学习者在开展 SS-learning 的过程中，有着相似的学习过程和学习模型。

5.1.1　SS-learning 的学习过程

SS-learning 是一个动态的过程，在这中间网络提供了适宜的环境促进个体层面、团队层面、组织层面、组织间层面的学习。SS-learning 中学习者利用学习工具——社会性软件进行信息收集、知识学习和伙伴学习，并在此过程中贯穿学习反思和帮助指导。在促进学习者实现 SS-learning 的诸多因素中，信息冗余（Information Redundancy）、意志自由（Will Autonomy）、知识愿景（Knowledge Vision）、心智模式(Intelligence Mode)、创造性混乱(Creative Chaos)，以及必不可少的变化(Requisite Variety)等几方面内容成为重要的条件，其关系如图5-1所示。

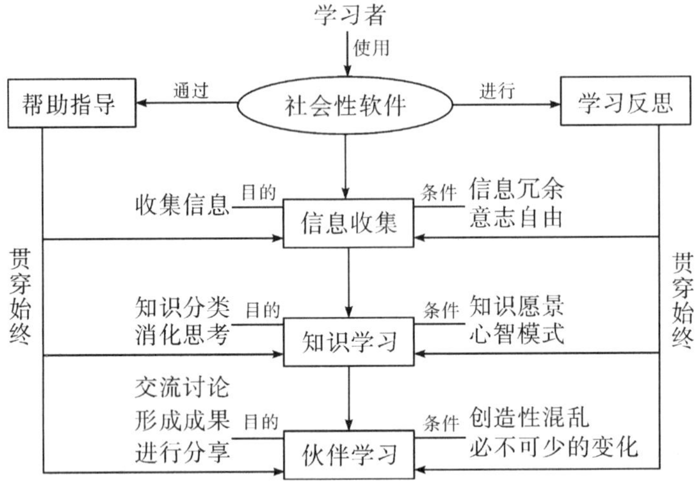

图5-1　SS-learning的过程

学习者将社会性软件作为学习工具，通过信息收集、知识学习和伙伴学习的过程进行网络化的非正式学习，对学习的反思和帮助指导始终贯穿在学习的整个过程中，使得学习者能够对自己的学习进行不断总结。

网络为个体学习提供了前所未有的自由选择空间，为群体知识凝聚提供了协作平台，它象征着自由、分享和创新。

任何学习者(不管是在某一个领域有深厚知识积累，还是对该领域的知识仅是有所涉猎)在初涉网络之时，都需要从利用网络学习工具进行信息收集开始。笔者在前文以不同的网络学习工具为基础，归纳分析了基于不同类型学习工具的学习分类。“信息收集”的目的是利用不同学习工具收集信息，进行信息收集的前提条件是网上信息冗余，学习者有充分的意志自由。信息冗余并不是指不必要的复制、浪费或者信息过载，而是指现有的信息量超过了学习者所需要的范围，它使得学习者收集信息的范围十分广泛，能够使学习者超越书本知识，从不同的立场和角度获取信息；意志自由增加了学习者发现有价值的信息的机会。信息的收集应该一直贯穿整个网络学习进展的过程中，它影响和决定着“学习系统分析框架”中的各个要素，只不过对于网络学习初涉者而言，以信息的收集为学习的主要内容。

通常对网络学习可以用一句名言——“学习是优化内外网络的过程”来进行描述。但是，在学习者还没有形成自己相对独立的风格和视野、在对学习内容认知方面没有足够积累和沉淀的情况下，很难将学习水平状态推进到“优化内外网络的过程”的层次。也就是说，在网络空间，当学习者的学习过程进入到主要依靠对关键“节点”关系进行动态管理的学习状态之前，学习者需要进行大量的认知内容层面的积累。

因此“知识学习”的目的是对知识内容层面的拓展学习，对收集的信息进行知识分类，并对其进行思考消化。进行知识学习的前提条件是学习者个人的知识愿景和心智模式的确定，个人的知识愿景是学习者在哪个领域学习什么样的知识，它决定了学习者自身以及其所拥有的知识库长期的发展方向，使得知识学习中的学习内容的选择及对知识的管理是完全个性化的。心智模式是“根深蒂固于心中，影响我们如何了解这个世界，以及如何采取行动的许多假设、成见，或甚至图像、印象”[213](Senge，1998)，心智模式的塑造及人的思想的发展同知识思考消化所进行的知识创造有着十分紧密的联系。

当然，透过网络工具的应用，对于内容认知层面的学习跟传统模式下的知识学习的具体过程展开会有所不同，比如可以通过知识管理、参与学习共同体的很多方法来提升知识内容层面学习的效率。

“伙伴学习”是学习者主要透过学习伙伴关系来进行动态的学习，其内涵接近“学习是优化内外网络的过程”，即学习就是互联构建关系的过程，对内表现为认知结构节点关系的优化，对外表现为“You know who，who knows what”关系节点的构建和优化。其目的是学习者之间进行交流讨论，形成成果，并和大家将成果进行分享，进行伙伴学习的前提条件是要有创造性混乱以及一些必不可少的变化。创造性混乱使得学习者在进行交流的内部环境和外部环境产生创造性和波动性，以促进学习者在交流时与外界环境进行及时有效的互动。面对混乱，学习者的认知习惯被打破，使得学习者需要怀疑和重新认识及考虑现有的事实，从而激发学习者的创造性。必不可少的变化使得在伙伴学习的过程中，掌握信息量不同的学习者能够通过这种变化尽量使得掌握的信息量接近平衡，以促进伙伴学习的继续进行。

当然，信息冗余、意志自由、知识愿景、心智模式、创造性混乱和必不可少的变化，这些进行 SS-learning 的前提条件和“信息收集”“知识学习”及“伙伴学习”一样，并不是完全分开的，而是相互包容相互整合的，只是不同时候的体现程度不同。例如在以“学习工具”为基础的“信息收集”中，并不意味着不涉及“学习内容资源”的知识学习和“学习伙伴”关系的建立；同样，对于以构建优化学习伙伴关系为主的“伙伴学习”，并不意味着不涉及对信息的收集和资源内容层面的学习。学习工具的应用总是贯穿在网络学习的整个过程中，内容资源的知识学习也是贯穿在学习伙伴关系建立的过程中。这就是说，对于学习者网络学习的过程，虽然做了三个部分的划分，但它们是相互关联且不可分割的整体，共同构成了学习者网络学习的不同状态。

另外，无论是哪个部分的学习，以学习者为中心的“内化”“外化”的微循环和以知识应用创新为中心的 SECI 转化过程一直贯穿在整个网络学习发生的所有部分和过程之中。

网络学习的三个部分，尽管不同学习者在不同部分所历经的时间长短并不相同，但它们是“学习系统分析框架”中“学习内容资源、帮助者指导者、交往范围、交往方式、学习者”各个要素的不同组合，这些不同组合所呈现的典型结构，代表了学习者网络学习所处的发展部分。换而言之，三个部分就是面对不同学习者“学习系统分析框架”系统随时间变化的功能演化。

5.1.2 由“信息收集”走向“伙伴学习”

利用工具软件进行信息收集是初涉网络的学习者进行网络学习的必经之路，从知识创新的角度来看，可以说明网络学习会经历“信息收集”最终走向“伙伴学习”的过程。

SECI模型是关于知识创新与应用的转化模型，“社会化”“外在化”主要是强调知识的创造过程，“组合”“内化”主要关注知识的应用过程。

SECI模型的“社会化”过程指从“隐性知识”到“隐性知识”，即“隐性知识”在个人之间的传递，其相应传递“场”被称为“创始场”。这说明在SECI模型中，“社会化”这个过程环节是知识产生创新的源头，通常所说的“集思广益”“头脑风暴”表达的也是同样的意思，创新很大程度来自学习者个体思想之间的相互碰撞，这也可以看作是学习者个体之间经“协作会话”合作而产生的创造力量。“外在化”则是将经过学习者个体之间相互激发之后的“隐性知识”采用一定的方式表达出来。

在现实生活中，SECI模型“社会化”过程是通过不同学习者个体的非正式、自由的集会，通过面对面的互动来进行沟通，彼此分享对方的想法、感觉、经验和认识等。可以说，传统模式下的隐性知识传递基本都是通过面对面方式，笔者以为“师傅与徒弟”、高校中“导师与研究生”之间的关系也是一种进行隐性知识传递与创造的组织形式。

在互联网中，根据Web 2.0应用的发展趋势，有利于促进学习者个体与个体之间隐性知识传递、进行“头脑风暴”的网络“创始场”在不断形成与发展着，而构建这样以“隐性知识”传递与分享的“社会化”过程的“创始场”的“环境材料”正是学习者收集的信息。类似于以博客为代表的“集体型”学习的发展和应用，以及以基于云技术的网络学习环境在非正式学习中的普及，正在构建着有利于隐性知识“社会化”的知识创新的新环境。

由此可见，“信息收集”作为构建“创始场”的基础，使得“社会化”过程得以存在，使得其中一个个“伙伴”的思想得以沟通、碰撞和互联。

从知识创新的角度来看，学习者之所以会从利用社会性软件进行“信息收集”最终走向构建伙伴关系的动态“伙伴学习”是因为“信息收集”是手段和途径，“伙伴学习”的思想创新才是目的和方向。

5.1.3　必须经历"知识学习"

互联网给学习者提供了选择学习内容资源的自由，正是对这种学习内容资源获取的自由，才使得人的成长能够向着生命原有的完整性方向发展，这就是中间经历"知识学习"的重要原因。

马斯洛的"需求理论"、莫兰的"复杂性教育问题"、傅伟勋的"生命十大层面"探求分别从心理学、社会教育学、哲学等不同的研究领域关注和研究人成长中的核心问题。

马斯洛的成长需求理论（Maslow，1987）从心理学层面揭示了对知识的需要、对理解的需要、对哲学沉思生活的需要等都是人的原始本性的一部分。对高级需求的追求和实现是人作为有机体存在所固有的表现行为。只是作为人性一部分而存在的高级需求，它并不像基本的生理、安全需求来得那样迫切和外显。对人性高级需求的追求与实现，需要相关的支持条件，一是作为人本身需要在心理层面能够辨清自己的需要，知道自己真正想要追求和实现什么，而不会被外在的错误信念或习惯所迷惑；二是作为文化、政治、经济等存在的外部环境条件应该是向促进满足人的高级需要的方向发展，而不是向着"禁止"需要的方向发展。文化，"它不仅是为人类的需要而创造的，而且也是由人类的需要创造的"[214]。无论是需求理论的研究方法运用，还是其研究结果内涵，都在向我们揭示人的完整性的存在，即从心理学、从人作为有机体存在揭示对最高级需求满足的追求、对自我实现的追求是人内在的、与生俱有的特质和能力。

莫兰（Morin，2004）面对种种复杂整体存在的现实，从未来教育设计的角度，提出未来教育必须要知晓七种知识，以及学习者对于学习内容能够不断提出和处理问题、能够不断对知识内容进行重组并重新赋予意义的教育理想构想。概括来说，这七种知识是：对"认知"的认知，致力于对过去人类知识传播过程中错误和盲点的认知，致力于对人如何认识大脑、精神与文化等特质的研究；对"整体性"认识方法与能力的掌握，掌握在问题背景、复杂与整体中认识问题的能力；对由于分科教育被瓦解了的人性的整体性与复杂性回归的认识与教育；对"地球人类共同体"的认识；确认"不确定"存在的知识；关于相互理解的教育与研究；关于人类地球公民伦理知识教育[215]。莫兰对复杂性理论与教育问题的论述，一方面反映过去教育存在的弊端，另一方面也反映未来教育设计的方向，他认为不仅人是一个整体，社会是一个整体，地球与人类也是一个相互依存的整体。

傅伟勋先生从哲学层面对人生智慧进行探求，提出人的生命意义和价值存在发展的"生命十大层面"，即关注个体身心生活的"身体活动层面""心理活动层面"，关注群体精神生活的“政治社会层面”“历史文化层面”，关注真善美追求的“知性探求层面”“美感经验层面”“人伦道德层面”，关注生命尊严与真本的“实存主体层面”，关注生死终极存在意义的“生死解脱层面”和“终极存在层面”[216]（薛伟，2004）。傅先生所提出的生命十大层次，原本是针对中国文化重建而提出的命题，该命题框架展现了人的存在的多层次性，生命的价值和意义可以在不同人生层面上进行跃迁，“生命十大层次”在哲学层面回答了作为完整健全的人存在发展的方向。

“需求理论”“复杂性教育”“生命十大层面”汇集了个人心理视角、社会教育视角、人生哲学存在视角，揭示出人作为整体性存在和发展的必然性、实际性。它们都论述了拓展内容学习的重要性和必要性，尤其是掌握系统的思维方法与建立问题整体观感。这对每个追求自我完善的学习者来说，都显得十分重要。

由以上的讨论可知：生命的完整性发展需要一定的条件。首先，需要每个学习者都能意识到自己应该是完整的人，每个人与生俱来都有积极向上的内动力，每个人都可以向着完善自我、实现自我的方向去努力，只要笃行，必然会有所收获。其次，需要学习者进行内容拓展的学习，网络上学习资源的自由获取，使得学习者向着生命完整方向发展成为可能。网络，特别是 Web 2.0 网络应用机制发展，使得学习者能够通过快速融入不同学习共同体的方式，来拓展知识积累的深度与广度，从而有可能使学习者的学习与人生视野建立在多维度综合的基础上，才可能使学习者不断觉察出本来就蕴藏在自己身上的成长需求与行动潜能。

学习，从 Web 2.0 时代扬帆起航，风帆驶过的地方就是生命复苏的旅程，是生命丰满的见证。

5.2 SS-learning 的学习模型

为了较为准确地表达社会性软件在学习过程中的影响，笔者从网络学习不同学习伙伴的角度出发，利用对知识的分类，结合 SECI 模型，将 SS-learning 中信息收集、知识学习、伙伴学习、学习反思、帮助指导等内容融合，构建了 SS-learning 的学习模型，试图对 SS-learning 进行完整的描述。

在网络学习的过程中，根据学习伙伴的不同，可以分为个体学习、团队学习、组织学习及组织间学习等几种类型，利用社会性软件作为学习工具，在“信息收集”“知识学习”和“伙伴学习”的过程中，个体、团队、组织和组织间通过学习反思和帮助指导，按照社会化、内部化、组合化、外部化的知识转化过程，学习者自身实现显性知识和隐性知识之间的互相转化，图 5－2 就表示了 SS-learning 的学习模型。

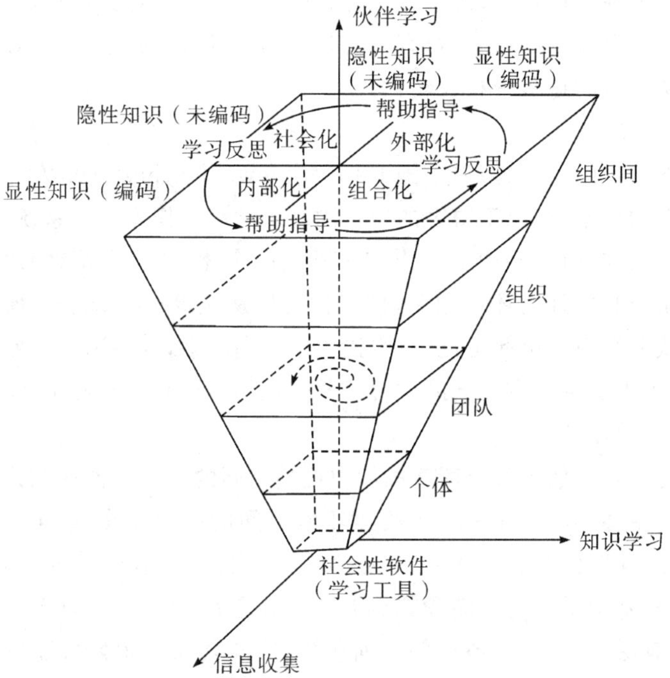

图 5－2　SS-learning 的学习模型

笔者以目前网上处于中学教师已经接受、并实践了十余年的博客为例，对SS-learning的学习模型进行说明。

(1)个体学习

学习者在个体学习的过程中经过一定时间的积累形成个体知识，这些知识在大脑中加工处理，以一种理性、客观的方法，运用一定的结构进行存储。SS-learning中个体学习获得知识有两种途径：从互联网通过搜索等行为直接获得显性知识，或者是通过感性的认知、个人主观推断而创造隐性知识。这些知识在个体学习的过程中，会在个体内部进行显性、隐性之间的转换。在个人博客中，个人通过搜索引擎等方式获取信息，在自己的博客上进行知识学习，对学习反思之后将心得体会进行发布。这一过程就是知识在个体中的转化过程，实现显性知识和隐性知识之间的相互转化。

(2)团队学习

团队学习是发展团体成员整体搭配与实现共同目标能力的过程[217]（王娟茹等，2004），它是由多个不同的学习者个体组成的学习开放体系，这些个体在各自不同的学习部分都通过 SECI 的过程不断积累知识，团队除了从更高层次进行学习外，还可以从构成它的个体中进行学习。例如在团队博客中的团队学习是不同的团队成员（即学习者个人）之间观察、模仿和实践而得到的共享的知识，这些知识是团队博客中的显性知识，它来源于团队博客中的每一个人，同时也属于团队中的每一个人。团队自身特有的信念、特有的文化氛围等都属于隐性知识，显性知识和隐性知识在团队学习的过程中相互转化。

(3)组织学习

在博客的门户网站(如博客中国 http://www.blogchina.com/)中可以发现与上述层面相似的现象，类似于博客的门户网站这种组织作为一个系统，由许多团队(即团队博客)组成，而这些团队又由许多不同的个体(即个人博客)组成。这些博客的门户网站与其所处的环境相关，使它们可以从更高的系统——博客门户网站之间的层面获取知识。由此可见，组织提供了有利因素，这些因素丰富了组织的知识，并且激发了组织层面在不同的学习阶段知识的 SECI 的转化过程。

(4)组织间学习

组织间的学习类似于各个博客的门户网站之间的学习。博客门户网站所处的环境包括许多主体，博客门户网站及其环境之间的联系不断为组织之间的知识 SECI 的转化过程提供知识。由此可见，宽泛、一般的环境也会进行知识的 SECI 转化过程，这是基于子系统不断积累的知识。在最高的主体层面实际上是环境层面，它包括所有层面，而被其他任何层面包含，因此其知识积累只能发生在其自身之中。个体基于其自身时空经历积累知识，这些知识和外部实体具有相关性；环境基于其自身时空经历积累知识，这些知识只能和内部实体相联系；而团队和组织从其自身的组员和与较高层面实体的联系中积累知识。

由以上的分析可知，在个体学习、团队学习、组织学习以及组织间学习中都存在着知识转化过程，而且在这些学习的过程中，都是由信息收集、知识学习和伙伴学习组成，学习反思与帮助指导始终贯穿其中。因此，SS-learning 的过程都存在这种知识转化过程，它们中的各部分相互关联，共同构建了 SS-learning 的学习模型。

5.3 SS-learning 中学习者学习特征的分析

SS-learning 主要是对学习者学习发展过程进行归纳和总结，因此这里进行的学习特征分析，同样是在该前提条件下，研究学习者利用社会性软件进行学习的学习特征。

从学习的技术角度来分析 SS-learning，从“信息收集”经由“知识学习”到达“伙伴学习”的过程，就是通过“学习工具”在“内容”与“人”之间建立联系的过程，从而达到一种把个体智慧发展建立于群体智慧结晶发展基础之上的状态，加快了个体成长的速度，也推进了群体智慧的发展速度。

互联网上学习者不断拓展学习内容，并与不同内容领域的人之间建立了学习联系，在这种情况下，学习者对不同领域的学习就可以避免一些初学者不必要的"尝试"过程，另外还可以通过不同的人去进一步拓展延伸学习者的视野，激发更进一步学习的需求。这种通过社会性软件在"知识"与"人"之间建立联系的过程，不仅是个体学习者学习方式与行为的变化过程，同时也是个体思维模式发生变化的过程，是一种建立在现代互联学习技术基础上由个体单独思维走向社会互联思维的过程。

下面具体来分析每一个部分学习者的学习特性，笔者主要从学习内容、学习实践、系统框架以及边缘特征这四方面来进行讨论。

5.3.1 "信息收集"特征的分析

"信息收集"的过程有着不同于"知识学习"和"伙伴学习"的显著特点，就是"信息收集"的内容在一定时期内对学习者来说经常是有限的、确定的。

在学习内容上，对于"信息收集"这种基于学习工具使用的学习，不宜复杂化其学习过程，满足最简单最初级学习者的需求即可。学习者在应用工具进行信息收集的过程中，会不断生成新的学习能力，从而可能达到对工具的进一步熟练或精通层次的掌握。当然，掌握学习工具使用后在实践中的灵活应用，也是不同学习者个人智慧的发挥和积累的体现。不同学科的专业工具软件种类繁多，例如化学类工具软件根据功能大致就可以分为化学结构类、三维结构类、数据处理类和图谱解释类等[218]（张琴珠，2003）。学习者常用的学习工具如表 5 - 1 所示，学习者可以在学习的过程中根据自己的实际需求，有选择地使用学习工具。

表 5 - 1　学习者常用的学习工具

应用类型		举　例
网络通信工具		E - mail、网络聊天工具、BBS、博客、微信、微博等
网络资源搜索引擎		谷歌、百度、360 搜索、搜狐等
浏览工具		浏览器、PDF 电子图书浏览器、超星图书浏览器等
效能工具		Photoshop、Microsoft Office 办公自动化软件等
语文类	字典词典	在线汉语大字典、汉字笔画笔顺、文言文在线词典、歇后语词典、在线《辞海》、多功能成语词典
语文类	阅读写作	话题作文词典、中国诗歌查询辞典、中国现代作家辞典、唐诗鉴赏辞典、宋词鉴赏辞典、名言警句速查辞典、中国新诗辞典、诗经鉴赏辞典、诗词典故辞典

续表 5-1

应用类型		举 例
数学类	绘图软件类	MathCAD、Tecplot、IDL、Surfer、Origin、SmartDraw、DSP2000
	数值计算类	Matcom、DataFit、S-Spline、Lindo、Lingo、O-Matrix、Scilab、Octave
	数值计算库	LINPACK、LAPACK、BLAS、GERMS、IMSL、CXML
	有限元计算类	ANSYS、MARC、PARSTRAN、FLUENT、FEMLAB、FlexPDE、Algor、COSMOS、ABAQUS、ADINA
	数理统计类	GAUSS、SPSS、SAS、Splus
	数学公式排版类	MathType、MikTeX、Scientific Workplace、Scientific Nootbook
英语类	字典词典	英语语法词典、在线汉译英词典、在线英译汉词典
化学类	化学方程式书写	速写方程、分子式编辑器、化学金排，公式编辑器等
	分子结构和化学仪器图	Chemsketch、WeblabViewer、化学金排、ChemWindow 等
	化学计算和作图	Chemexcel、Origin、Chemical Design Laboratory、SigmaPlot 等
	虚拟化学实验软件	COREL Chemlab、金华科仿真化学实验室等
	图谱解释类	ChemNMR、gNMR、C13 Module for ChemWindow 等
	化学电子词典	化学品电子手册、元素周期表、Chemical Name Laboratory 等
物理类	物理模拟	Working Model 4D、Crocodile Physics、Physics Simulator 等
	物理实验软件	NB 物理实验、NB-Electrical Lab、NB 光学实验室、NB 电学实验室、仿真物理实验室等
	绘图排版软件	中学物理作图工具、物理绘图板、物理画板等
生物类	三维分子软件	RASMOL、ActiveICM、ORTEP-III、SwiSS-PdbViewer、Biodesigner、SweetMollyGrace 等
	DNA 分析软件	DnaSP、GenescanView、Sequin、GenomeComp、Aligner 等
	RNA 分析软件	RNA draw、RnaViz、PseudoViewer、KineViewer 等
	蛋白质分析软件	PSAAM、Osprey、STORM、ProteoWizard 等
	教学软件	GENUP、Molecular Genetics、VGLII 等

学习实践是从对学习工具的掌握开始触类旁通、不断收集信息，进行复制、粘贴。对学习者来说，学习共同体中分享学习也是一种“复制”，那是文化信息的传播“复制”；对个体学习而言，也存在类似“复制”能力，即在完成某种任务能力的学习

之后，就能够将这种能力类推到相似任务的学习过程中，这是一种学习能力的“复制”。对各种学习工具的具体掌握，存在于学习者掌握一种学习工具之后的学习能力“复制”过程，即学习迁移能力。

从学习系统分析框架中各要素之间的关系结构来看，“信息收集”是基于网络学习的起步阶段。虽然在收集信息的过程中会触及不同的学习内容资源和零散的学习伙伴资源，但在学习者对网络学习工具没有达到为满足自己各种学习需要运用比较自由的状态之前，学习者对知识内容资源的拓展、学习伙伴关系的构建是非常有限的，处于相对初级的状态，“信息收集”是以学习工具的应用进行体验为基础和目的的一种学习状态。对于交往范围与交往方式，相对于学习者未使用网络学习工具进行学习，发生了重大的改变，网络学习工具将学习者从传统的实际生活小圈子带入可能触及全国范围乃至全球的共同爱好者的大圈子，使学习者能够为生活在“地球村”做好准备。

进行“信息收集”需要达到的境界就是向“知识学习”的过渡，也就是说，“知识学习”是“信息收集”成效性的反映，是学习者在掌握学习工具之后网络学习能力的一种能力跃迁表现，是学习者从以学习工具的掌握为学习指向向认知结构和发展思维能力进行拓展的一种学习跃迁的反映。这种学习能力不会消失，并且“信息收集”会贯穿在今后基于网络的非正式学习的所有过程之中。当新的信息及工具软件不断出现时，学习者不会回到专门利用新工具进行信息收集的学习阶段，而是通过渐进的方式把利用新软件收集信息整合到已有的工具技能掌握的体系之中。

对学习者而言，通过“信息收集”的实践来体验基于网络的非正式学习与传统学习的差异，在体验的过程中获得对基于网络的化学学习的全新理解，从而进一步转变学习的观念和学习的行为方式，最终实现在伴随 Web 2.0 乃至 Web 3.0 网络发展趋势的应用互联与人性回归的模式中，不断迈向生命成长的完整。

5.3.2 “知识学习”特征的分析

经过“信息收集”之后，学习者的非正式学习就可以在网络学习环境中展开。在 Web 2.0 的网络应用发展状态下，每个人都有可能对相关的主题信息内容进行“内化”“外化”，元信息历经无数次、无数位学习者的“内化”“外化”之后，其所产生的传播效应远远不同于传统模式下信息在传播者与接收者之间单向或双向的传输效应。

虽然网络上的知识资源无处不在，但知识内容学习的选择取向完全依赖于不同学习者，知识在不同的学习者身上有着不同的转化方式。也就是说“知识学习”与“信息收集”的重要区别是：“知识学习”中的内容选择是基于学习者自身的知识愿景和心智模式，是完全个性化的、不确定的。与“信息收集”中的网络上拥有冗余的信息、学习者意志自由层面的学习不同，知识内容拓展学习与人的思想发展、心智模式塑造密不可分，这种发展塑造的结果又会反过来影响学习者的后继内容选择。

因此，学习内容的选择，不仅同每位学习者已有的知识结构有关，而且和学习者内在生命层次状态密切相关，学习者内在的生命层次状态决定着内容选择的行为方式、交往的范围、学习交流合作的规模。学习者在不同生命层次中的成长跃迁，伴随的不仅是对知识内容获取广度、深度的变化，不仅是网络交流选择行为方式、交流范围、学习交流合作规模的变化，也是学习者心智模式发生变化的过程。例如学习者的生命层次停留在满足身体、心理活动所需层面的时候，其心智模式常常有一定的局限性，这类学习者在学习过程中关心的是作业习题、考试成绩等内容；处在政治社会历史文化层面等生命层次的学习者所展现的心智模式，具体表现为对环境污染、粮食问题等的关心；生命层次处于更高层面的学习者，会意识到真、善、美的价值所在，开始探索学科内部的规律、外部的美感，包括对克隆人类问题的伦理价值的探求；当学习者生命层次达到“终极存在层面”时，也就产生对世界的终极领悟的学习需求。

生命在不同层面的展开，是学习内容需求在不同层面的展开，是激励学习者不断超越自我追求生命完整对内容拓展的学习需求的展开。

关于“知识学习”的学习实践应尽可能采用融入不同学习共同体的学习方式来进行知识的管理与创新。共同爱好者组成伙伴关系进行学习，即组成学习共同体，使学习者有机会接触到全世界自己所在领域或者对某领域感兴趣的较为优秀的人，学习者不但能够分享学习共同体成员已有的研究成果，而且能够分享他们的经验和思想，从而使得自己对学习的情感态度和知识结构实现跨越式的提升和发展。对于教师或书本上的观点，学习者可以在学习共同体的讨论中表达自己不同的看法。

“内容资源”是学习系统分析框架直接要素之一，学习者对自我生命完整追求的学习进程，伴随着个体学习者的不断反省和求索，主要反映在对学习内容节点的拓展上，也就是不同生命层次所展开和激发的学习需求在内容拓展和学习选择行为上的反映。在此阶段，“交往范围”与“学习伙伴”都伴随着知识内容节点的拓展而不断延伸和丰富。

学习者由“知识学习”跃迁到“伙伴学习”的部分，表示学习者学习能力的又一次飞跃，但是这个飞跃并不表示进入“伙伴学习”部分之后，就再不需要进行知识层面的学习，反而是将知识层面的学习推到了动态、开放、不断创新的状态中，把学习者个体原先对知识认知的行为提升到不断思考创新的层次，把独立思维拓展为伙伴互联思维。由此，技术所支持的网络互联的应用深刻地反映到了动态的思维互联的行为中，这是学习者学习能力前所未有的变化。

维纳(Wiener,1978)在《控制论》中曾指出:“每个时代的思想都被反映在那个时代的技术中”[219],网络互联 Web 2.0 的应用趋势发展所反映的正是一种自由、独立、分享、合作、创造的时代思想,互联网的学习工具都是在人自身交往需求不断进化中而诞生和发展的,是时代思想的具体化。

5.3.3 “伙伴学习”特征的分析

“伙伴学习”既不同于“信息收集”中对互联网上知识进行收集的基于操作层面的学习,也不同于“知识学习”部分为知识结构拓展、追求生命完整构建基础元素的累积学习。“伙伴学习”是透过伙伴关系的多元化、多样性发展来促进学习者整体发展的学习,是学习者透过动态网络不断获得成长的学习。

对于“伙伴学习”的学习实践,可以从两方面进行:一是对于完整的人的发展,学习者逾越了“信息收集”的学习之后,从相对静止固定的知识学习发展到动态的社会交流学习,这是思想的交流与对话,因而更易于学习者进行自我定位和产生自我意识。二是对于创新,原先的个体思维空间拓展到了建立在多元化的群体伙伴智慧基础上的思维空间,有利于学习者产生出更大的创造力,这也是现代及未来教育所要追求的教育目标之一,是社会发展对人的学习能力的要求。

在 SS-learning 的过程中,“伙伴”关系构建并不是从“伙伴学习”开始的,而是伴随“信息收集”中学习工具的使用,在“知识学习”不断拓展知识结构的过程中,逐步建立发展起来的。虽然伙伴关系构建是一个渐进的过程,但是在“伙伴学习”部分的跃迁却是学习状态和模式的一种突变,是网络时代所固有的一种全新的学习模式,是伴随学习者终身学习进程发展、生命层次跃迁而不断发展变化着的网络学习模式。

从“学习系统框架”的角度来看,“伙伴学习”中的交往范围得到了极大的拓展,其主要包括交往范围的宽度与广度。宽度主要表示交往的学习者所承载的学习主题信息量,广度主要是学习者与学习伙伴之间所融入的个人信息量,即除知识性主题内容之外,学习者个人融入的程度。

“伙伴学习”是伴随个人发展成长、向着完整生命追求、凝聚着个体与整体学习能力的一个开放、发展的学习网络。寻求和建立伙伴关系是网络学习的重要学习方法和学习策略,是发生在不同学习者学习网络之间的一种耦合过程。

由“知识学习”向“伙伴学习”的飞跃,是由技术应用和时代思想共同支撑和推进的一种学习行为的进化。基于此,才可能把“学习是学习者追求自我生命完整的行动”落到实处,才能推进以个体生命完整发展、在不断扩大协作规模中增进社会群体智慧的行动,才能创造出有助于个体和群体共同提高生命层次的成长环境。

5.4 SS-learning 中学习者个案分析模型

对于基于 SS-learning 进行学习的个案分析，笔者通过建立模型，对选择出的不同案例中学习者个案进行考察，最后进行比较分析，对学习者个人特征进行总结。

案例分析模型主要包括了个案的分析流程，如图 5－3 所示。

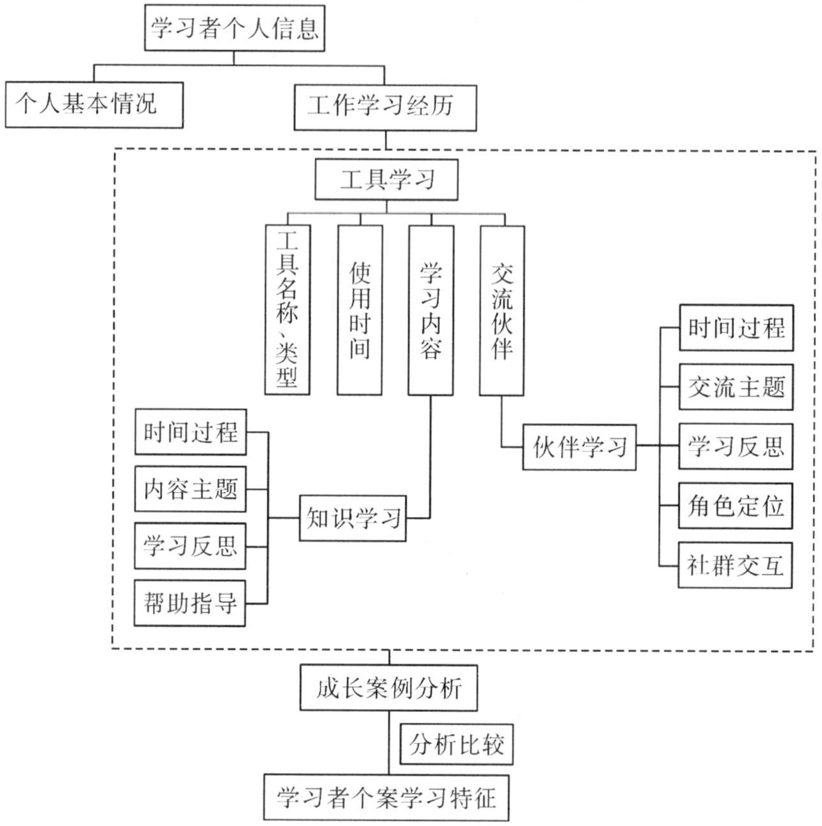

图 5－3　案例分析中个案的分析流程

在分析流程的每个部分都有不同的分析指标，具体如下。

学习者情况：主要是对案例中学习者个人情况进行描述，包括个人基本信息、平时表现、性格特征、网络缘起等内容。

工具学习：通过分析选择案例中学习者学习过程中对网络学习工具的使用情况，说明工具学习在学习者学习过程中的情况，分析时包括学习工具的类型名称、使用时间、使用过程、学习内容、交流伙伴、学习反思和帮助指导等内容。

知识学习：通过分析选择案例中学习者学习的情况，说明不同学习者在不同的心智模式和知识愿景下不同的知识学习情况，分析时包括知识学习的分布维度、时间过程、内容主题、学习反思和帮助指导等内容。

伙伴学习：通过分析选择案例中学习者学习的情况，说明学习者在学习的过程中同学习伙伴一起完成知识学习的情况，分析时包括时间过程、交流主题、学习反思和帮助指导等内容。

学习者个案的学习特性：通过对工具学习、知识学习、伙伴学习中学习者个人学习特性的行为从反思、总结、分享等方面进行分析，进一步见证到学习者主观努力在网络学习发展进程中的重要作用。

关于案例中具体内容的来源，主要有五个方面：一是学习者在网上留下的学习记录，二是笔者作为帮助指导者参与学习者学习过程的记录，三是根据笔者与案例学习者之间的交流情况，四是其他学习者或者网友对案例学习者的评价及反馈信息；五是学习者授课的课堂实录。

以上对案例中学习者分析所要展开的具体方面进行了指标维度的划分，但对于学习者本人来说，是相互关联的一个整体，他们共同构成了学习者进行网络学习的成长历程。

5.5　SS-learning 中学习者成长个案分析

由于篇幅的关系，笔者选取广东省深圳市 SJ 中学鲁老师和湖南省长沙市 CJ 中学喻老师两位学习者作为研究对象。笔者通过自身作为 SS-learning 的研究者和参与者双重角色，在网络学习过程中与他们逐渐熟悉，并通过平时交流对他们的基本情况有了较为详细的了解，因此对这两位学习者在 SS-learning 中成长历程进行较为详细描述，并利用前面介绍的“学习系统分析框架”进行比较分析，从而得到学习共同体中学习者学习方式的发展情况。

5.5.1　学习者案例分析一：“菜园子的小天地”——让阳光洒满笑脸

鲁老师是笔者通过网络结识的一位良师益友。相识之初就有浏览鲁老师博客的习惯，一直到今，2015 年 5 月 23 日是他的博客“十岁生日”，心里深深地被打动。鲁老师勤奋努力，一如他对自己工作室的爱称“菜园子”那样，他为人低调、简单、朴实。鲁老师在 2006 年 10 月 10 日写下了他的第一篇博文《2007 年广东省新高考化学备考策略》(2014 年该文在《中学化学教学参考》1 - 2 合期发表后，鲁老师为了让博客文章与发表文章的观点一致，从博客中删除了原文章)。自 2005 年 05 月 23 日他的博客在新浪安家，博客伴他十年相随，截至 2016 年 6 月，他的博客刊载的 749 篇博文见证了他十年的成长。随后，鲁老师创建了他自己的微信公众号“名峰化学”。他用他的行动,用适应于他的网络工具,表达着观察与思考。

5.5.1.1 学习者个人信息

姓名:鲁老师

微信公众号:名峰化学

工作单位:深圳市 SJ 中学

参加工作时间:1984 年 8 月

工作岗位:化学教师

5.5.1.2 平凡人生

鲁老师 1984 年 8 月毕业之后开始在中学教学一线从事化学教学工作。其间不断参加各种培训和进修,2011 年 8 月至深圳市 LH 中学教授高中化学。2014 年获深圳市优秀教师,2015 年被评为龙华新区名师工作室化学科主持人,同年获龙华新区年度教师提名奖。

5.5.1.3 春华秋实

鲁老师自 1984 年承担化学学科教学至今,除了常规教学活动之外,不断反思,在教学研究上取得了累累硕果。

鲁老师自工作至今所教班级高考化学均取得了良好的成绩,学生的成绩源于他的脚踏实地,肯于钻研。辅导学生参加化学竞赛,多次获得深圳市、广东省高中学生化学竞赛优秀教练员称号。在实践中总结和发展的“基于生本教育理念的高中化学教学新模式”“学案导学模式”“促进三商协调发展,提升学困生化学成绩”等教研成果,在实践中取得了良好效果。论文多次获深圳市和广东省及中国教育学会化学教学专业委员会嘉奖。在 2015 年 8 月由中国化学会等单位组织的教师发展论坛会议上,鲁老师关于学困生转化的报告引起与会专家教授的高度好评。2013 年,鲁老师指导的“低阻高效的风力发电机”科技小发明获得第二十八届青少年科技创新大赛银奖,他本人也被评为青少年科技创新大赛广东省优秀教练员称号。自 2009 年至今,鲁老师在《化学教育》《化学教学》《中学化学教学参考》等核心期刊上发表论文多篇,作为第一副主编出版两部教辅材料。

5.5.1.4 追寻成长的脚步

是什么让鲁老师从参加早期培训班变成后来的网络学习主流人物呢?是什么让鲁老师从普通学科教学迈向教学研究并成为学术带头人呢?是什么让鲁老师从一所农村中学老师拓展到《中学生报》(高考化学版)的执行主编呢?是什么让鲁老师不停思考并才思泉涌呢?又是什么力量在鼓舞和推动着他不断分享、不断向前?

带着很多问题,同时也带着见证鲁老师网络学习成长的喜悦,笔者利用参加学术会议的机会同鲁老师针对他的成长经历进行了深入交流,对鲁老师的成长有了深刻的了解。

(1)缘起工具学习

鲁老师在 20 世纪 90 年代进修期间开始接触计算机(486 处理器),一周两节课,上机的主要内容是学习如何开机、如何建立 word 文档,如何打字(考试及格标准为半小时打二十余字)。那时上机收费,每节课三元。鲁老师仅学了一年就学会了计算机的基础知识。

2004 年他到深圳,工作的需求、教学实践和学生需求的压力强制鲁老师必须熟练掌握计算机技术。在各种压力下,他学会了打字,学会了 Windows、Word、Excel、PPT、Flash 等办公系统自动化软件,不到一个学期就能够自如地运用计算机辅助教学。通过计算机多媒体技术,鲁老师的教学内容由抽象变得更为直观,便于学生理解,同时他也极大地提高了工作效率。例如,写文章,计算机打字速度比手写快得多,写起文章来思维更加活跃,文章修改也简单得多,排版也方便,写好了还可以通过网络技术同全国各地的同行交流。

学会了上网后,他就发现网上有很多教学资源可以借鉴,慢慢地他也把自己教学中原创的课件或资料上传至网站,通过网络可以找到自己的不足,可以学习他人的长处。

鲁老师写博客,最初的出发点纯粹是为了表达。鲁老师认为网络提供给每个人平等的话语权,通过网络可以表达自己的思想,可以影响自己的圈子以至影响国家和世界,通过写博客可以尽一个知识分子的社会责任。

从最初学习使用计算机的基本操作到利用网络搜索教学资源,后来学习如何建立自己的网上空间、如何丰富自己的博客,再到后来创建了"高中化学教师群",与全国各地教师进行教学研讨,鲁老师的专业能力经过这些历程开始迅速发展。

(2)交流中的成长——内容的学习和伙伴的拓展

从鲁老师的个人经历来看,他在同计算机与网络接触的前期,学习的内容以工具的学习为主,但是到了中后期,就以知识的学习、思想的表达以及交流讨论为主。

鲁老师的博客虽然自 2007 年至今博文数高达 749 篇,但是仅有 94 篇博文共计有 125 条评论,由此可见,鲁老师在博客中与帮助者指导者的交流比较少,相应的交往范围就比较小。但是鲁老师在 QQ 平台上十分活跃,他最早加入的是"深圳化学教师群",该群是深圳市教研工作群,官方教研信息通常在该群发布,教育教学中的疑难问题研讨也在群里进行。到 2010 年,他觉得仅有一地的 QQ 群,信息量还不够,于是创建了"高中化学教师群",有来自全国各地已经做出过教研成绩的一线老师和教研员加入,该群成为研究高中化学教育前沿问题的阵地之一。后来随着活动范围不断扩大,他也认识了全国各地对教学研究有热情的老师,受这些老师的邀请加入了他们的群,有些群在全国高中化学领域也很有影响,如"化学读书爱好者联盟",该群经常举行一些专题讲座和远程视频教研活动,鲁老师也主讲过一次专题讲座,效果较好。对于参与并主持群活动,鲁老师感到很轻松愉快,没有什么压力。

由此可见，对于鲁老师而言，他的帮助者和学习者绝大多数来源于QQ平台，QQ群成为他在网络上进行交往互动的重要场所之一，主要用于交流研讨教学中碰到的疑难问题。博客则是记录他个人成长经历以及进行重要资料收集和存储。鲁老师在网上有经常联系、比较固定的帮助者和指导者，当自己学习和工作上有困难时，彼此能够互相指点和帮助，而且大部分帮助者和指导者能够和他形成知识结构上的互补，在他们遇到困难的时候，鲁老师也非常热心地给予他们帮助。鲁老师和这些帮助者指导者的关系密切，他们互相学习，共同进步。

在网络学习资源获取方面，鲁老师的资料来源是多方面的。有从在工作单位付费办理的单位账户获取资源；也有在学科网、高考资源网、中学化学资料网等网站上传自己的资料换取点数，再用点数下载网站的资料；还有很大一部分来源于网上的帮助者和指导者，鲁老师通网络研讨伙伴们的帮助，获得了很多收集查阅专业杂志的文献方法和信息，对他的学习起了很大的促进作用。

(3)工具认识的升华

认识水平决定着行动的发展方向，同时认识又是通过实践不断丰富自己。鲁老师接触计算机和网络的时候，最初只是由于工作的需要，就像鲁老师所说的："到深圳后发现同事们都能熟练地进行多媒体教学，我就是拿一支粉笔干讲，效率低下，学生也不愿听。参加教学技能大赛，我就像中世纪的骑士拿着长矛大刀跟现时代全副武装的美国特种兵短兵相接，失败是必然的，不改进自己就只能被淘汰。"但是在学习并熟练掌握计算机和网络技术之后，鲁老师发现了现代信息技术工具对于学习的重要性，同时体味到基于网络的非正式学习对自身成长的重要作用，在很多场合他都愿意和大家分享他的体会。在2010年由中国教育学会化学教学委员会联合举办的思维课堂会议上，鲁老师作为优质展示课四位点评专家之一，在发言中向全体参会人员推介了建立QQ教研群的重要意义，也是这次会议后，《中学化学教学参考》杂志创建了自己的教师交流群——中化参教师交流群。

将理论与实践结合起来运用到实际工作中以提高教育质量是每位教育工作者的追求。老师通过简单的QQ群和博客的结合使用，使我们看到他通过对教学管理范例的思考和感触，通过为他人提供实践素材或者帮助别人解决问题，在接受其他人帮助的过程中，提出自己的看法，为自己的实践找到相应的理论支撑，从而调整自身的教育教学行为，让理论指导实践。由此可见，SS-learning可以成为理论与实践相结合的一个切入点。教师学习者由此不断成长，不同的教师可以选择不同的社会性软件构成自己的学习空间，这些学习空间承载着各种丰富的思想素材，这些来自实践丰富的思想素材孕育着中国本土的教育思想的诞生。

5.5.1.5 网络——飞翔的翅膀

从普通的农村化学教师转变为我国沿海基础教育发达城市的教研学术带头

人，需要教学研究业务知识的深化和拓展，也需要对问题有相当的洞察力、感悟力及良好的组织表达能力，在教育信息化工作频频受到广大研究者充分肯定的深圳市，可以说为鲁老师通过 SS-learning 构建自身的专业成长提供了十分宝贵的条件和良好的氛围，也为鲁老师理念的转变、学习环境的创设提供了良好的条件。随着《深圳市教育信息化发展规划(2015—2020 年)》的颁布，"打造'智慧教育'，培养智慧型师生，助力'智慧深圳'建设，以教育信息化引领深圳教育现代化，促进教育公平，推动深圳教育国际化"的思路也为鲁老师名师工作室和鲁老师自身的发展指出了新的方向。

"智慧教学""智慧成长""智慧管理"，所有技术革新的出发点，都是为了人的发展。在教育信息化的推进过程中，学生的学习和教师的教学，是不是更高效、更快捷，是评价其成绩的核心要素。因此借助技术的力量，无论是学生、家长，还是教师，都能从中得到成长。鲁老师坦言，对于他来说，这是一种挑战，但更是对他自身成长的一个机遇。如何让网络化的非正式学习实际地推动教师的专业化成长，鲁老师在这方面无疑已经很有经验。

网络技术在学习、生活、工作中所扮演的角色，从学习交流工具到创造交流成长机遇、到成长交流互动信息流的不断剧增，追梦的脚步不停地加速向前，这就是一种在交流中不断学习、在分享中不断成长、在互助中不断创新的网络学习效应。网络空间给予每一位学习者自主选择的学习权利，然而究竟可以达到什么样的成长状态还在于每一位学习者自身，在于学习者自身的努力程度、反思的习惯以及分享的心灵。

5.5.2　学习者案例分析之二："寶(宝)聿之車(车)"—— 水尝无华，相荡乃成涟漪；石本无火，相击而发灵光

笔者与喻老师相识，同样缘于网络。2005 年笔者开始准备毕业论文工作，"网络化学习方式研究"的选题当时觉得非常苦恼。Web 2.0 时代的起步阶段，很多网络学习都处于尝试阶段。不经意间进入了喻老师建立的学习共同体——当时叫"课例分析群"中，被里面浓厚的学习氛围所深深吸引。喻老师就是笔者当时利用网络进行交流，在对为数不多的老师跟踪学习过程中相识的。在后来十年不断学习、不断合作的过程中，这种交流让笔者顿悟了很多关于如何利用网络技术进行学习的方法和道理。

5.5.2.1　基本信息

姓名：喻老师

微信公众号：醒世喻言

工作单位：湖南省长沙市 CJ 中学

入职时间：1998 年

工作岗位:化学教师

5.5.2.2 平凡人生

喻老师 1998 年入职工作,目前兼中国化学会会员,湖南省化学化工学会会员,长沙市 YJM 化学工作室秘书长,中国化学会“概念原理教学实践研究课题组”执行组长。曾参与多项国家级、省级课题研究,有多个课例获全国或省级奖励,先后在《中学化学教学参考》《化学教育》《化学教学》《实验教学与仪器》《中学生理化报》《素质教育报》《学习报》《少年素质教育报》等报刊上发表文章近 150 篇,参与主编的《新课程下的化学教学实践与研究》已由中南大学出版社正式出版。2016 年 12 月 4 日起推出微信公众号“醒世喻言”,得到广大学生、家长和化学教师的喜爱。

5.5.2.3 在行动中探索教师专业化成长之路

一方面作为普通的终身学习者,另一方面作为身处教育信息改革大潮中名校教师,喻老师是如何体验和应用网络学习工具的?

喻老师早在 2004 年就开始利用博客记录自己对教学事件感悟、思考与建议。由于种种原因,2006 年 4 月其博客“搬家”至网易,前期数据缺失令人感到非常遗憾。因此,本案例数据分析主要是根据“牵手建军”博客中 2006 年 4 月 3 日到 2013 年 5 月 14 日所记录的日志数据 751 篇。根据原始日志数据,在分析基础上凝练出“教学资源”“自身成长”“教研活动”和“资源共享”四大主题。

这四个主题的内容并非截然分开和不相关,正是工具的应用才带来了教学和自我成长变革的契机。

(1)在网络上行走

喻老师第一次接触计算机是在 1998 年,其时正值他本人学位论文撰写中,涉及用电脑处理得到二阶导数光谱、及其峰面积等诸多技术,使用起来并不顺手,但却激起他的斗志。参加工作后,特别是 2001 年买自己的第一台台式电脑之后,他先后自学了 CAD、Flash、方正奥思,并尝试利用这些软件去制作课件、甚至参加比赛。2004 年进入 NX 一中后,开始接触网络,申请 QQ、制作个人网页、组织网络研讨。2008 年进入 CJ 中学,开始将自己的教学反思,记录在 QQ 空间和博客里,2012 年整理出版了《新课程下的化学教学实践与研究》学术著作。2013 年,又与黄老师、荣老师组建 CJ 中学慕课团队,积极制作微课。2015 年转战微信朋友圈,及时分享自己的心得体会。2016 年年底起,推出“醒世喻言”微信公众号,及时分享自己的教学研究成果。

(2)引导与激励更重要

喻老师认为基于网络的非正式学习提升了教师个人的学习能力,任何一个学习工具只要适应于教师学习者的自身成长,都可以为每一位老师打开了一扇学习之窗,知识不仅通过每一位老师的思想园地不断与外界交换流动,同时也在教师所在的学习共同体中流动,形成了组织学习的合力。

喻老师在名为“厦门之行很意外”(2008 年 3 月 4 日)的博文中专门提道:“……王教授正亲自做主讲课件,我们没有太多交流对话,只持续了近一个小时。其实我们当时准备的材料很丰富,预计要与王教授切磋更长时间的,只好作罢。这次见面的第二个意外是王教授认为我年纪应该更大一点,才与我发表的见解相适应,这多少让我感觉意外。当然她这么评价我,包括后来与刘克文教授、胡久华博士、支瑶老师、杨梓生老师、吴益平等老师的见面,这些专家的表情,无不让我内心无比高兴。但我深知革命以后的路更长,要更加努力才是”!

而 2008 年 4 月 1 日名为《因为耕耘,所以收获》的博文中,喻老师对此次参加学术会议并获奖的情况进行了详细的记录,此外,他收获的还有和专家的面对面交流,在此,他写道:“大会期间,我们还拜会了很多专家学者,如刘克文教授、潘鸿章教授、胡久华博士、支瑶老师、吴益平老师等,特别是就‘新课程概念原理教学实践研究’,与王磊教授、杨梓生老师、王云生老师等进行了广泛而深入的交流”。而对于本次行动的收获,喻老师认为“这次学术研讨给我们的最大感受就是‘一分耕耘,一分收获’。确实,我们不能犹豫,要大胆挖掘区域研究的功能、充分发挥个人的聪明才智,以实际行动扎实推进新课程的深入,造福于学生科学素养的提高”。字里行间洋溢着满满的自信。

这是求知的写真,社会性软件在打破我们传统生活模式的格局,它赋予我们全新的沟通方式,赋予人们生活的激情,赋予人们奋发的动力。

回顾喻老师对博客这一工具使用的发展情况,从开始接触、到与各位学者的相识、到专家的鼓励、到对工具在实践中应用的洞察、到不断引领激发周围的人一起变革学习,仅仅是一年不到的时间。

用喻老师自己谦虚的话来说:“通过不断交流在网上结识广大的朋友、专家、教授,从这些未曾谋面的帮助者指导者身上学到了很多很多。像大学教授王磊、肖小明,杂志主编王军翔、朱玉军,教研专家杨梓生、邹海龙,教学精英娄珀瑜、鲁名峰等,和他们探讨化学教育教学、教研问题广泛而深入,自己的视野变得越来越开阔,他们对我的个人成长都产生了极大的影响”。

SS-learning,就是学习开始发生的地方。

(3)积极行动者与倡导者

接触实现了从资源的获取者向知识的交流者的角色转变之后,喻老师对于新工具作用的认识不断放射出火花,赞扬与美好期待洋溢在字里行间,“水尝无华,相荡乃成涟漪;石本无火,相击而发灵光”,他在实践着行动!

分享,是喻老师强调最多的内容。多年来,他坚持撰写教学反思,并将反思通过 QQ、博客、朋友圈或者学术著作传递出去。

从 QQ 空间和博客开始,喻老师利用这些交流记录工具,加速了自身学习的步伐,在最初学会使用网络之后,喻老师通过网络收集了大量的教学资料,充分利用网络上的免费资源进行大量阅读，鉴于QQ空间的有限性，在有了博客这样一种交流记录工具后，他将自身的反思分享在了自己的博客上，在他的751篇日志中，有五分之二的日志是转载阅读，内容涉及教育专家的作品和演讲、管理的经典文摘和全国同行老师们来自实践的深度思考等内容。

同时，喻老师自新课标开始实施的时候就有对他自己新课标实施过程记录并分享的打算，他在2007年8月6日的博文中写到："从实施新课程的第一天开始，我将坚持写《新课程实施手记》，内容主要包括我的《教学设计》《学案》及实施体会等"。而实际中，他也确实做到了，在他的博客中专门有"新课标实施"的栏目，里面记录了他从2007年8月至2009年6月关于新课标授课体会的62篇博文。

喻老师还对于自己收集的资料进行了整理分享，在博客中开辟"资源共享"的专栏对于各类考试的命题思路和试卷分析报告进行了整理。此外，他还通过博客的相关栏目分享大量的读书笔记。

从日志时间尺度来看，转载阅读、会议笔记整理等内容主要出现在日志的早期居多，而从2006年后期开始，日志内容更多是对实践的观察和思考，典型的例子是一篇"今天我改组了'中学化学教学研讨'群"(2006年12月25日)，喻老师在博文中写道：

今天我改组了"中学化学教学研讨"群，变成了"课例分析交流群"！

原来的研讨群，客观地讲，曾经探讨了一些问题，但大部分时间没有实际话题，大家收效甚微。有的时候甚至远远脱离了"中学化学教学研讨"这个主题。

这种情况下，我对这个群进行了大胆改组，并更名为"课例分析交流"。当然困难会很大，一是大家会不会积极参与，大胆主讲，尚未可知；二是这样的课例分析究竟怎么开展，大家心里都没有底。但是我坚信，步子只要迈出去了，路一定会在脚下。

参照"教育学术交流群"的管理经验，对各位朋友做如下约定：

当您是新进来的，可能对"化学课例分析交流群"不是特别了解，不一定要表达"我是新来的，请大家多多关照"之类，我们群本来就不排斥新人，但简单的规则应该要了解的，包括：

- 专题讨论的时间：晚上19:30起，什么时候结束要看当天的讨论进度。其余时间可以自由讨论，一般会在群帖吧(http:///post.baidu.com/f? kz=157854313)公布。
- 专题讨论的内容：一般可以查看群公告栏，或者登陆贴吧查看。
- 专题讨论的纪律：勿谈与主题无关的其他事情，勿发广告；中途参加讨论不必打招呼问好，直接发言即可，中途离开时不必再见道别，直接退出就行，以免分散大家的注意力；为方便阅读，请不要使用过大字体与过于刺眼的颜色。

由于您是知道规矩，要承诺主讲一次课例分析才批准您进来的，所以当您熟悉了基本过程之后，您就要兑现您的诺言哦。我也代表全体群友，恳请您在百忙之中抽出时间，在“化学课例分析交流群 122××××××”内主持一期课例分析。主题由您自己确定，可是教学设计，类似于说课那种，也可是教学片段赏析，可大可小，只要与化学课堂教学有关的皆可。请您将自己准备主持的课题名称及具体时间（月份、日期）贴在群贴吧里面。如果近期没时间，请您请先登记课题名称，时间待定，这样也可以让群友提前了解，早做准备。当然我很歉意地告诉您群讨论所有的主持均为无偿。希望得到您的理解，更重要的是得到您的支持。如果您还有别的赐教、建议或问题，也请贴在群贴吧里面。

由于群容量有限，只能容纳 100 人，而不断有外面的新朋友要求加入，为了在群内营造一个积极交流、充满活力的氛围，帮助广大群友在“互动”中成长，那些近期事情较多不能发言的朋友，在专题讨论期间不理性发言的朋友，肆意使用图片导致大家注意力分散的朋友，妨碍主持人或者管理员正常工作的朋友都将被文明请出。如果您仍然喜欢这里，欢迎您在不忙的时候再重新加入，群号是×××××××××。

作为管理员，我们将通过“亲身参与讨论，协助主持人现场调控”和“按规则文明请进请出”，来确保化学课例分析交流群浓厚的学术氛围，希望得到大家的理解与支持。

期待大家加入并做实际性努力。

这是喻老师对教研 QQ 群的规划和设想，他在用自己的思想和实践的体会来规划教师非正式学习共同体的活动。喻老师还对以往利用 QQ 群开展的教研活动进行了整理，在他的博客中有专门的“群聊空间”栏目，记录了“中学化学教学研讨群”在 2006 年 12 月 25 日至 2008 年 4 月 19 日开展活动的 74 篇活动记录。

当人与自身使用的社会性软件结合生成网络中的一个节点，节点与节点之间相互构成的网络，就是学习者与学习者之间学习分享的网络。

5.5.2.4 做生命的舞者

博客、QQ 平台以及微信公众号为喻老师提供了一个向外学习沟通的窗口，同时也成为喻老师记录自己专业化成长教育叙事研究的一手资料。

在认识到基于网络的非正式学习与教师成长的作用后，喻老师不断探索，运用社会性软件进行学习思考，探索改革之路。

从喻老师的成长经历可以看出，喻老师的网络化非正式学习之路发生过几个明显的阶段性变化：

第一阶段是学习工具的使用阶段。这是每一个学习者开展 SS-learning 的必经阶段。通过解决实际问题学习需要的软件是很多学习者都要用的方法。在这个阶段，喻老师开始接触计算机，并学会了计算机的基本操作以及办公自动化的相关软件，具备了多媒体教学的能力。

第二个阶段是通过网络收集整理学习内容资源阶段。在这个阶段喻老师一般是通过“百度”，定义好关键词去搜索，比如在高三阶段，他的资源主要来自中学学科网；如果写论文、做课题，一般都会先通过知网了解研究现状。他将查找到的资源通过下载进行收集整理，在出现QQ空间、博客之类的社会性软件之后，将查阅到的资料保存并分享给网络其他学习者。

第三个阶段是同网络学习者的交流阶段。在这个阶段喻老师通过贴吧，通过各种QQ群，和其他学习者进行交流。他将自己的主动思考、挖掘的东西进行整理，通过博客和QQ空间进行记录，感受自己不断闪现的思考火花，并深刻体会思考带来的生活愉悦感。这些都大大激发了喻老师对进一步学习、对知识追求的强烈愿望。那时也开始和全国众多同行有所接触和交流。

第四阶段是移动学习的兴起，喻老师开始转战微信圈，利用镜头获得的照片、视频记录自己工作、思考中得到的点滴灵感，在微信公众号中为教育叙事的研究记录了一手实践资料。

生命的舞者，为什么总是舞出生命旋律的强音？水尝无华，相荡乃成涟漪；石本无火，相击而发灵光！

喻老师是一位快乐的“舞者”，他坚持在教育的大舞台上尽情地舞蹈，用自己的满腔激情感染着身边的朋友，带着他们一起舞蹈。他们彼此欣赏、相互交流，共同成长。

5.5.2.5 有追求就有收获

社会性软件使用的直接效果，就是交流范围的拓展。喻老师主持的QQ群于2013年更名为“化学读书爱好者联盟”之后，进一步拓宽了其活动的内容，能够利用网络与全国各地的同行及教师、研究生以及高校老师之间进行互补学习。这种相互补充的学习与交流，使得喻老师接触的群体非常的多样化、获得信息的渠道也非常的多元化，进而使得这位一线教师更富思想的活力、更富行动的能力。

基于这样不断积累的交流与学习过程，喻老师在YJM化学工作室担任秘书长的过程中，一直坚持线上线下的交流讨论，将工作室的活动记录以博文的形式向广大网络学习者进行呈现，喻老师利用社会性软件以及SS-learning所承载的开放分享、互助学习的思想，在YJM化学工作室团队老师的一起努力下展开新课改背景下、信息技术环境中教育教学实践的探索，如校本培训、老师之间互相听课评课、邀请引入一些领导专家讲座、线上学习资源分享等，以多样化的方法引导老师不断学习与发展。这就是一种分享的心，一种努力谋求发展的行为，一种变革的见证。

鲁迅先生说过：世界上本没有路，走的人多了，便也成了路。我们感谢那些敢于寻求出路、摸索成长方向的探索者，这个过程就是学习的探索。网络的互联，每个人都可以选择自己路，选择的过程就是创新的过程，就是应用创造力激发与展现的过程。工具只是工具，只有为人所用，才展现出它的价值与魅力。生命的成长也是一样，只有不断地去打磨开采，才会闪现出光彩。

网络时代,让我们每个人都做自我生命宝藏的开启者,去体验耕耘探索的快乐,去分享收获时光的喜悦。

每个人生命轨迹都不一样,人的生命长短并不只是用时间来度量,更富意义的是思想,思想宽度与深度的延伸发展才是生命组成的色谱,网络能够让我们思想彼此不断地丰富、放射光彩,舞出各自生命的旋律。网络时代,每个人都可以去把握自己,做自己,去探索,去追求,去成为自己思想的主人!

5.6 学习者个案SS-learning历程比较

由于SS-learning中"信息收集""知识学习"和"伙伴学习"是"学习系统分析框架"中各个要素的不同组合,也就是说,"信息收集""知识学习"和"伙伴学习"就是面对不同学习者在不同的学习共同体中"学习系统分析框架"系统随时间变化的功能演化。"互联网+"时代下的政策法规促进了学习平台的大力开发和更新换代,这种学习工具的创新是每一位SS-learning学习者均可面临的,在此不做详细的讨论。而对于"学习共同体"要素将在下一章专门进行讨论。因此对于以上两个学习者成长过程中选择用"学习者学习系统分析框架"中的五个要素进行分析。表5-2对两位学习者在成长历程中的学习情况从五个要素进行了分析。

表5-2 利用"学习系统分析框架"对两位学习者学习情况的分析

项目	工具学习阶段		知识学习阶段		伙伴学习阶段	
	鲁老师	喻老师	鲁老师	喻老师	鲁老师	喻老师
学习内容资源	1. 计算机基本操作的掌握 2. 相关社会性软件和专业软件操作的学习 3. 学习申请并使用搜索引擎、E-mail等工具	1. 计算机基本操作的掌握 2. 相关社会性软件和专业软件操作的学习 3. 尝试利用软件制作课件,乃至参加比赛 4. 学习申请并使用搜索引擎、E-mail等工具	1. 利用搜索引擎等工具获得知识,利用博客完成知识管理 2. 利用教研网的远程教研平台获取知识	1. 利用搜索引擎等工具获得知识,利用QQ空间、博客完成知识管理 2. 微信订阅号的内容 3. 优酷上的网络视频	1. QQ群中活动的内容 2. QQ中网络学习者的非活动交流 3. 部分博客中的交流	1. QQ群中活动的内容 2. QQ中网络学习者的非活动交流 3. 部分微信朋友圈的简单交流 4. 线下慕课团队的交流

续表 5-2

项目	工具学习阶段		知识学习阶段		伙伴学习阶段	
	鲁老师	喻老师	鲁老师	喻老师	鲁老师	喻老师
帮助者指导者	培训教师、教材	教材	博客上的评论者，大量的QQ上的朋友	博客、优酷上的评论者，微信朋友圈，大量的QQ上的朋友	网络学习者	线上线下学习者
交往范围	传统学习交往的范围		范围增大，以网上学习者的一对一讨论为主		范围增大，以网上学习者的讨论为主	
交往方式	利用教材自学，用搜索引擎收集资料，E-mail进行完成工作，并用于投稿		用搜索引擎收集资料，在学习期刊网上收集文献，博客积累资料并进行交流讨论，QQ进行交流	用搜索引擎收集资料，在学习期刊网上收集文献，博客积累资料并进行交流讨论，QQ进行交流，微信朋友圈的互动	用搜索引擎收集资料，在学术期刊网上收集文献，博客积累资料并进行交流，QQ群聊进行交流，并使用QQ视频进行交流	用搜索引擎收集资料，在学术期刊网上收集文献，QQ群聊进行交流，并使用QQ视频进行交流，微信圈的交流、线下的面对面交流
学习者	以学习工具的应用进行体验为基础和目的一种学习状态		呈现的是不同生命层次所展开和激发的学习需求在内容拓展和学习选择行为上的反映		学习是学习者追求自我生命完整的行动	
实现了从普通教师到终身学习者的转变						

在学习内容资源方面看，两位学习者的学习内容资源都是以计算机基本操作以及相关办公软件的使用为开始的，其具体学习的内容和学习方式不是固定的，而是依赖学习者对网络的驾驭和利用能力，从自己的学习兴趣出发，对自我学习需求以及网络学习资源进行挖掘。例如在“知识学习阶段”和“伙伴学习阶段”，两位学习者就根据自己的心智模式的不同开启了不同的工具软件，一位坚守博客阵地，另一位转向移动学习。就其本质而言，工具无优劣，学习者选择适合自身成长的工具即可。

从帮助者指导者方面看，学习者的帮助者指导者是不固定的。同样依赖于学习者对网络的驾驭和利用的能力，依赖于学习者自身的综合能力，学习者自身担任了指导者帮助者和被指导者被帮助者这两个角色，从两个案例中可以看到学习者的帮助者和指导者从线下的教师同事发展到网上学习者。

从交往范围方面看，学习者的交往范围随着两个案例开展 SS-learning 的历程进行逐渐扩大，表明学习者学习能力逐渐加强，交往范围决定着学习者触及到的学习内容资源与所能够获得的指导者与帮助者的伙伴资源。

从交往方式方面看，随着学习者进行 SS-learning 时间的增长，学习者的交往方式随着互联网上学习软件数量的增多以及学习者自身对学习软件驾驭和利用能力的增强而变得复杂，呈现出多元化的趋势。

从学习者方面看，学习者自身发展中通过不同阶段的学习状态实现了从单纯的普通教师向终身学习者转变的趋势。

上述的两个案例呈现出学习者在基于网络非正式学习实践过程中构建的适合自身发展的 SS-learning 网络学习空间的基本特点。

(1)记录、分享——促进学习者角色的转变

就学习内容而言，基于 SS-learning 的学习更专注于扩展某个方面内容的学习和交流。为学习者开拓视野，提供丰富的情景创造了可能：通过基于 SS-learning 的学习者逐步形成的个人学习兴趣圈，可以让学习者有机会接触到全世界在该领域或者对该领域感兴趣的较为优秀的同伴，学习者不但能够分享到他们已有的研究成果，而且能够分享到他们的经验和思想，从而使自己专业化发展得到跨越式提升。

基于 SS-learning 的学习还为学习者提供了表达自己不同观点的场所，对于书本上的观点，学习者可以通过选择自己习惯的社会性软件发表对于这些问题的理解。基于 SS-learning 的学习并不要求学习者意见统一，但是要求思维内容有针对性和独立性。

社会性软件的出现还为学习者提供了坚持学习总结、进行终身学习的场所。作为现在被广大教师认可的博客和 QQ 平台自带的 QQ 空间就可以非常明晰地记录和展现学习者在学习过程中的体会，特别是当有人提出不同意见的时候，更能够激发学习者的探究精神，这些社会性软件的记录就是学习者学习、实践和对化学知识认识的发展轨迹。

(2)学习、转化——实现学习者自身的知识管理

在基于 SS-learning 的学习过程中，学习者进行知识管理时可以对互联网上的各种资源进行筛选、整理，形成自己独有的主题知识库。这样，在 SS-learning 的实践过程中，学习者可以通过点滴的汇集形成丰富的、有价值的学习资源库，进行学习资料的积累。例如基于博客平台的知识管理是即时、立体的知识管理：以时间为纵轴对知识进行纵向管理，即按照学习者自己学习的时间顺序(如发布博文的年

份)进行管理;以分类为横轴对知识进行横向管理,即按照不同学科知识分类进行管理;以群体为Z轴对知识进行深度管理,即按照学习者参与的不同学习活动、讨论、社会实践等专题内容的分类进行管理。

在必须要进行撰写与录入工作的过程中,需要将思考与操作结合起来,可以高度调动学习者的归纳、分析、判断和数字化表达的能力,按照自己的认知方式和学习风格表达自己所学的知识。在这一过程中,学习者在无形中对知识就进行了二次加工,加深了对知识的理解和运用,激发了更高层次的反思和思维活动。

(3)讨论、交流——引导学习者凝练教研方向

在学习者日常的学习活动中,各种讨论和交流活动可以看作是学习者进行的一种学术项目研究,基于QQ群开展的研修活动,前期资料的查询和整理、研修过程中与同伴的交流、反思过程中思维的二次加工,以及用社会性软件展露自己的研究,对他人也有一种启迪作用。

(4)反思、总结——记录学习者实现思想火花

SS-learning中提倡的学习反思也有助于学习者反思习惯的培养。在基于SS-learning的学习中学习者可以记录自身开展的学习行为以及自己思考的片段,使得学习者思维的动态性得以保留和展现。学习者在阅读自己学习记录的过程中,不断反思自己的思考,从而产生更多的体会和感受。随着时间的推移,学习者就逐步形成自我反思的习惯。

5.7 小结与反思

本章分析的案例中,由于不同的学习者在内容学习方面,具体的选择各不相同,笔者并没有重点分析某个学习者读了哪些书、转载了哪些文章。但是共同的阶段成长特征是同样显著的,这就是当学习者在网络上学会使用工具进行交流,不断学习之后,就会进入一种对学习充满渴望、不断进取的状态,这就是“知识学习”阶段。这个阶段,虽然不同学习者学习的具体内容各不相同,但是他们都是经由交流、实践,从而在内心产生的成长愿望。从而在后期的“伙伴学习”中能够厚积薄发,实现质的飞跃。

第六章　SS-learning 学习共同体活动导向的培育

SS-learning 学习者在非正式学习的过程中，除了学习者自身的工具学习、知识学习和伙伴学习过程之外，还受到所在学习共同体的影响。大部分的 SS-learning 学习者都处于一个或者多个学习共同体中，那么，在学习共同体中培育一个真正有效的网络教师共同体是非常重要的。

本章在系统分析和总结学习共同体的学习框架基础上，构建了 SS-learning 中的学习共同体分析模型，选择"化学读书爱好者联盟"成立至今十年发展历程中开展的活动作为研究对象，以"SS-learning 中的学习共同体分析模型"为基础对化学读书爱好者联盟中的三次网络研修活动情况进行分析，以实证方式，研究学习者在以学习活动为中心的网络教师学习共同体中的自我发展。

6.1　SS-learning 学习共同体中的学习框架

SS-learning 的学习共同体能够为学习者构架交互的学习环境，有助于学习者通过与共同体中的帮助者指导者交流，实现知识转化与创新过程。因此，在已有分析基础上，基于知识管理的 SEC1 知识转化过程，我们把 SS-learning 学习共同体中学习者个人学习与共同体集体的智慧成长集成在一个统一的框架下，构成 SS-learning 学习共同体中的学习框架，如图 6 - 1 所示。该学习框架以 SEC1 模型为基础，集成了学习、知识、交往、资源和整体性五个指标，显示了基于知识管理转化的 SS-learning 学习共同体开展非正式学习的特征维度：活动过程、活动论题、社会网络及学习形式。

学习者个体的成长是通过学习实现的，在学习形式的维度上，主要是对学习形式的转变作出呈现。从传统的学校教育到当前的基于网络的学习再到 SS-learning，可以看作是连续发展的结果，而不是几个孤立的阶段。实际上大部分的学习都可以看作是混合式学习，只是侧重点不同。

活动过程维度主要包含知识指标，是与学习者和学习共同体中的显性知识和

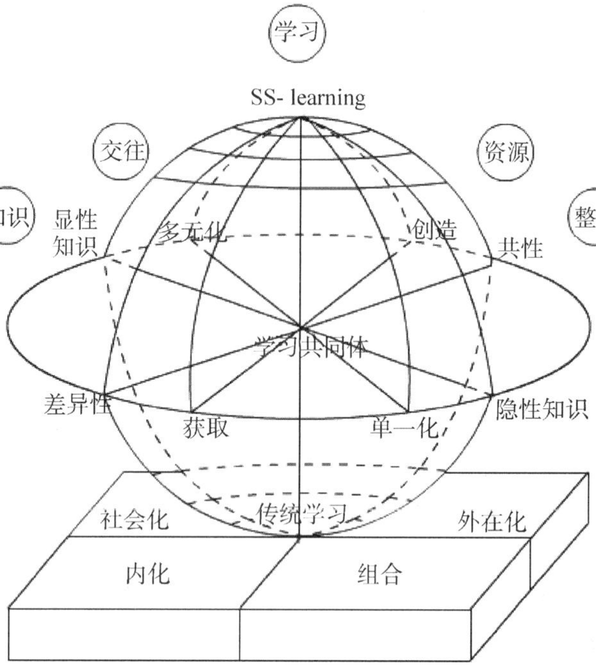

图 6－1　SS-learning 学习共同体中的学习框架

隐性知识相关的相互转化。学习者在交流讨论的过程中完成自身和共同体中的知识转换。

活动论题维度主要包含知识指标，是学习者自身学习网上呈现的学习内容资源，以及在学习共同体对自身或他人进行内容资源学习过程中遇到问题交流讨论的主题。

社会网络维度是一种基于"网络"（节点之间的相互连接）而非"群体"（明确的边界和秩序）的社会组织形式，它研究的是网络社会个体成员之间因为互动而形成的相对稳定的关系体系。社会网络关注的是学习者之间的互动和联系，社会互动会影响人们的社会行为。社会网络维度中主要包括整体性指标和交往指标两个方面。网络研修中学习者之间的交互学习过程是依靠学习者之间的互动来维持和发展的，这就要求学习者之间进行信息交流和互动，分享经验，合作解决问题，并在这个过程中建立各种社会交往关系。同时，还有学习者的差异性和共性带来的思维碰撞，研修质量的好坏很大程度上取决于学习者之间的交互性和整体性。

6.2　研究对象的选择

研究主要选择用 QQ 平台开展实施 SS-learning 的 QQ 群作为研究对象，从整体网络密度和网络中心性的角度对该 QQ 群的活动结构及整体网络结构进行分析，以发现 SS-learning 学习者在学习共同体中的特性。

在 Web2.0 网络环境下，网络学习工具以其强大的实时文本、语音、视频等多媒体交互功能，为学习者提供了良好的技术环境和支持。例如，大部分的组织和机构相继在 Facebook 上面建立了官方主页和链接。

作为我国目前运用最广泛、技术门槛低的软件 QQ 平台，存在大量的虚拟学习社群。本案例选择 QQ 网络环境作为案例，具有典型性和代表性。QQ 平台于 1999 年正式上线，截至 2015 年 6 月 30 日，腾讯 QQ 月活跃账户达到 8.434 亿。这种以专业或职业领域而构建的“学习—工作—交流”QQ 群在线群聊是目前网络环境下最有代表性的教师非正式学习形式。

化学读书爱好者联盟的 QQ 群前身为“化学课例研讨群”，建于 2008 年，于 2013 年改名为“化学读书爱好者联盟”，该群建立的目的是为从事中学化学教育的老师提供一个信息交流与共享的平台，群成员稳定维持在 260 至 310 人之间(活跃成员 70 人左右)。“化学读书爱好者联盟”是一个半封闭的以在线实时交流为主要互动形式的在线实践共同体，该群主要通过设计不同主题，不定期举行活动从而开展深入的交流合作。由此可见，“化学读书爱好者联盟”是一个典型的教师非正式学习实践共同体。

在构成要素方面，该群主要开展的是网络教研活动，参与成员为一线化学教师、省市教研员、教育研究者和教育工作者、研究生等所有致力于我国中学化学教学的朋友。群成立的目标是期望能够通过网络工具搭建学习交流平台，与一线实践者(包括中小学教师、中学教师、高校教师)共同探索新课改背景下化学教学应用的模式案例与方法策略及典型课例等，尤其在课堂教学改革方面期望进行深入的探索。由此可见，行业内人员交流的是真实任务情境中的问题和知识，这些问题和知识带有强烈的实践特征。该群建立后，QQ 工具附带的群邮件、群共享、群平台等功能也一起开通，使平台更加稳定和多元。图 6－2 为化学读书爱好者联盟基本界面。

该群共十位管理员，涉及我国十个省市。群内采用实名制，成员按“省份＋真实姓名”修改群名片；每个月有活动的主题，围绕主题发起两次研讨活动，每次活动之前群共享中会有研讨资料，群成员可以预先进行学习、思考，并以此为研讨的“活动准入”材料，形成文字，交管理员或该期主持人。研讨之后，各位群成员可以结合研讨情况再次进行思考，从而实现真正提升。平时针对群成员自身具体问题的研讨可随时提问，随时参与。“化学读书爱好者联盟”活动的内容是通过倡导从深度阅读、教学课例的应用与实践中，帮助和促进教师主动参与网络学习知识的内容书写及分享交流之中。该平台是在新课程改革背景下体验学习、教学方式变革的平台，每位成员都可以自由发起或参与群活动项目。读书交流、专业反思和教师项目孕育是推进活动的基本单元。

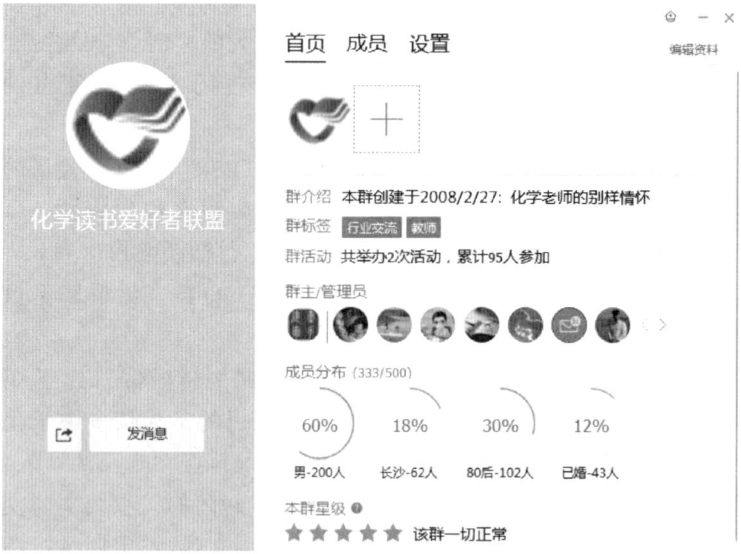

图 6-2 化学读书爱好者联盟基本界面

6.3 SS-learning 中的学习共同体分析模型

对于基于 SS-learning 开展的学习共同体学习活动分析，笔者利用前文构建的 SS-learning 学习共同体中的学习框架建立分析模型，对学习共同体成员在不同研修活动中呈现的社会网络结构进行考察，最后进行比较分析，对 SS-learning 中开展学习共同体进行非正式学习的特征进行总结。该分析模型主要由活动过程维度、活动议题维度及社会交往维度三个维度分析构成。

6.3.1 网络共同体学习的活动过程维度分析

在学习共同体中活动过程中，活动过程维度以表征实时非正式学习中成员之间相互交流情况为目的，要求能够通过主动承担或协商平衡的手段分解落实活动准备任务，通过反思促进学习共同体的发展；对活动过程分析主要使用内容分析法来完成，内容分析的数据是“化学读书爱好者联盟”三次网络研讨的文本记录。

6.3.1.1 活动内容体系的构建

对学习共同体的研讨而进行的活动过程维度分析，需要对活动开展过程及开展的阶段进行确定。同时，还需要对活动开展过程中成员互动协调及活动讨论分工、流程、时间等与研修讨论的专业问题无关，但又是必要的共同体组织管理，以及影响活动开展的重要因素进行确定。最后还有一些与研修内容无关但同样会影响学习共同体成员进行思考和文字学习质量的信息，例如打招呼、赞美等话语，这些信息在 QQ 群同步聊天中表现得十分明显。

综上所述，从学习共同体活动研修开展的实际情况而言，活动内容体系可以分为专业讨论性阶段、组织管理性阶段、其他内容阶段三个指标项。

6.3.1.2 分析单元的确定

QQ 群聊为多人实时文字交流，因为是及时性文字聊天，且为一对多的表达方式，与 BBS、博客、微信等进行的交流相比有很大不同，与普通的一对一表达方式过程相比也复杂很多。主要表现在以下几个方面。

①与研修内容无关、属于情感类交流的信息相对多一些。

②每条聊天记录的内容一般较短。在 QQ 群聊过程中由于打字速度会影响发表观点的时间，为了尽快发表自己的观点，一般情况下，成员会尽可能地用简短的语言表达主要的想法或观点，然后再作补充说明。

③会话中言论之间的响应关系无法近似为简单的线性序列关系，成员所发表的言论可能是响应相邻的言论，也可能是响应先前的言论。

④协商过程的状态存在多样化的情况，比如一对一讨论中出现观点冲突的状态在一对多情况下就会存在多种情况，如是其他所有成员的观点冲突，还是部分成员的观点冲突？

综上所述，本研究确定以“意义单元”为分析单元，每个意义单元可能包括一条聊天记录，也可能包含多条聊天记录。

6.3.2 网络共同体学习的活动论题维度分析

在学习共同体的交互活动中，讨论的论题反映了一定时间内共同体成员对问题解决或任务完成阶段目标的表征，而反映论题产生与转换的论题空间则描述了共同体成员在一定目标引导下的问题解决活动。论题及论题转换的过程，是学习共同体活动研究的重要内容，其实质就是分析学习共同体活动整个开展过程中“知识”的产生及转化过程，即探讨交流了什么问题。论题分析可以预测以下几个方面。

整体知识结构水平：将共同体的论题结构与预设的论题结构进行对比，分析两者的一致性程度，以此评估学习共同体整体的知识结构水平。

整体知识结构特征：通过论题的定量分析，可以分析论题的规模、论题的覆盖程度、论题的增长速度、不同成员对论题的贡献程度等论题的知识结构特征。以论题 i 为例。

①论题 i 的规模：N_i（论题 i 内包含的意义单元数目）/N（总意义单元数目）；

②论题 i 的覆盖程度：在该论题内发言成员占总人数的百分比；

③论题 i 的增长速度：$I_i = N_i/(\text{Time end} - \text{Time begin})$，其中 N_i 表示论题 i 的规模，Time end 是该论题最末一条发言的发布时间，Time begin 是该论题第一条发言的发布时间；

④成员（以 k 为例）对论题 i 的贡献程度：$C_i(k) = nk_i/N_i$ 其中，nk_i 是成员 k 在论题 i 中发表的意义单元数目，N_i 是论题 i 的所有意义单元数。对论题的分析同样采用内容分析法来完成。

因此，根据选取的三次研讨记录分别提取了相应的所有论题并设计分析编码体系。在整体知识结构水平分析维度，将研讨组织者提前预订的论题表与提取的论题进行对比，以评估整体知识结构水平。在整体知识结构特征维度，首先确定分析单元，其次对研讨内容进行归类并做相应的数据统计。在分析单元上，我们依然根据上述 QQ 群聊的特征，确定以“意义单元”为分析单元。

6.3.3 网络共同体学习的社会关系维度分析

社会关系（Social Network，简称 SN）中所涉及的关系性质、强度、关系感知等是分析的另一重要内容，其实质就是交互过程中形成的人际关系分析，即探讨发生了什么关系的问题。根据聊天记录形成赋值关系矩阵，矩阵中的数值表示为两个行动者之间的关系强度，矩阵中的“行”为关系的发送者，“列”为关系的接受者。但是 QQ 群中多个参与者同时就几个不同的论题进行网上即时研讨时，对话内容就会呈现出相互交叉的现象。一个发起者的一句话可以收到来自不同对话者的对话；同样，任何一个参与者也可以用一句话来同时对应不同的对话。因此，类似于 QQ 群这种网上即时聊天中的对话并不是序列的，没有遵循应有的时间顺序，且具有明显的交叉现象。QQ 群内的会话顺序基本上依赖于参与者对网上研讨的认识和接受。所以在对网上即时交际的话语进行分析时，可以按照一般的理解，调整话语的先后顺序，在编码时必须要处理好每条记录之间的响应关系，并确定某位学习者所发送的某个意义单元为编码单位，该意义单元可能只有一条记录，也可能包括几条连续不完整的记录。社会网络结构分析的主要内容有三点。

(1)社群图分析

将全体学习者在 QQ 群上发表的言语数进行数字化，从社群矩阵形式得到该讨论记录的整体社群图。

(2)密度分析

对反映学习者之间交互的矩阵数据进行密度分析,以此来测量在该学习网络中学习者之间联系的紧密程度。密度越大,学习者之间联系得越紧密;反之,密度越小,表明学习者之间联系越松散。

(3)中心度分析

对学习者中心度的分析可以反映学习者在学习网络中的位置、关系和重要性程度。如果一个行动者与很多其他行动者有直接关联,该行动者就居于中心地位,从而拥有较大的权力。

点度中心度即学习者的入度和出度之和。入度是指某学习者获得其他学习者回复的语言总数,学习者一般回复的是自己感兴趣或对自己有帮助的语言。因此,观点被回复的次数能够反映网络学习交互中个体的影响力。出度是指某学习者回复其他学习者的语言总数。出度可较直接地反映个体在讨论中的积极程度和影响力。

中间中心度可以测量一个学习者在学习网络中处于什么位置,在多大程度上位于学习网络中其他学习者的"中间"。如果一个学习者处在许多交互网络路径上,则可认为他处于重要地位,起沟通桥梁的作用。他具有控制其他两个学习者之间交往的能力,可以通过控制信息的传递来影响群体的交互。以此来确定学习网络中处于核心位置的学习者,可以了解整个网络交往对他的依赖程度。

(4)小团体分析

通过派系分析寻找学术博客交流网络中存在的派系,即小团体的数目;同时对各个小团体之间相互联系的紧密程度进行分析。

(5)小世界效应

利用凝聚子群中的派系来进行分析,可以确定在整个学习网络中有多少个联系较为紧密的小团体,建立在互惠性基础上的凝聚子群主要是派系,成员之间的关系都是互惠的,只有互惠的关系才能纳入派系之中。

(6)角色分析

通过角色分析,可以看到在学习网络中是否存在各方面都很相似、在网络中处于相同位置的学习者。

6.4 SS-learning 中的学习共同体学习活动分析

QQ 群环境下的研修作为一种网络教研活动,群中的教师进行网络同步教学研讨的基本模式是:确定主题—理论学习—网络研讨。QQ 群环境下教师进行网络研讨的过程就是学习共同体中知识转化与创新的过程。

6.4.1 网络研讨案例分析一："说课策略谈"研修活动

6.4.1.1 背景介绍

湖南省长沙市CJ中学喻老师[（QQ昵称：寶聿之車（宝聿之车），为图文对应，后都用寶聿之車]作为当时群名为"化学课例研讨群"的群主发起了自2006年至2008年为期近两年、共计34期的网络研修活动。在此，笔者选取第13期福建省LY市教育科学研究院、中学化学高级教师杨老师（QQ昵称：闽-龙普华）主讲、喻老师主持的"说课策略谈"作为网络研讨研究中的案例之一进行分析。

6.4.1.2 活动过程维度分析

在本次网络研修活动中，通过对活动记录的分析，整个研修活动从2007年3月18日19:30至21:42，共计132分钟，总意义单元数目为696次。

通过研修记录可以看出，对于活动内容体系而言，专业讨论阶段的意义单元数目为516，就整体而言，研修规模达到了74.14%。从知识转化与创新的角度来看，本次网络研修知识构建程度一般。由研修实时记录可以看出，在学习共同体研修过程中，与他人的共享信息较多，其次是对其他发言者的评价及讨论话题的展开，在相互交流的补充下共同构建部分新知识成为本学习共同体的集体知识，供参与者通过自身总结反思转化为自身知识。参与者能够提出个人观点或引入外部知识与其他学习者开展知识共享，并能够积极地将收集整理的资料在群共享中和他人分享，但是却没有对不同参与者提出具有差异性的观点进行更为深入的交流讨论，仅仅点到为止，同时也未能在元认知方面开展反思。组织管理阶段的意义单元数目为73，占10.49%，表明组织者组织力度适中，能够积极组织研修内容的进程推进，同时对研修内容及时总结。其他内容阶段意义单元数目为107，占15.73%，主要是教师们之间打招呼信息较多，加之部分老师晚上有课或晚自习任务，因部分交流环节没有参与而发出的感叹、遗憾的信息较多。

6.4.1.3 活动议题维度分析

根据本次网络研讨会的记录，分析得到教材的地位与作用、教学目标、教学重难点、学情、教学流程、教学反思、教法和学法等7个论题。

从整体知识结构水平来看，在研修过程中，主持人寶聿之車对研讨的内容和主题进行了简单介绍，并在研究中积极参与讨论，把握活动进度，及时总结，适时推进讨论进程。主讲人闽-龙普华从7个论题入手，对相关内容进行详细讲授，并对其他学习者提出的问题积极主动进行回答。论题规模由6.78%至19.38%，覆盖程度均可达到20%以上，说明研修中论题参与讨论人数较为分散。

对整体知识结构特征的分析而言，根据论题研修情况对本次研讨的论题内容从论题规模、覆盖程度、增长速度等方面进行统计分析，详见表6-1。

表 6－1　论题研修基本情况

论题序号	论题 i 的规模 (N_i)	发言人数	议题初始时间 (Time begin)	议题结束时间 (Time end)	时间差/s	论题规模	覆盖程度	增长速度
开场引导	6	2	19:30:46	19:32:53	127	1.16%	4.88%	0.0472/s
1	35	9	19:33:23	19:44:26	657	6.78%	21.95%	0.0533/s
2	38	9	19:44:33	19:56:20	707	7.36%	21.95%	0.0537/s
3	94	15	19:56:30	20:16:44	1214	18.22%	36.59%	0.0774/s
4	85	15	20:17:11	20:35:00	1069	16.47%	36.59%	0.0795/s
5	64	14	20:35:17	20:58:55	1418	12.40%	34.15%	0.0451/s
6	100	10	20:59:15	21:19:55	1240	19.38%	24.39%	0.0806/s
7	94	12	21:20:04	21:36:16	972	18.22%	29.27%	0.0967/s

同时，将统计结果可视化，编码单位是意义单元。

（1）发起人所占角色分析

由研修记录可以看出，研讨中开展的 7 个论题均为特邀专家在活动开展之前提供的，参与者可以按照提供的论题进行前期资料收集及结合自身教学实践开展反思，以供交流讨论使用，且在研修过程中参与者未提出新的议题。说明本次研讨中特邀专家起着引导作用，参与交流的教师提出议题的意识缺乏。

（2）论题规模分析

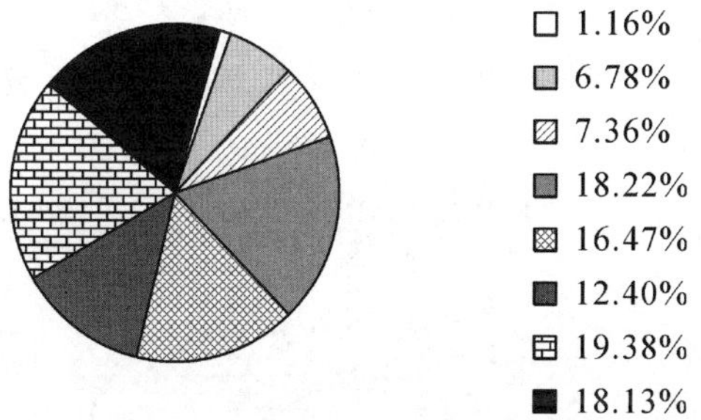

图 6－3　论题规模分析图(案例分析一)

从图 6－3 中可以看出，论题规模最大的是论题 6，最小的是论题 1 和引导。不考虑导引话语的情况下，本次一共 7 个论题，取平均值 0.14 为参数，论题规模高于 0.14 的则认为是规模大，小于 0.14 则认为是规模小，论题从大到小依次为论题 6“教学反思”、论题 3“教学重难点”、论题 7“教法和学法”、论题 4“学情”。小规模论题从小到大依次是论题 2“教学目标”、论题 1“教材的地位与作用”、论题 5“教学流程”。

(3)论题覆盖程度分布

图6－4描述了7个论题覆盖程度的频数分布，由图可见，7个论题发言人数均超过了发言人数的20%，但是覆盖程度最高的论题3“教学重难点”、论题4“学情”均只有36.59%。说明论题覆盖程度较窄，参与讨论人次数较少。

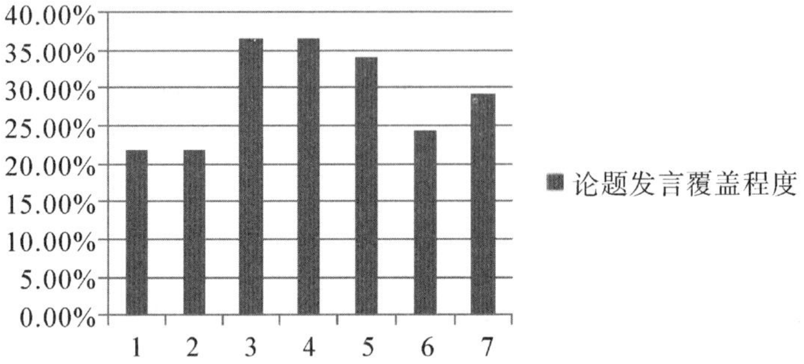

图6－4　论题发言覆盖程度分析图(案例分析一)

(4)个体贡献差异程度分析

对论题进行充分讨论后发现，各论题内个体成员贡献差异度较大，如表6－2所示。

表6－2　成员个体对每个论题的贡献程度统计表(案例分析一)

QQ昵称	项目	每个论题的贡献程度							
		开场引导	1	2	3	4	5	6	7
闽-龙普华	意义单元数目	5	14	17	30	21	24	21	6
	贡献程度	83.33%	40.00%	44.74%	31.91%	24.71%	37.50%	21.00%	12.24%
听雪	意义单元数目		4	5	8	11	1		
	贡献程度		11.43%	13.16%	8.51%	12.94%	1.56%		
欲望精灵	意义单元数目						5	13	4
	贡献程度						7.81%	13.00%	8.16%
賓聿之車	意义单元数目		10	4	6	14	6	21	24
	贡献程度		28.57%	10.53%	6.38%	16.47%	9.38%	21.00%	48.98%
づ幸福ご懂了	意义单元数目	1							
	贡献程度	16.67%							
课外毒物	意义单元数目		1	3	3	1	2	2	
	贡献程度		2.86%	7.89%	3.19%	1.18%	3.13%	2.00%	

续表 6-2

QQ昵称	项目	每个论题的贡献程度							
		开场引导	1	2	3	4	5	6	7
淡然如云	意义单元数目		1		1	4	3		1
	贡献程度		2.86%		1.06%	4.71%	4.69%		2.04%
廖大哥	意义单元数目		1	1	9	2	7	5	3
	贡献程度		2.86%	2.63%	9.57%	2.35%	10.94%	5.00%	6.12%
李征	意义单元数目		1		5	1	1	2	
	贡献程度		2.86%		5.32%	1.18%	1.56%	2.00%	
美美	意义单元数目		2	3	2		3	5	1
	贡献程度		5.71%	7.89%	2.13%		4.69%	5.00%	2.04%
痛哭的人	意义单元数目		1						
	贡献程度		2.86%						
无知青年	意义单元数目			2					
	贡献程度			5.26%					
秦时月	意义单元数目			2	16	9	2	8	1
	贡献程度			5.26%	17.02%	10.59%	3.13%	8.00%	2.04%
大海	意义单元数目			1	1				4
	贡献程度			2.63%	1.06%				8.16%
☆☆☆	意义单元数目				3	1			
	贡献程度				3.19%	1.18%			
小白有点黑	意义单元数目				3	1			1
	贡献程度				3.19%	1.18%			2.04%
长者山	意义单元数目				3				
	贡献程度				3.19%				
筱枫	意义单元数目				1	1	5	14	2
	贡献程度				1.06%	1.18%	7.81%	14.00%	4.08%
一考定终身	意义单元数目				3	9		9	
	贡献程度				3.19%	10.59%		9.00%	
湖北李先军	意义单元数目					6	2		
	贡献程度					7.06%	3.13%		

续表 6-2

QQ昵称	项目	每个论题的贡献程度							
		开场引导	1	2	3	4	5	6	7
祎莲	意义单元数目					3			
	贡献程度					3.53%			
勤劳的懒汉	意义单元数目					1			
	贡献程度					1.18%			
无为	意义单元数目						2		
	贡献程度						3.13%		
一散人	意义单元数目						1		
	贡献程度						1.56%		
清凉一夏	意义单元数目								1
	贡献程度								2.04%
/mg水上飘/mg	意义单元数目								1
	贡献程度								2.04%

表6-2中对参与研修的学习者在不同论题中的个体贡献情况作出统计，由统计数据可以看出，主讲人在论题研修的过程中个体贡献最大，能够引起学习共同体中其他学习者的积极响应，研修议题能够引起教师共鸣，但是学习者参与的意义单元数目稍显不足，范围不广。具体如图6-5所示。

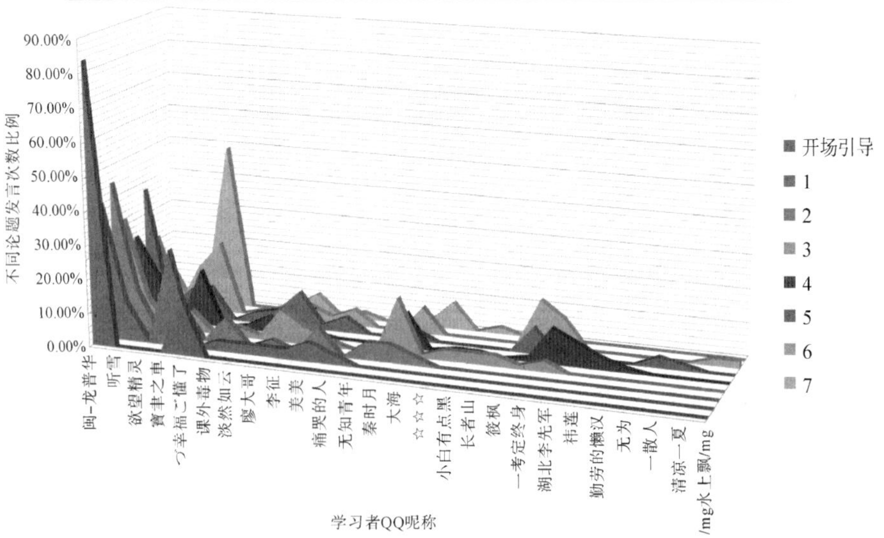

图6-5 成员个体对论题的贡献程度(案例分析一)

由以上讨论可知，本次网络研讨的整体知识结构与预设的主题相差不大，较好地完成预定的主题活动。本次讨论的论题系统性较强，预设主题得到了较为充分的深入研讨。

6.4.1.4 社会网络分析

通过对研修的群记录分析，在 Ucinet 6.0 中根据每位参与者的点入点出度创建相应的数据表，然后进行数据处理，得到相关结果。建立数据表时不计群中不在线成员，对于研修时在线但由于各种原因未发表言论的成员点入点出度都记为 0。

(1)社群图分析

通过数据处理，得到学习共同体本次研修活动中的社群图，以此来分析社群成员之间的网络关系。如图 6-6 所示，共同体的连结关系用有向箭头表示。

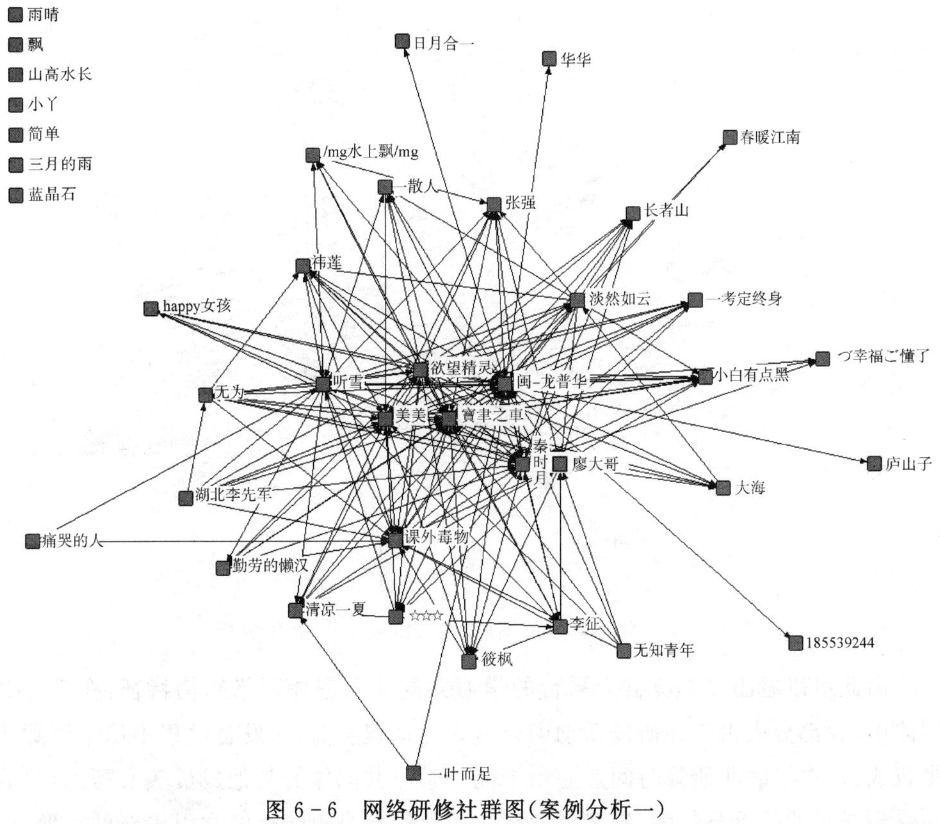

图 6-6 网络研修社群图(案例分析一)

在该研讨网络的整体社群图中，可以明显看出本次网络研讨存在七个孤立点：雨晴、飘、山高水长、丫头、简单、三月的雨和蓝晶石。边缘成员如果继续与其他成员不产生交互而孤立存在，将不利于自身的学习，所以有必要采取措施促进边缘成员的交互。

图 6－7 中呈现的是网络研讨案例分析一社群图按照主要组成排列后全体成员之间交互的情况。从图中可以清晰地看出成员交互大致可以分为四个层面，第一层是三位成员——闽-龙普华、欲望精灵和賨聿之車，他们处在网络中心，与其他人对话紧密。第二层是课外毒物、听雪、秦时月、廖大哥、美美和淡然如云，本层和第三层处于交流互动的中间力量。而第四层联结较少，说明他们与群中的其他成员交流不积极，对本次在线研修的贡献不大。

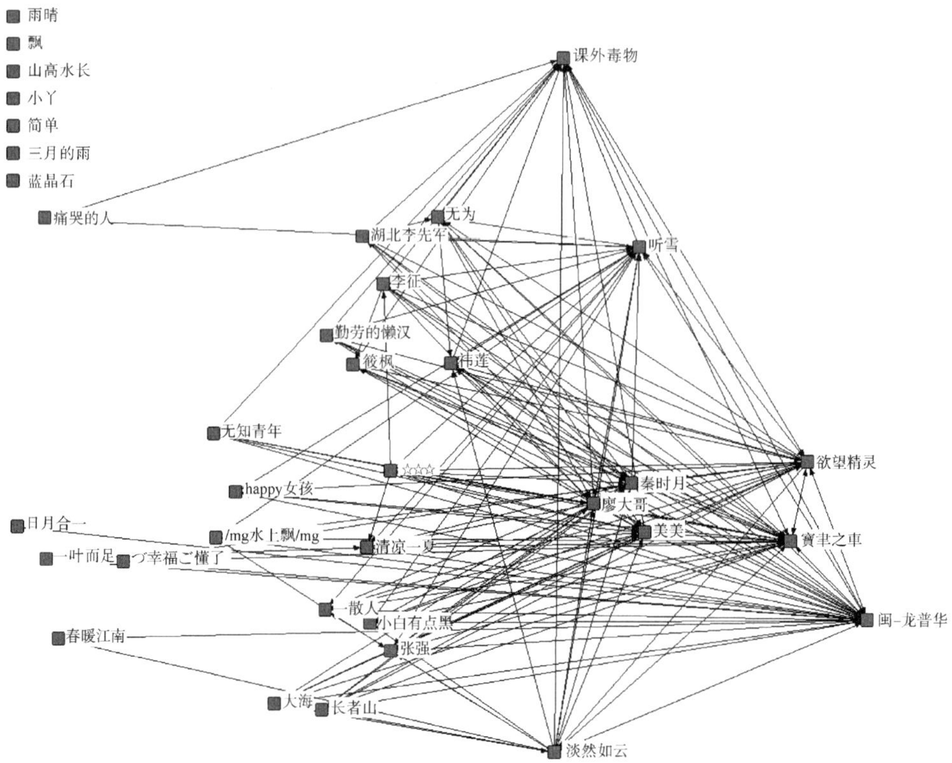

图 6－7　网络研修社群图（按主要组成排列，案例分析一）

由此可以看出以 QQ 群为平台的学习共同体的整体网络结构特征：在学习共同体中，少部分人由于在研修活动中与他人互动程度高，在发言过程中尽量照顾大多数成员，在平时非研修时间热心给予同一学习共同体的其他成员热心帮助，更容易受到成员的敬重与信赖，知名度较高。而他们自身也能够经常引出新的论题，引导研修活动过程中的交流互动，具有较丰富的社交经验和专业知识，解决问题能力较强，乐于分享个人经验和心得，积极帮助其他成员，也就是在网络结构研究中界定的“意见领袖”。如本次研修中的闽-龙普华、欲望精灵和賨聿之車都属于意见领袖。他们在群中发表个人见解受到多数人的关注，可以说是学习共同体中的核心人物，他们的存在使所在的教师共同体具有很强的凝聚力。

(2)网络密度

在 Ucinet 6.0 中得到该研讨网络的密度分析结果，如图 6－8 所示。

```
BLOCK DENSITIES OR AVERAGES
--------------------------------------------------------------------------------

Input dataset:                C:\Users\Administrator\Desktop\NO-013


Relation: 1

Density (matrix average) = 0.1451
Standard deviation = 0.3522

Use MATRIX>TRANSFORM>DICHOTOMIZE procedure to get binary image matrix.
Density table(s) saved as dataset Density
Standard deviations saved as dataset DensitySD
Actor-by-actor pre-image matrix saved as dataset DensityModel

----------------------------------------
Running time:  00:00:01
Output generated:  03 七月 16 23:35:02
Copyright (c) 1999-2005 Analytic Technologies
```

图 6－8 研讨网络密度计算结果截图(案例分析一)

本次研修活动形成的学习网络的密度为 0.1451，标准偏差是 0.3522。从密度分析结果来看，在该学习网络中学习者之间的交流互动离理想的距离是可以接受的，学习者之间有一定的交互行为，交换了部分的资源和信息，并初步建构了相关的知识体系。因此，要想促进资源和知识流通，首先要促进学习者之间的交互。

(3)中心度分析

・点度中心度

点度中心度即学习者发送和接收的聊天记录数，是测量行动者在整个网络中影响力的指标。通过计算可以得出各个节点的绝对点度中心度(Degree)和相对点度中心度(NrmDegree)，具体如图 6－9 所示。

图 6－9 中结果由高到低给出了各个节点的绝对点度中心度和相对点度中心度，从结果可以看出点度中心度最高的前 3 名成员是闽-龙普华、寳聿之車和欲望精灵，其绝对点度中心度分别为 32、25 和 24。说明在沟通交流过程中，这些节点所代表的群成员与其他群成员沟通交流的关系相对紧密，他们是该 QQ 群本次研修活动的意见领袖，他们在群中传播的信息被大多数成员关注，同时他们也积极联系其他成员。另外节点雨晴、飘、山高水长、丫头、简单、三月的雨和蓝晶石等成员点度中心度很低，说明他们在 QQ 群上关注度和被关注度都很低，在本次研修活动的讨论中处于一种观望状态。因此他们在 QQ 群的活动里可以说算不上真正意义的学习共同体成员。

FREEMAN'S DEGREE CENTRALITY MEASURES:

Diagonal valid? NO
Model: SYMMETRIC
Input dataset: C:\Users\Administrator\Desktop\NO-013

		1 Degree	2 NrmDegree	3 Share
1	闽-龙普华	32.000	80.000	0.097
6	賓聿之車	25.000	62.500	0.076
5	欲望精灵	24.000	60.000	0.073
12	美美	20.000	50.000	0.061
4	听雪	20.000	50.000	0.061
15	秦时月	19.000	47.500	0.058
10	廖大哥	17.000	42.500	0.052
8	课外毒物	16.000	40.000	0.048
9	淡然如云	15.000	37.500	0.045
24	祎莲	10.000	25.000	0.030
26	无为	10.000	25.000	0.030
28	清凉一夏	9.000	22.500	0.027
17	☆☆☆	9.000	22.500	0.027
11	李征	9.000	22.500	0.027
30	张强	9.000	22.500	0.027
23	湖北李先军	8.000	20.000	0.024
21	筱枫	8.000	20.000	0.024
18	小白有点黑	8.000	20.000	0.024
27	一散人	7.000	17.500	0.021
22	一考定终身	7.000	17.500	0.021
25	勤劳的懒汉	7.000	17.500	0.021
20	长耆山	7.000	17.500	0.021
16	大海	6.000	15.000	0.018
29	/mg水上飘/mg	5.000	12.500	0.015
31	happy女孩	5.000	12.500	0.015
14	无知青年	5.000	12.500	0.015
7	づ幸福ご懂了	3.000	7.500	0.009
13	痛哭的人	2.000	5.000	0.006
19	一叶而足	2.000	5.000	0.006
33	春暖江南	2.000	5.000	0.006
2	庐山子	1.000	2.500	0.003
32	华华	1.000	2.500	0.003
3	185539244	1.000	2.500	0.003
34	日月合一	1.000	2.500	0.003
35	雨晴	0.000	0.000	0.000
36	飘	0.000	0.000	0.000
37	山高水长	0.000	0.000	0.000
38	小丫	0.000	0.000	0.000
39	简单	0.000	0.000	0.000
40	三月的雨	0.000	0.000	0.000
41	蓝晶石	0.000	0.000	0.000

图 6-9　点度中心度测量结果截图(案例分析一)

图 6-10 的数据说明，在研修沟通交流的过程中，排行前三的节点所代表的群成员与其他群成员的沟通交流关系相对紧密。从数据分析的整体情况而言，Network Centralization(整个网络的标准化点度中心势) = 62.95%，表明该网络的总体整合度较好，高度参与的成员平均了少数低度参与成员的中心势。从描述网络成员在某个或某些社会特征上相异程度的网络的异质性(Heterogeneity)可以看出，本次研修中 QQ 群的 Heterogeneity = 4.78%，表明群里的成员相异程度低，相似性较高。

```
DESCRIPTIVE STATISTICS

                            1            2            3
                       Degree    NrmDegree        Share
                 ------------ ------------ ------------
  1       Mean        8.049       20.122        0.024
  2    Std Dev        7.883       19.708        0.024
  3        Sum      330.000      825.000        1.000
  4   Variance       62.144      388.400        0.001
  5        SSQ     5204.000    32525.000        0.048
  6      MCSSQ     2547.902    15924.391        0.023
  7   Euc Norm       72.139      180.347        0.219
  8    Minimum        0.000        0.000        0.000
  9    Maximum       32.000       80.000        0.097


Network Centralization = 62.95%
Heterogeneity = 4.78%.  Normalized = 2.40%

Actor-by-centrality matrix saved as dataset FreemanDegree

----------------------------------------
Running time:  00:00:01
Output generated:  04 七月 16 01:56:16
Copyright (c) 1999-2005 Analytic Technologies
```

图 6－10 点度中心度统计描述(案例分析一)

· 中间中心度

中间中心度衡量的是个人作为媒介者的能力,如果他的中间中心度愈高,则愈多的人联系时必须通过他的几率就越大。由于该行动者具有控制他人交往的能力,其他人的交往需要通过该行动者才能进行,因而中心度测量的是行动者对资源信息的控制程度。如果一个点处在其他点的交通路径上,则该点的中间中心度很高。通过计算可以得出各个节点的绝对中间中心度(Betweenness)和相对中间中心度(nBetweenness),具体如图 6－11 所示。

图 6－11 中的数据从高到低给出了各个节点的绝对中间中心度和相对中间中心度,从结果可以很清晰地看出闽-龙普华的中间度最高,其次是賨聿之車和听雪。这表明闽-龙普华在本次学习研修的学习网络中不仅扮演了“领导者”的角色,而且还积极协调不同成员之间的沟通,担负了重要的“中介”角色。中间中心度高的学习者其实就是点度中心度较高的成员,成员中有三分之一还多的成员中间中心度都为 0,有 8 位绝对中间中心度达到 10 以上,这表明研修活动过程中的讨论在一定程度上还是为少数“领导者”所控制,绝对中心度靠前的学习者在网络交流过程中处于比较重要的连接位置,掌握了比较多的研究资源,对于其他学习者的相互交流起到促进作用,也就是说,其他学习者之间的合作对于这几个节点的依赖性比较大。这样的互动形式或许会让其他一些成员觉得在讨论中孤立,并直接或间接影

响到他们参与的积极性。同时可以看出闽-龙普华、賨聿之車在点度中心度和中间中心度指标中都是排在前面的，可以说他们在网络学习交流过程中处于绝对的核心元素位置。

FREEMAN BETWEENNESS CENTRALITY

Input dataset: C:\Users\Administrator\Desktop\NO-013

Important note: this routine binarizes but does NOT symmetrize.

Un-normalized centralization: 13388.507

		1 Betweenness	2 nBetweenness
1	闽-龙普华	342.500	21.955
6	賨聿之車	112.847	7.234
4	听雪	45.595	2.923
5	欲望精灵	39.782	2.550
15	槑时月	35.158	2.254
12	美美	24.950	1.599
10	廖大哥	16.044	1.028
8	课外毒物	11.492	0.737
28	清凉一夏	4.073	0.261
9	淡然如云	3.956	0.254
30	张强	3.282	0.210
23	湖北李先军	1.765	0.113
25	勤劳的懒汉	1.599	0.102
22	一考定终身	1.579	0.101
18	小白有点黑	1.540	0.099
26	无为	1.393	0.089
20	长者山	1.306	0.084
17	☆☆☆	1.084	0.069
24	祎莲	1.073	0.069
11	李征	1.013	0.065
21	筱枫	0.771	0.049
27	一散人	0.623	0.040
16	大海	0.576	0.037
19	一叶而足	0.000	0.000
13	痛哭的人	0.000	0.000
2	庐山子	0.000	0.000
7	づ幸福ご懂了	0.000	0.000
14	无知青年	0.000	0.000
29	/mg水上飘/mg	0.000	0.000
3	185539244	0.000	0.000
31	happy女孩	0.000	0.000
32	华华	0.000	0.000
33	春暖江南	0.000	0.000
34	日月合一	0.000	0.000
35	雨晴	0.000	0.000
36	飘	0.000	0.000
37	山高水长	0.000	0.000
38	小丫	0.000	0.000
39	简单	0.000	0.000
40	三月的雨	0.000	0.000
41	蓝晶石	0.000	0.000

图 6-11　中间中心度测量结果截图(案例分析一)

从图 6-12 可以看出，整个网络的标准化中间中心势(Network Centralization Index)为 21.46%。就全部的 41 位成员点而言，21.46%相对偏低，也就是说，在这个网络学习活动中，对议题的讨论要想覆盖所有的成员点是比较困难的。

```
DESCRIPTIVE STATISTICS FOR EACH MEASURE

                          1            2
                Betweenness nBetweenness
                ------------ ------------
  1       Mean       15.951        1.023
  2    Std Dev       55.344        3.548
  3        Sum      654.000       41.923
  4   Variance     3062.928       12.586
  5        SSQ   136012.172      558.893
  6      MCSSQ   125580.070      516.026
  7   Euc Norm      368.798       23.641
  8    Minimum        0.000        0.000
  9    Maximum      342.500       21.955

Network Centralization Index = 21.46%

Output actor-by-centrality measure matrix saved as dataset FreemanBetweenness

----------------------------------------
Running time:  00:00:01
Output generated:  09 七月 16 00:07:26
Copyright (c) 1999-2005 Analytic Technologies
```

图 6 - 12　中间中心度统计描述(案例分析一)

· 接近中心度

接近中心度是针对学习者成员点不受他人控制的量度。该值越小,点越是居于中心位置,从而越不受控制。通过计算可以得出各个节点的接近中心度,具体如图 6 - 13 所示。

图 6 - 13 是按照"不受控制"大小排列的,最不受控制的是 happy 女孩成员点,其余的依次是づ幸福ご懂了、庐山子、日月合一等。成员点接近中心度越小,说明在信息传播中受到别人的影响越小,接近中心度越大,说明在信息传播中受到别人的控制越大。

(4)小团体分析

在此笔者使用派系分析来研究本次学习活动开展过程信息交流中存在的派系,也就是凝聚子群的数目;然后再进行凝聚子群密度分析来研究各个小子群之间相互联系的程度。研究中将派系最小尺度(minsize)设为 2,通过数据分析可以得到 67 个派系,如图 6 - 14 所示。

图 6 - 14 给出了在网络中找到的所有的 67 个派系,分别是{闽-龙普华、欲望精灵、賨聿之車、课外毒物、淡然如云、美美、祎莲},{闽-龙普华、欲望精灵、賨聿之車、淡然如云、美美、大海},{闽-龙普华、欲望精灵、賨聿之車、淡然如云、美美、小白有点黑}等。

CLOSENESS CENTRALITY

Input dataset: C:\Users\Administrator\Desktop\no
Method: Geodesic paths only (Freeman Closeness)
Output dataset: C:\Users\Administrator\Desktop\Closeness

Note: Data not symmetric, therefore separate in-closeness & out-closeness computed.

The network is not connected. Technically, closeness centrality cannot be computed, as there are infinite distances.

Closeness Centrality Measures

		1 inFarness	2 outFarness	3 inCloseness	4 outCloseness
31	happy女孩	504.000	1640.000	7.937	2.439
7	づ幸福ご懂了	507.000	1640.000	7.890	2.439
2	庐山子	510.000	1640.000	7.843	2.439
34	日月合一	510.000	1640.000	7.843	2.439
32	华华	510.000	1640.000	7.843	2.439
1	闽-龙普华	522.000	440.000	7.663	9.091
6	賓聿之車	526.000	446.000	7.605	8.969
8	课外毒物	532.000	467.000	7.519	8.565
12	美美	532.000	465.000	7.519	8.602
15	秦时月	534.000	455.000	7.491	8.791
4	听雪	536.000	455.000	7.463	8.791
10	廖大哥	537.000	458.000	7.449	8.734
28	清凉一夏	539.000	465.000	7.421	8.602
5	欲望精灵	539.000	446.000	7.421	8.969
24	祎莲	540.000	464.000	7.407	8.621
30	张强	541.000	464.000	7.394	8.621
23	湖北李先军	542.000	464.000	7.380	8.621
26	无为	542.000	463.000	7.380	8.639
25	勤劳的懒汉	542.000	464.000	7.380	8.621
18	小白有点黑	542.000	465.000	7.380	8.602
22	一考定终身	542.000	465.000	7.380	8.602
27	一散人	542.000	465.000	7.380	8.602
20	长耆山	542.000	466.000	7.380	8.584
21	筱枫	543.000	465.000	7.366	8.602
11	李征	543.000	464.000	7.366	8.621
29	/mg水上飘/mg	544.000	468.000	7.353	8.547
17	☆☆☆	544.000	462.000	7.353	8.658
16	大海	545.000	465.000	7.339	8.602
9	淡然如云	545.000	457.000	7.339	8.753
33	春暖江南	548.000	469.000	7.299	8.529
3	185539244	549.000	469.000	7.286	8.529
19	一叶而足	1640.000	429.000	2.439	9.324
13	痛哭的人	1640.000	443.000	2.439	9.029
14	无知青年	1640.000	426.000	2.439	9.390
35	雨晴	1640.000	1640.000	2.439	2.439
36	飘	1640.000	1640.000	2.439	2.439
37	山高水长	1640.000	1640.000	2.439	2.439
38	小丫	1640.000	1640.000	2.439	2.439
39	简单	1640.000	1640.000	2.439	2.439
40	三月的雨	1640.000	1640.000	2.439	2.439
41	蓝晶石	1640.000	1640.000	2.439	2.439

图 6-13　接近中心度测量结果截图(案例分析一)

```
CLIQUES
--------------------------------------------------------------------------------

Minimum Set Size:              2
Input dataset:                 C:\Users\Administrator\Desktop\NO-013

67 cliques found.

   1:  闽-龙普华 欲望精灵 賓聿之車 课外毒物 淡然如云 美美 祎莲
   2:  闽-龙普华 欲望精灵 賓聿之車 淡然如云 美美 大海
   3:  闽-龙普华 欲望精灵 賓聿之車 淡然如云 美美 小白有点黑
   4:  闽-龙普华 欲望精灵 賓聿之車 淡然如云 美美 长者山
   5:  闽-龙普华 欲望精灵 賓聿之車 淡然如云 美美 一散人
   6:  闽-龙普华 欲望精灵 賓聿之車 淡然如云 美美 张强
   7:  闽-龙普华 欲望精灵 賓聿之車 美美 ☆☆☆ 清凉一夏
   8:  闽-龙普华 欲望精灵 賓聿之車 课外毒物 美美 筱枫
   9:  闽-龙普华 欲望精灵 賓聿之車 课外毒物 美美 一考定终身
  10:  闽-龙普华 欲望精灵 賓聿之車 课外毒物 美美 湖北李先军 无为
  11:  闽-龙普华 欲望精灵 賓聿之車 课外毒物 美美 勤劳的懒汉
  12:  闽-龙普华 欲望精灵 賓聿之車 课外毒物 美美 祎莲 无为
  13:  闽-龙普华 欲望精灵 賓聿之車 美美 happy女孩
  14:  闽-龙普华 欲望精灵 賓聿之車 课外毒物 淡然如云 廖大哥 祎莲
  15:  闽-龙普华 欲望精灵 賓聿之車 淡然如云 廖大哥 大海
  16:  闽-龙普华 欲望精灵 賓聿之車 淡然如云 廖大哥 小白有点黑
  17:  闽-龙普华 欲望精灵 賓聿之車 淡然如云 廖大哥 长者山
  18:  闽-龙普华 欲望精灵 賓聿之車 淡然如云 廖大哥 张强
  19:  闽-龙普华 欲望精灵 賓聿之車 课外毒物 廖大哥 李征 筱枫
  20:  闽-龙普华 欲望精灵 賓聿之車 廖大哥 李征 ☆☆☆
  21:  闽-龙普华 欲望精灵 賓聿之車 廖大哥 ☆☆☆ 清凉一夏
  22:  闽-龙普华 欲望精灵 賓聿之車 课外毒物 廖大哥 祎莲 无为
  23:  闽-龙普华 欲望精灵 賓聿之車 李征 秦时月 ☆☆☆
  24:  闽-龙普华 欲望精灵 賓聿之車 李征 秦时月 筱枫
  25:  闽-龙普华 欲望精灵 賓聿之車 淡然如云 秦时月 小白有点黑
  26:  闽-龙普华 欲望精灵 賓聿之車 淡然如云 秦时月 长者山
  27:  闽-龙普华 欲望精灵 賓聿之車 淡然如云 秦时月 祎莲
  28:  闽-龙普华 欲望精灵 賓聿之車 淡然如云 秦时月 一散人
  29:  闽-龙普华 欲望精灵 賓聿之車 淡然如云 秦时月 张强
  30:  闽-龙普华 欲望精灵 賓聿之車 秦时月 ☆☆☆ 清凉一夏
  31:  闽-龙普华 欲望精灵 賓聿之車 秦时月 一考定终身
  32:  闽-龙普华 欲望精灵 賓聿之車 秦时月 湖北李先军 无为
  33:  闽-龙普华 欲望精灵 賓聿之車 秦时月 勤劳的懒汉
  34:  闽-龙普华 欲望精灵 賓聿之車 秦时月 祎莲 无为
  35:  闽-龙普华 欲望精灵 賓聿之車 /mg水上飘/mg 张强
  36:  闽-龙普华 賓聿之車 づ幸福ご懂了 秦时月
  37:  闽-龙普华 賓聿之車 课外毒物 美美 无知青年
  38:  闽-龙普华 賓聿之車 课外毒物 廖大哥 无知青年
  39:  闽-龙普华 185539244
  40:  闽-龙普华 听雪 欲望精灵 淡然如云 秦时月 小白有点黑
  41:  闽-龙普华 听雪 欲望精灵 淡然如云 秦时月 祎莲
  42:  闽-龙普华 听雪 欲望精灵 淡然如云 秦时月 一散人
  43:  闽-龙普华 听雪 欲望精灵 淡然如云 秦时月 张强
  44:  闽-龙普华 听雪 欲望精灵 李征 秦时月 ☆☆☆
  45:  闽-龙普华 听雪 欲望精灵 秦时月 ☆☆☆ 清凉一夏
  46:  闽-龙普华 听雪 欲望精灵 秦时月 一考定终身
  47:  闽-龙普华 听雪 欲望精灵 秦时月 湖北李先军 无为
  48:  闽-龙普华 听雪 欲望精灵 秦时月 勤劳的懒汉
  49:  闽-龙普华 听雪 欲望精灵 秦时月 祎莲 无为
  50:  闽-龙普华 听雪 欲望精灵 课外毒物 淡然如云 廖大哥 祎莲
  51:  闽-龙普华 听雪 欲望精灵 淡然如云 廖大哥 小白有点黑
  52:  闽-龙普华 听雪 欲望精灵 淡然如云 廖大哥 张强
  53:  闽-龙普华 听雪 欲望精灵 课外毒物 廖大哥 李征
  54:  闽-龙普华 听雪 欲望精灵 廖大哥 李征 ☆☆☆
  55:  闽-龙普华 听雪 欲望精灵 廖大哥 ☆☆☆ 清凉一夏
  56:  闽-龙普华 听雪 欲望精灵 课外毒物 廖大哥 祎莲 无为
  57:  闽-龙普华 听雪 欲望精灵 课外毒物 勤劳的懒汉
  58:  闽-龙普华 听雪 欲望精灵 课外毒物 一考定终身
  59:  闽-龙普华 听雪 欲望精灵 课外毒物 湖北李先军 无为
  60:  闽-龙普华 听雪 欲望精灵 /mg水上飘/mg 张强
  61:  闽-龙普华 听雪 欲望精灵 happy女孩
  62:  闽-龙普华 庐山子
  63:  闽-龙普华 一叶而足 清凉一夏
  64:  闽-龙普华 华华
  65:  闽-龙普华 淡然如云 春暖江南
  66:  闽-龙普华 日月合一
  67:  听雪 课外毒物 痛哭的人
```

图 6-14　派系分析结果表(案例分析一)

图 6-15、图 6-16、图 6-17 给出了本次研修活动的派系层次聚类分析，从结果中可以看出，当相似性为 1.000 时，图示结果为 67 个派系，又聚集为 8 个大类，这 8 个大类中，有 7 个都是孤立点产生的。

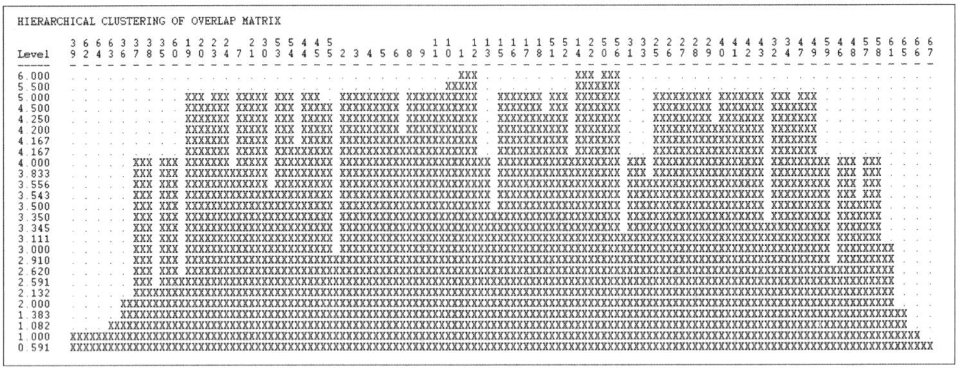

图 6-15　派系层次聚类分析矩阵(案例分析一)

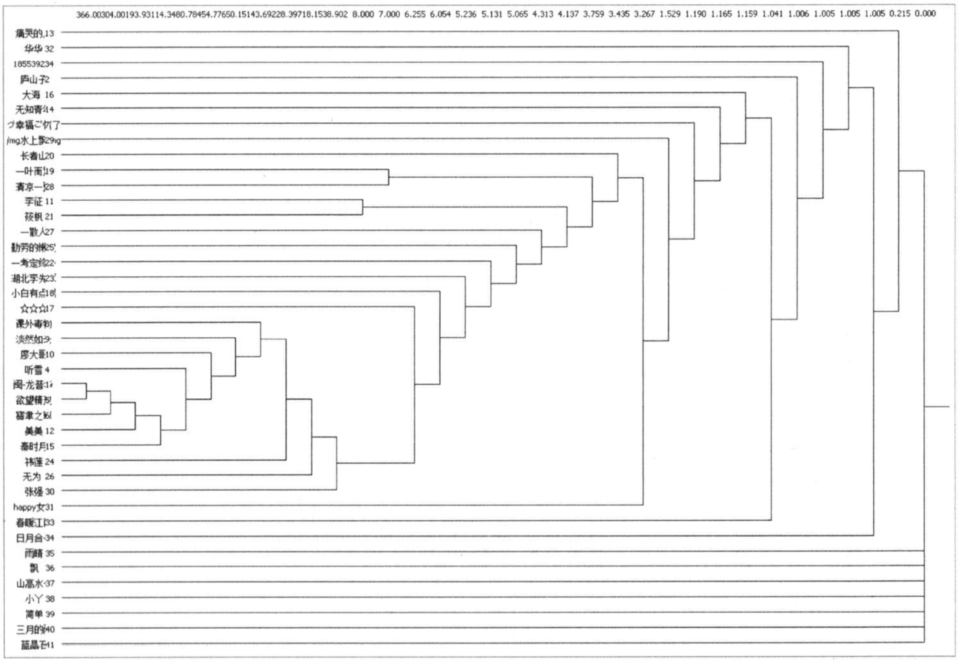

图 6-16　派系层次聚类分析结果(案例分析一)

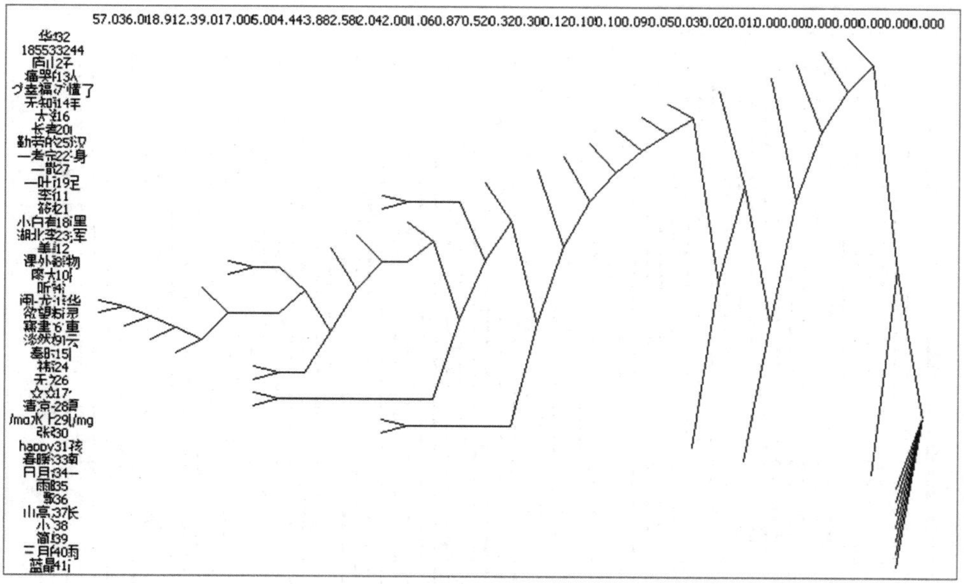

图 6－17 派系层次聚类分析图(案例分析一)

图 6－18 给出了派系共享成员矩阵(Clique-by-Clique Actor Comember Ship Matrix)，它表达了不同派系共享行动者的数量，值越大，说明两个派系越相似。如在结果中，派系 2 和派系 3、4、5、6 共享五个成员，派系 2 和派系 7 共享四个成员。所以派系 2 和派系 3、4、5、6 更为相似。通过以上分析可以看出，整个研修活动交流网中分派相对较多，但是派系共享成员重叠率较高，即从另一个侧面反映了在研修活动中“意见领袖”在整个学习过程中与较多的学习者建立了较为密切的关系，彼此间进行了较多的沟通和讨论，因而他们是整个研讨群体中不同学习者之间沟通的主要桥梁。

Clique-by-Clique Actor Co-membership matrix

	1	2	3	4	5	6	7	8	9	10	11	12	13	14	15	16	17	18	19	20	21	22	23	24	25	26	27	28	29	30	31	32	33	34	35	36	37	38	39	40	41	42	43	44	45	46	47	48	49	50	51	52	53	54	55	56	57	58	59	60	61	62	63	64	65	66	67
1	7	5	5	5	5	5	4	5	5	5	5	6	4	6	4	4	4	4	4	3	3	5	3	3	4	4	5	4	4	3	3	3	3	4	3	2	4	3	1	3	4	3	3	2	2	2	2	2	3	5	3	3	3	2	2	4	3	3	3	2	2	1	1	1	2	1	1
2	5	6	5	5	5	5	4	4	4	4	4	4	4	4	5	4	4	4	3	3	3	3	3	3	4	4	4	4	4	3	3	3	3	3	3	2	3	2	1	3	3	3	3	2	2	2	2	2	2	3	3	3	2	2	2	2	2	2	2	2	2	1	1	1	2	1	0
3	5	5	6	5	5	5	4	4	4	4	4	4	4	4	4	5	4	4	3	3	3	3	3	3	5	4	4	4	4	3	3	3	3	3	3	2	3	2	1	4	3	3	3	2	2	2	2	2	2	3	4	3	2	2	2	2	2	2	2	2	2	1	1	1	2	1	0
4	5	5	5	6	5	5	4	4	4	4	4	4	4	4	4	4	5	4	3	3	3	3	3	3	4	5	4	4	4	3	3	3	3	3	3	2	3	2	1	3	3	3	3	2	2	2	2	2	2	3	3	3	2	2	2	2	2	2	2	2	2	1	1	1	2	1	0
5	5	5	5	5	6	5	4	4	4	4	4	4	4	4	4	4	4	4	3	3	3	3	3	3	4	4	4	5	4	3	3	3	3	3	3	2	3	2	1	3	3	4	3	2	2	2	2	2	2	3	3	3	2	2	2	2	2	2	2	2	2	1	1	1	2	1	0
6	5	5	5	5	5	6	4	4	4	4	4	4	4	4	4	4	4	5	3	3	3	3	3	3	4	4	4	4	5	3	3	3	3	3	4	2	3	2	1	3	3	3	4	2	2	2	2	2	2	3	3	4	2	2	2	2	2	2	2	3	2	1	1	1	2	1	0
7	4	4	4	4	4	4	6	4	4	4	4	4	4	3	3	3	3	3	3	4	5	3	4	3	3	3	3	3	3	5	3	3	3	3	3	2	3	2	1	2	2	2	2	3	4	2	2	2	2	2	2	2	2	3	4	2	2	2	2	2	2	1	2	1	1	1	0
8	5	4	4	4	4	4	4	6	5	5	5	5	4	4	3	3	3	3	5	3	3	4	3	4	3	3	3	3	3	3	3	3	3	3	3	2	4	3	1	2	2	2	2	2	2	2	2	2	2	3	2	2	3	2	2	3	3	3	3	2	2	1	1	1	1	1	1
9	5	4	4	4	4	4	4	5	6	5	5	5	4	4	3	3	3	3	4	3	3	4	3	3	3	3	3	3	3	3	4	3	3	3	3	2	4	3	1	2	2	2	2	2	2	3	2	2	2	3	2	2	3	2	2	3	3	4	3	2	2	1	1	1	1	1	1
10	5	4	4	4	4	4	4	5	5	7	5	6	4	4	3	3	3	3	4	3	3	5	3	3	3	3	3	3	3	3	3	5	3	4	3	2	4	3	1	2	2	2	2	2	2	2	4	2	3	3	2	2	3	2	2	4	3	3	5	2	2	1	1	1	1	1	1
11	5	4	4	4	4	4	4	5	5	5	6	5	4	4	3	3	3	3	4	3	3	4	3	3	3	3	3	3	3	3	3	3	4	3	3	2	4	3	1	2	2	2	2	2	2	2	2	3	2	3	2	2	3	2	2	3	4	3	3	2	2	1	1	1	1	1	1
12	6	4	4	4	4	4	4	5	5	6	5	7	4	5	3	3	3	3	4	3	3	6	3	3	3	3	4	3	3	3	3	4	3	5	3	2	4	3	1	2	3	2	2	2	2	2	3	2	4	4	2	2	3	2	2	5	3	3	4	2	2	1	1	1	1	1	1
13	4	4	4	4	4	4	4	4	4	4	4	4	5	3	3	3	3	3	3	3	3	3	3	3	3	3	3	3	3	3	3	3	3	3	3	2	3	2	1	2	2	2	2	2	2	2	2	2	2	2	2	2	2	2	2	2	2	2	2	2	3	1	1	1	1	1	0
14	6	4	4	4	4	4	3	4	4	4	4	5	3	7	5	5	5	5	5	4	4	6	3	3	4	4	5	4	4	3	3	3	3	4	3	2	3	4	1	3	4	3	3	2	2	2	2	2	3	6	4	4	4	3	3	5	3	3	3	2	2	1	1	1	2	1	1
15	4	5	4	4	4	4	3	3	3	3	3	3	3	5	6	5	5	5	4	4	4	4	3	3	4	4	4	4	4	3	3	3	3	3	3	2	2	3	1	3	3	3	3	2	2	2	2	2	2	4	4	4	3	3	3	3	2	2	2	2	2	1	1	1	2	1	0
16	4	4	5	4	4	4	3	3	3	3	3	3	3	5	5	6	5	5	4	4	4	4	3	3	5	4	4	4	4	3	3	3	3	3	3	2	2	3	1	4	3	3	3	2	2	2	2	2	2	4	5	4	3	3	3	3	2	2	2	2	2	1	1	1	2	1	0
17	4	4	4	5	4	4	3	3	3	3	3	3	3	5	5	5	6	5	4	4	4	4	3	3	4	5	4	4	4	3	3	3	3	3	3	2	2	3	1	3	3	3	3	2	2	2	2	2	2	4	4	4	3	3	3	3	2	2	2	2	2	1	1	1	2	1	0
18	4	4	4	4	4	5	3	3	3	3	3	3	3	5	5	5	5	6	4	4	4	4	3	3	4	4	4	4	5	3	3	3	3	3	4	2	2	3	1	3	3	3	4	2	2	2	2	2	2	4	4	5	3	3	3	3	2	2	2	3	2	1	1	1	2	1	0
19	4	3	3	3	3	3	3	5	4	4	4	4	3	5	4	4	4	4	7	5	4	5	4	5	3	3	3	3	3	3	3	3	3	3	3	2	3	4	1	2	2	2	2	3	2	2	2	2	2	4	3	3	5	4	3	4	3	3	3	2	2	1	1	1	1	1	1
20	3	3	3	3	3	3	4	3	3	3	3	3	3	4	4	4	4	4	5	6	5	4	5	4	3	3	3	3	3	4	3	3	3	3	3	2	2	3	1	2	2	2	2	4	3	2	2	2	2	3	3	3	4	5	4	3	2	2	2	2	2	1	1	1	1	1	0
21	3	3	3	3	3	3	5	3	3	3	3	3	3	4	4	4	4	4	4	5	6	4	4	3	3	3	3	3	3	5	3	3	3	3	3	2	2	3	1	2	2	2	2	3	4	2	2	2	2	3	3	3	3	4	5	3	2	2	2	2	2	1	2	1	1	1	0
22	5	3	3	3	3	3	3	4	4	5	4	6	3	6	4	4	4	4	5	4	4	7	3	3	3	3	4	3	3	3	3	4	3	5	3	2	3	4	1	2	3	2	2	2	2	3	3	3	4	5	3	3	4	3	3	6	3	3	4	2	2	1	1	1	1	1	1
23	3	3	3	3	3	3	4	3	3	3	3	3	3	3	3	3	3	3	4	5	4	3	6	5	4	4	4	4	4	5	4	4	4	4	3	3	2	2	1	3	3	3	3	5	4	3	3	3	3	2	2	2	3	4	3	2	2	2	2	2	2	1	1	1	1	1	0
24	3	3	3	3	3	3	3	4	3	3	3	3	3	3	3	3	3	3	5	4	3	3	5	6	4	4	4	4	4	4	4	4	4	4	3	3	2	2	1	3	3	3	3	4	3	3	3	3	3	2	2	2	3	3	2	2	2	2	2	2	2	1	1	1	1	1	0
25	4	4	5	4	4	4	3	3	3	3	3	3	3	4	4	5	4	4	3	3	3	3	4	4	6	5	5	5	5	4	4	4	4	4	3	3	2	2	1	5	4	4	4	3	3	3	3	3	3	3	4	3	2	2	2	2	2	2	2	2	2	1	1	1	2	1	0
26	4	4	4	5	4	4	3	3	3	3	3	3	3	4	4	4	5	4	3	3	3	3	4	4	5	6	5	5	5	4	4	4	4	4	3	3	2	2	1	4	4	4	4	3	3	3	3	3	3	3	3	3	2	2	2	2	2	2	2	2	2	1	1	1	2	1	0
27	5	4	4	4	4	4	3	3	3	3	3	4	3	5	4	4	4	4	3	3	3	4	4	4	5	5	6	5	5	4	4	4	4	5	3	3	2	2	1	4	5	4	4	3	3	3	3	3	4	4	3	3	2	2	2	3	2	2	2	2	2	1	1	1	2	1	0
28	4	4	4	4	5	4	3	3	3	3	3	3	3	4	4	4	4	4	3	3	3	3	4	4	5	5	5	6	5	4	4	4	4	4	3	3	2	2	1	4	4	5	4	3	3	3	3	3	3	3	3	3	2	2	2	2	2	2	2	2	2	1	1	1	2	1	0
29	4	4	4	4	4	5	3	3	3	3	3	3	3	4	4	4	4	5	3	3	3	3	4	4	5	5	5	5	6	4	4	4	4	4	4	3	2	2	1	4	4	4	5	3	3	3	3	3	3	3	3	4	2	2	2	2	2	2	2	3	2	1	1	1	2	1	0
30	3	3	3	3	3	3	5	3	3	3	3	3	3	3	3	3	3	3	3	4	5	3	5	4	4	4	4	4	4	6	4	4	4	4	3	3	2	2	1	3	3	3	3	4	5	3	3	3	3	2	2	2	2	3	4	2	2	2	2	2	2	1	2	1	1	1	0
31	3	3	3	3	3	3	3	3	4	3	3	3	3	3	3	3	3	3	3	3	3	3	4	4	4	4	4	4	4	4	5	4	4	4	3	3	2	2	1	3	3	3	3	3	3	4	3	3	3	2	2	2	2	2	2	2	2	3	2	2	2	1	1	1	1	1	0
32	3	3	3	3	3	3	3	3	3	5	3	4	3	3	3	3	3	3	3	3	3	4	4	4	4	4	4	4	4	4	4	6	4	5	3	3	2	2	1	3	3	3	3	3	3	3	5	3	4	2	2	2	2	2	2	3	2	2	4	2	2	1	1	1	1	1	0
33	3	3	3	3	3	3	3	3	3	3	4	3	3	3	3	3	3	3	3	3	3	3	4	4	4	4	4	4	4	4	4	4	5	4	3	3	2	2	1	3	3	3	3	3	3	3	3	4	3	2	2	2	2	2	2	2	3	2	2	2	2	1	1	1	1	1	0
34	4	3	3	3	3	3	3	3	3	4	3	5	3	4	3	3	3	3	3	3	3	5	4	4	4	4	5	4	4	4	4	5	4	6	3	3	2	2	1	3	4	3	3	3	3	3	4	3	5	3	2	2	2	2	2	4	2	2	3	2	2	1	1	1	1	1	0
35	3	3	3	3	3	4	3	3	3	3	3	3	3	3	3	3	3	4	3	3	3	3	3	3	3	3	3	3	4	3	3	3	3	3	5	2	2	2	1	2	2	2	3	2	2	2	2	2	2	2	2	3	2	2	2	2	2	2	2	4	2	1	1	1	1	1	0
36	2	2	2	2	2	2	2	2	2	2	2	2	2	2	2	2	2	2	2	2	2	2	3	3	3	3	3	3	3	3	3	3	3	3	2	4	2	2	1	2	2	2	2	2	2	2	2	2	2	1	1	1	1	1	1	1	1	1	1	1	1	1	1	1	1	1	0
37	4	3	3	3	3	3	3	4	4	4	4	4	3	3	2	2	2	2	3	2	2	3	2	2	2	2	2	2	2	2	2	2	2	2	2	2	5	4	1	1	1	1	1	1	1	1	1	1	1	2	1	1	2	1	1	2	2	2	2	1	1	1	1	1	1	1	1
38	3	2	2	2	2	2	2	3	3	3	3	3	2	4	3	3	3	3	4	3	3	4	2	2	2	2	2	2	2	2	2	2	2	2	2	2	4	5	1	1	1	1	1	1	1	1	1	1	1	3	2	2	3	2	2	3	2	2	2	1	1	1	1	1	1	1	1
39	1	1	1	1	1	1	1	1	1	1	1	1	1	1	1	1	1	1	1	1	1	1	1	1	1	1	1	1	1	1	1	1	1	1	1	1	1	1	2	1	1	1	1	1	1	1	1	1	1	1	1	1	1	1	1	1	1	1	1	1	1	1	1	1	1	1	0
40	3	3	4	3	3	3	2	2	2	2	2	2	2	3	3	4	3	3	2	2	2	2	3	3	5	4	4	4	4	3	3	3	3	3	2	2	1	1	1	6	5	5	5	4	4	4	4	4	4	4	5	4	3	3	3	3	3	3	3	3	3	1	1	1	2	1	1
41	4	3	3	3	3	3	2	2	2	2	2	3	2	4	3	3	3	3	2	2	2	3	3	3	4	4	5	4	4	3	3	3	3	4	2	2	1	1	1	5	6	5	5	4	4	4	4	4	5	5	4	4	3	3	3	4	3	3	3	3	3	1	1	1	2	1	1
42	3	3	3	3	4	3	2	2	2	2	2	2	2	3	3	3	3	3	2	2	2	2	3	3	4	4	4	5	4	3	3	3	3	3	2	2	1	1	1	5	5	6	5	4	4	4	4	4	4	4	4	4	3	3	3	3	3	3	3	3	3	1	1	1	2	1	1
43	3	3	3	3	3	4	2	2	2	2	2	2	2	3	3	3	3	4	2	2	2	2	3	3	4	4	4	4	5	3	3	3	3	3	3	2	1	1	1	5	5	5	6	4	4	4	4	4	4	4	4	5	3	3	3	3	3	3	3	4	3	1	1	1	2	1	1
44	2	2	2	2	2	2	3	2	2	2	2	2	2	2	2	2	2	2	3	4	3	2	5	4	3	3	3	3	3	4	3	3	3	3	2	2	1	1	1	4	4	4	4	6	5	4	4	4	4	3	3	3	4	5	4	3	3	3	3	3	3	1	1	1	1	1	1
45	2	2	2	2	2	2	4	2	2	2	2	2	2	2	2	2	2	2	2	3	4	2	4	3	3	3	3	3	3	5	3	3	3	3	2	2	1	1	1	4	4	4	4	5	6	4	4	4	4	3	3	3	3	4	5	3	3	3	3	3	3	1	2	1	1	1	1
46	2	2	2	2	2	2	2	2	3	2	2	2	2	2	2	2	2	2	2	2	2	3	3	3	3	3	3	3	3	3	4	3	3	3	2	2	1	1	1	4	4	4	4	4	4	5	4	4	4	3	3	3	3	3	3	3	3	4	3	3	3	1	1	1	1	1	1
47	2	2	2	2	2	2	2	2	2	4	2	3	2	2	2	2	2	2	2	2	2	3	3	3	3	3	3	3	3	3	3	5	3	4	2	2	1	1	1	4	4	4	4	4	4	4	6	4	5	3	3	3	3	3	3	4	3	3	5	3	3	1	1	1	1	1	1
48	2	2	2	2	2	2	2	2	2	2	3	2	2	2	2	2	2	2	2	2	2	3	3	3	3	3	3	3	3	3	3	3	4	3	2	2	1	1	1	4	4	4	4	4	4	4	4	5	4	3	3	3	3	3	3	3	4	3	3	3	3	1	1	1	1	1	1
49	3	2	2	2	2	2	2	2	2	3	2	4	2	3	2	2	2	2	2	2	2	4	3	3	3	3	4	3	3	3	3	4	3	5	2	2	1	1	1	4	5	4	4	4	4	4	5	4	6	4	3	3	3	3	3	5	3	3	4	3	3	1	1	1	1	1	1
50	5	3	3	3	3	3	2	3	3	3	3	4	2	6	4	4	4	4	4	3	3	5	2	2	3	3	4	3	3	2	2	2	2	3	2	1	2	3	1	4	5	4	4	3	3	3	3	3	4	7	5	5	5	4	4	6	4	4	4	3	3	1	1	1	2	1	2
51	3	3	4	3	3	3	2	2	2	2	2	2	2	4	4	5	4	4	3	3	3	3	2	2	4	3	3	3	3	2	2	2	2	2	2	1	1	2	1	5	4	4	4	3	3	3	3	3	3	5	6	5	4	4	4	4	3	3	3	3	3	1	1	1	2	1	1
52	3	3	3	3	3	4	2	2	2	2	2	2	2	4	4	4	4	5	3	3	3	3	2	2	3	3	3	3	4	2	2	2	2	2	3	1	1	2	1	4	4	4	5	3	3	3	3	3	3	5	5	6	4	4	4	4	3	3	3	4	3	1	1	1	2	1	1
53	3	2	2	2	2	2	2	3	3	3	3	3	2	4	3	3	3	3	5	4	3	4	3	3	2	2	2	2	2	2	2	2	2	2	2	1	2	3	1	3	3	3	3	4	3	3	3	3	3	5	4	4	6	5	4	5	4	4	4	3	3	1	1	1	1	1	2
54	2	2	2	2	2	2	3	2	2	2	2	2	2	3	3	3	3	3	4	5	4	3	4	3	2	2	2	2	2	3	2	2	2	2	2	1	1	2	1	3	3	3	3	5	4	3	3	3	3	4	4	4	5	6	5	4	3	3	3	3	3	1	1	1	1	1	1
55	2	2	2	2	2	2	4	2	2	2	2	2	2	3	3	3	3	3	3	4	5	3	3	2	2	2	2	2	2	4	2	2	2	2	2	1	1	2	1	3	3	3	3	4	5	3	3	3	3	4	4	4	4	5	6	4	3	3	3	3	3	1	2	1	1	1	1
56	4	2	2	2	2	2	2	3	3	4	3	5	2	5	3	3	3	3	4	3	3	6	2	2	2	2	3	2	2	2	2	3	2	4	2	1	2	3	1	3	4	3	3	3	3	3	4	3	5	6	4	4	5	4	4	7	4	4	5	3	3	1	1	1	1	1	2
57	3	2	2	2	2	2	2	3	3	3	4	3	2	3	2	2	2	2	3	2	2	3	2	2	2	2	2	2	2	2	2	2	3	2	2	1	2	2	1	3	3	3	3	3	3	3	3	4	3	4	3	3	4	3	3	4	5	4	4	3	3	1	1	1	1	1	2
58	3	2	2	2	2	2	2	3	4	3	3	3	2	3	2	2	2	2	3	2	2	3	2	2	2	2	2	2	2	2	3	2	2	2	2	1	2	2	1	3	3	3	3	3	3	4	3	3	3	4	3	3	4	3	3	4	4	5	4	3	3	1	1	1	1	1	2
59	3	2	2	2	2	2	2	3	3	5	3	4	2	3	2	2	2	2	3	2	2	4	2	2	2	2	2	2	2	2	2	4	2	3	2	1	2	2	1	3	3	3	3	3	3	3	5	3	4	4	3	3	4	3	3	5	4	4	6	3	3	1	1	1	1	1	2
60	2	2	2	2	2	3	2	2	2	2	2	2	2	2	2	2	2	3	2	2	2	2	2	2	2	2	2	2	3	2	2	2	2	2	4	1	1	1	1	3	3	3	4	3	3	3	3	3	3	3	3	4	3	3	3	3	3	3	3	5	3	1	1	1	1	1	1
61	2	2	2	2	2	2	2	2	2	2	2	2	3	2	2	2	2	2	2	2	2	2	2	2	2	2	2	2	2	2	2	2	2	2	2	1	1	1	1	3	3	3	3	3	3	3	3	3	3	3	3	3	3	3	3	3	3	3	3	3	4	1	1	1	1	1	1
62	1	1	1	1	1	1	1	1	1	1	1	1	1	1	1	1	1	1	1	1	1	1	1	1	1	1	1	1	1	1	1	1	1	1	1	1	1	1	1	1	1	1	1	1	1	1	1	1	1	1	1	1	1	1	1	1	1	1	1	1	1	2	1	1	1	1	0
63	1	1	1	1	1	1	2	1	1	1	1	1	1	1	1	1	1	1	1	1	2	1	1	1	1	1	1	1	1	2	1	1	1	1	1	1	1	1	1	1	1	1	1	1	2	1	1	1	1	1	1	1	1	1	2	1	1	1	1	1	1	1	3	1	1	1	0
64	1	1	1	1	1	1	1	1	1	1	1	1	1	1	1	1	1	1	1	1	1	1	1	1	1	1	1	1	1	1	1	1	1	1	1	1	1	1	1	1	1	1	1	1	1	1	1	1	1	1	1	1	1	1	1	1	1	1	1	1	1	1	1	2	1	1	0
65	2	2	2	2	2	2	1	1	1	1	1	1	1	2	2	2	2	2	1	1	1	1	1	1	2	2	2	2	2	1	1	1	1	1	1	1	1	1	1	2	2	2	2	1	1	1	1	1	1	2	2	2	1	1	1	1	1	1	1	1	1	1	1	1	3	1	0
66	1	1	1	1	1	1	1	1	1	1	1	1	1	1	1	1	1	1	1	1	1	1	1	1	1	1	1	1	1	1	1	1	1	1	1	1	1	1	1	1	1	1	1	1	1	1	1	1	1	1	1	1	1	1	1	1	1	1	1	1	1	1	1	1	1	2	0
67	1	0	0	0	0	0	0	1	1	1	1	1	0	1	0	0	0	0	1	0	0	1	0	0	0	0	0	0	0	0	0	0	0	0	0	0	1	1	0	1	1	1	1	1	1	1	1	1	1	2	1	1	2	1	1	2	2	2	2	1	1	0	0	0	0	0	3

图 6-18　派系共享成员矩阵(案例分析一)

由于凝聚子群分析过程中存在强关联和弱关联两种情况,强关联要求成员点的任何双方都必须是双向连接的,很显然,这在大样本的网络学习活动中很难实现,而弱关联则没有这种硬性的要求。弱关联只需要网络社区中的存在成员点可以通过一定的路径到达另一点即可,因此,在此使用弱关联来进行数据分析,结果如图 6-19 所示:67 个派系又聚集为 8 个大类,此结果也验证了上面通过共享成员矩阵判断出来的结果。

COMPONENTS

Input dataset:　　　　　C:\Users\Administrator\Desktop\no

Kind of Components: WEAK

8 components found.

Component Sizes

Component	Nodes	Proportion
1	34	0.829
2	1	0.024
3	1	0.024
4	1	0.024
5	1	0.024
6	1	0.024
7	1	0.024
8	1	0.024

NODE	COMPONENT
闽-龙普华	1
庐山子	1
185539244	1
听雪	1
欲望精灵	1
賓車之車	1
づ幸福ご懂了	1
课外毒物	1
淡然如云	1
廖大哥	1
李征	1
美美	1
痛哭的人	1
无知青年	1
秦时月	1
大海	1
☆☆☆	1
小白有点黑	1
一叶而足	1
长者山	1
筱枫	1
一考定终身	1
湖北李先军	1
祎莲	1
勤劳的懒汉	1
无为	1
一散人	1
清凉一夏	1
/mg水上飘/mg	1
张强	1
happy女孩	1
华华	1
春暖江南	1
日月合一	1
雨晴	2
飘	3
山高水长	4
小丫	5
简单	6
三月的雨	7
蓝晶石	8

图 6-19　成员点分布测量结果(案例分析一)

凝聚子群的密度分析是用子群密度与整个网络的密度之比来表示凝聚子群的密度，目的在于研究各个子群内部交流、子群与子群之间交流的紧密程度。对学术交流网络也可以进行凝聚子群密度分析，借助分析结果可以了解学科领域内部的派系联系紧密程度。在 Ucinet 6.0 中，通过对数据的处理，计算出本次研修活动网络凝聚子群的密度，如图 6－20 所示。

```
E-I INDEX
--------------------------------------------------------------------------------

Adjacency dataset:              F:\案例1数据处理\no
Attribute:                      "F:\案例1数据处理\no.##h" col 1
# of Permutations:              5000
Random seed:                    11816
Individual E-I scores:          IndE-I


Whole Network Results

                        1          2         3          4
                     Freq        Pct  Possible    Density
                 --------   --------  --------   --------
  1 Internal      228.000      0.691   860.000      0.265
  2 External      102.000      0.309   780.000      0.131
  3      E-I     -126.000     -0.382   -80.000     -0.049


Max possible external ties: 780.000
Max possible internal ties: 860.000

E-I Index: -0.382
Expected value for E-I index is: -0.049

Max possible E-I given density & group sizes: 1.000
Min possible E-I given density & group sizes: -1.000

Re-scaled E-I index: -0.382
```

图 6－20　子群密度分析显示结果(案例分析一)

根据定义，该指数的取值范围为[－1，＋1]。该值越向 1 靠近，表明关系越趋向于发生在群体之外；该值越接近－1，表明子群体之间的关系(即外部关系)越少，关系越趋向于发生在群体之内；该值越接近 0，表明关系越趋向于随机分布，看不出派系林立的情形。从结果看出，凝聚子群密度的显著性尚可，达到－0.382，较接近－1，表明子群体之间的关系(即外部关系)比较少。这意味着在子群体之内，信息分享和学术交流方面的交往相对频繁，而处于子群体之间的成员沟通和交流机会相对较少。此分析结果也从侧面印证了中间中心度的分析结果。

(5)小世界效应

小世界效应对于学习活动交流网络具有重要意义，如果该网络具有小世界效应，那么说明非正式学习活动的交流网络就是一个信息通畅，教师学习者能够快捷交流的网络。相反，如果不具有小世界效应，那么这个网络就是一个信息流通速度慢，甚至信息闭塞，学习者不能快速进行交流的网络，这对教师非正式学习的发展是不利的。

通过对本次案例所选择的交流网络的节点对之间的平均距离进行计算，验证网络的小世界特性，输出结果如图 6－21 所示。

```
GEODESIC DISTANCE
--------------------------------------------------------------------------------

Type of data:                   ADJACENCY
Nearness transform:             NONE
Input dataset:                  C:\Users\Administrator\Desktop\NO-013
Output distance:                C:\Users\Administrator\Desktop\NO-013-Geo

For each pair of nodes, the algorithm finds the # of edges in the shortest path
between them.
Average distance (among reachable pairs)      = 1.749
Distance-based cohesion ("Compactness")       = 0.337
   (range 0 to 1; larger values indicate greater cohesiveness)
Distance-weighted fragmentation ("Breadth") = 0.663
```

图 6-21　小世界效应——最短路径验证结构(案例分析一)

从以上结果可以得到,网络中节点对之间的平均距离 L=1.749,也就是说,在本次参与研修成员中,每两个参与成员只要通过 1.749 人就可以联系起来。根据小世界效应理论,一般 L 值不超过 10 的网络就可以说具有小世界效应,本次网络交流活动组成的社会网络是具有显著小世界效应特性的网络。这也可以从另一个方面说明,该网络无形之中所构成的环境是比较好的,学习者之间具有很好的信息交流渠道。

(6)角色和位置分析

对于网络交互的角色分析,主要是通过分析结构对等性来实现的。在一种网络关系中,如果两个行动者互换位置而不改变整个网络的结构和性质,则可以认为二者在结构上是对等的,即可以把二者组合在一起,成为异类行动者,结构对等性的实质是探求属于不同网络位置的行动者是否具有一致性。

通过对本次网络研修活动进行界面分析,获得了按照皮尔森相关系数计算得到的截面相似矩阵及聚类分析结果,如图 6-22 所示。

uctural Equivalence Matrix

	闽-龙	庐山?	18553	听雪	欲望?	寶聿?	づ幸?	课外?	淡然?	廖大?	李征	美美	痛哭?	无知?	秦时?	大海	☆☆?	小白?	一叶?	长者?	筱枫 一考?湖北?
闽-龙普华	1.00	0.00	0.00	0.44	0.55	0.78	0.04	0.27	0.28	0.39	0.17	0.47	0.04	0.07	0.52	0.13	0.20	0.16	0.02	0.15	0.
庐山子	0.00	1.00	0.50	0.04	0.03	0.02	0.33	0.05	0.06	0.04	0.09	0.04	0.00	0.00	0.03	0.11	0.08	0.08	0.00	0.09	0.
185539244	0.00	0.50	1.00	0.07	0.06	0.04	0.25	0.11	0.12	0.09	0.18	0.04	0.00	0.17	0.07	0.22	0.15	0.17	0.33	0.18	0.
听雪	0.44	0.04	0.07	1.00	0.37	0.55	0.07	0.26	0.24	0.31	0.20	0.38	0.04	0.10	0.41	0.16	0.27	0.19	0.07	0.23	0.
欲望精灵	0.55	0.03	0.06	0.37	1.00	0.63	0.06	0.17	0.45	0.38	0.27	0.37	0.06	0.15	0.42	0.19	0.29	0.23	0.06	0.18	0.
寶聿之車	0.78	0.02	0.04	0.55	0.63	1.00	0.04	0.33	0.28	0.41	0.18	0.57	0.02	0.09	0.60	0.16	0.22	0.20	0.04	0.20	0.
づ幸福ご懂了	0.04	0.33	0.25	0.07	0.06	0.04	1.00	0.10	0.11	0.08	0.17	0.07	0.00	0.00	0.07	0.20	0.23	0.25	0.00	0.27	0.
课外毒物	0.27	0.05	0.11	0.26	0.17	0.33	0.10	1.00	0.17	0.38	0.27	0.38	0.00	0.10	0.32	0.33	0.23	0.35	0.05	0.43	0.
淡然如云	0.28	0.06	0.12	0.24	0.45	0.28	0.11	0.17	1.00	0.41	0.40	0.24	0.12	0.29	0.29	0.33	0.43	0.42	0.06	0.30	0.
廖大哥	0.39	0.04	0.09	0.31	0.38	0.41	0.08	0.38	0.41	1.00	0.39	0.39	0.09	0.13	0.47	0.20	0.28	0.27	0.09	0.23	0.
李征	0.17	0.09	0.18	0.20	0.27	0.18	0.17	0.27	0.40	0.39	1.00	0.19	0.08	0.33	0.22	0.33	0.47	0.35	0.08	0.29	0.
美美	0.47	0.04	0.04	0.38	0.37	0.57	0.07	0.38	0.24	0.39	0.19	1.00	0.04	0.07	0.54	0.17	0.15	0.17	0.04	0.21	0.
痛哭的人	0.04	0.00	0.00	0.04	0.06	0.02	0.00	0.00	0.12	0.09	0.08	0.04	1.00	0.17	0.03	0.00	0.07	0.08	0.00	0.00	0.
无知青年	0.07	0.00	0.17	0.10	0.15	0.09	0.00	0.10	0.29	0.13	0.33	0.07	0.17	1.00	0.06	0.27	0.29	0.21	0.17	0.23	0.
秦时月	0.52	0.03	0.07	0.41	0.42	0.60	0.07	0.32	0.29	0.47	0.22	0.54	0.03	0.06	1.00	0.15	0.22	0.23	0.07	0.18	0.
大海	0.13	0.11	0.22	0.16	0.19	0.16	0.20	0.33	0.33	0.20	0.33	0.17	0.00	0.27	0.15	1.00	0.47	0.50	0.10	0.67	0.
☆☆☆	0.20	0.08	0.15	0.27	0.29	0.22	0.23	0.23	0.43	0.28	0.47	0.15	0.07	0.29	0.22	0.47	1.00	0.67	0.15	0.50	0.
小白有点黑	0.16	0.08	0.17	0.19	0.23	0.20	0.25	0.35	0.42	0.27	0.35	0.17	0.08	0.21	0.23	0.50	0.67	1.00	0.08	0.77	0.
一叶而足	0.02	0.00	0.33	0.07	0.06	0.04	0.00	0.05	0.06	0.09	0.08	0.04	0.00	0.17	0.07	0.10	0.15	0.08	1.00	0.08	0.
长者山	0.15	0.09	0.18	0.23	0.18	0.20	0.27	0.43	0.30	0.23	0.29	0.21	0.00	0.23	0.18	0.67	0.50	0.77	0.08	1.00	0.
筱枫	0.17	0.09	0.18	0.19	0.20	0.20	0.27	0.33	0.40	0.28	0.54	0.16	0.08	0.33	0.19	0.54	0.60	0.64	0.08	0.57	1.
一考定终身	0.15	0.09	0.18	0.17	0.27	0.15	0.27	0.33	0.40	0.31	0.57	0.16	0.18	0.23	0.19	0.33	0.50	0.64	0.08	0.47	0.
湖北李先军	0.16	0.08	0.17	0.19	0.30	0.20	0.25	0.32	0.38	0.25	0.53	0.17	0.08	0.31	0.19	0.40	0.47	0.60	0.08	0.53	0.
祎莲	0.22	0.07	0.14	0.28	0.25	0.22	0.21	0.41	0.45	0.43	0.47	0.22	0.14	0.36	0.24	0.44	0.59	0.63	0.07	0.56	0.
勤劳的懒汉	0.16	0.08	0.17	0.19	0.28	0.20	0.25	0.38	0.38	0.25	0.53	0.21	0.08	0.31	0.15	0.50	0.47	0.60	0.08	0.64	0.
无为	0.20	0.08	0.15	0.23	0.29	0.22	0.23	0.30	0.50	0.31	0.60	0.19	0.07	0.38	0.22	0.38	0.53	0.47	0.07	0.41	0.
一散人	0.17	0.09	0.18	0.17	0.24	0.15	0.27	0.30	0.44	0.31	0.47	0.16	0.08	0.23	0.23	0.43	0.60	0.77	0.08	0.57	0.
清凉一夏	0.20	0.07	0.14	0.22	0.23	0.22	0.21	0.38	0.29	0.25	0.47	0.19	0.00	0.19	0.18	0.53	0.56	0.63	0.08	0.67	0.
/mg水上飘/mg	0.07	0.17	0.33	0.15	0.16	0.09	0.29	0.25	0.28	0.26	0.42	0.10	0.00	0.10	0.13	0.36	0.27	0.29	0.14	0.31	0.
张强	0.20	0.08	0.15	0.20	0.26	0.17	0.14	0.33	0.47	0.33	0.50	0.15	0.07	0.29	0.21	0.47	0.63	0.67	0.07	0.50	0.
happy女孩	0.05	0.20	0.17	0.07	0.13	0.07	0.33	0.26	0.16	0.17	0.33	0.11	0.00	0.00	0.09	0.27	0.20	0.31	0.00	0.33	0.
华华	0.00	1.00	0.50	0.04	0.03	0.02	0.33	0.05	0.06	0.04	0.09	0.04	0.00	0.00	0.03	0.11	0.08	0.08	0.00	0.09	0.
春暖江南	0.02	0.33	0.67	0.11	0.06	0.07	0.20	0.16	0.13	0.13	0.17	0.07	0.00	0.14	0.10	0.20	0.14	0.25	0.25	0.27	0.
日月合一	0.00	1.00	0.50	0.04	0.03	0.02	0.33	0.05	0.06	0.04	0.09	0.04	0.00	0.00	0.03	0.11	0.08	0.08	0.00	0.09	0.
雨晴	0.00	0.00	0.00	0.00	0.00	0.00	0.00	0.00	0.00	0.00	0.00	0.00	0.00	0.00	0.00	0.00	0.00	0.00	0.00	0.00	0.
飘	0.00	0.00	0.00	0.00	0.00	0.00	0.00	0.00	0.00	0.00	0.00	0.00	0.00	0.00	0.00	0.00	0.00	0.00	0.00	0.00	0.
山高水长	0.00	0.00	0.00	0.00	0.00	0.00	0.00	0.00	0.00	0.00	0.00	0.00	0.00	0.00	0.00	0.00	0.00	0.00	0.00	0.00	0.
小丫	0.00	0.00	0.00	0.00	0.00	0.00	0.00	0.00	0.00	0.00	0.00	0.00	0.00	0.00	0.00	0.00	0.00	0.00	0.00	0.00	0.
简单	0.00	0.00	0.00	0.00	0.00	0.00	0.00	0.00	0.00	0.00	0.00	0.00	0.00	0.00	0.00	0.00	0.00	0.00	0.00	0.00	0.
三月的雨	0.00	0.00	0.00	0.00	0.00	0.00	0.00	0.00	0.00	0.00	0.00	0.00	0.00	0.00	0.00	0.00	0.00	0.00	0.00	0.00	0.
蓝晶石	0.00	0.00	0.00	0.00	0.00	0.00	0.00	0.00	0.00	0.00	0.00	0.00	0.00	0.00	0.00	0.00	0.00	0.00	0.00	0.00	0.

图 6-22　截面相似性矩阵(部分数据,案例分析一)

由图 6－22 可以看出，在本次活动中，相似性的极差比较小。其中，庐山子与日月合一、庐山子与华华、日月合一与华华这三组的相似性最高，达到了 1.00，其次是 185539244 和春暖江南的相似性达到了 0.99。该数据还反映出，第一次网络研修活动中截面相似性矩阵密度较大，学习者直接的截面向量的相关性也比较大。由于从相似性矩阵中较难得出到底哪些学习者更相似，因此还需要使用聚类分析法，分析结果如图 6－23、图 6－24 所示。

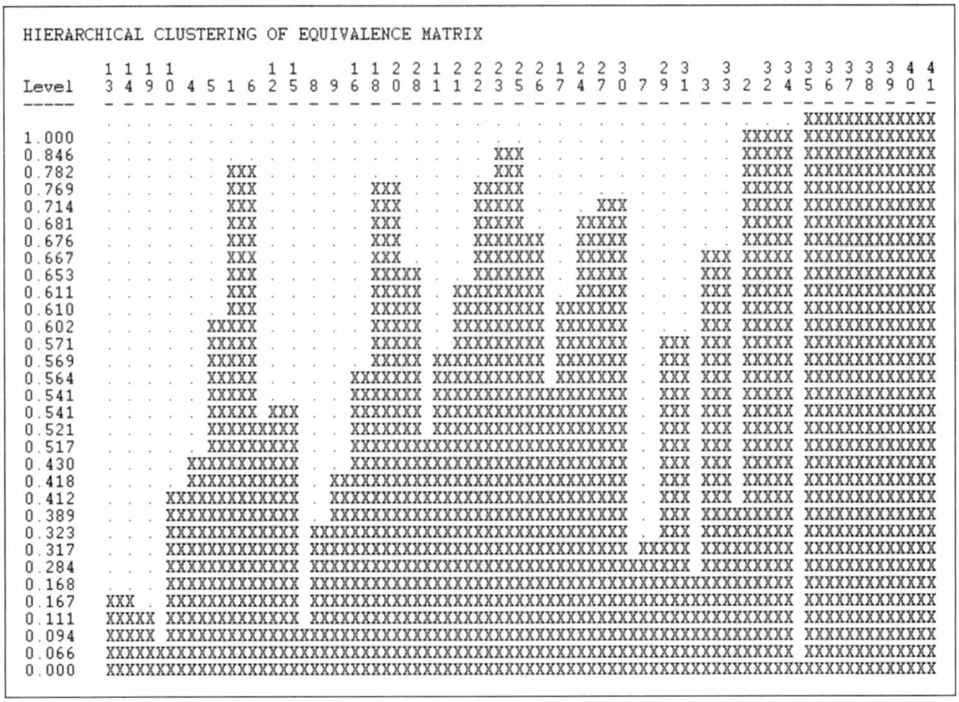

图 6－23　结构对等性聚类分析结果（案例分析一）

图 6－23 表明在 1.00 相似度比较高的层次上，41 位学习者被分为 35 组，35 至 41 号学习者为一组，其余 34 位学习者各为一组，即 35 至 41 号学习者最相似、最具有结构对等性。在 0.846 相似水平上，2、32、34 号学习者最相似；在 0.782 相似水平上，23、25 号学习者最相似。在 0.111 相似水平上，19 号学习者被纳入聚类之中，说明该学习者与其他学习者之间的距离最远。而作为该次活动的主持人和主讲人的 6 号和 1 号在 0.769 水平上作为一类，说明賨聿之車和闽-龙普华在 0.769相似水平上具有结构对等性，之后，賨聿之車、闽-龙普华与 5 号（欲望精灵）在 0.602 的相似水平上合并为一类，说明这三位学习者在 0.602 的相似水平上具有结构对等性。这一结果说明，作为学习者的欲望精灵与作为主讲人的闽-龙普华和作为主持人的賨聿之車在比较高的相似水平上具有结构对等性，即他们之间的

相互替代不会改变他们与其他学习者之间的关系，同样也不会改变整个网络结构。本次网络研修活动的聚类树形图如图 6－24 所示，图 6－24 可以清晰地反映出该学习研修活动在不同相似水平上的聚类结果。

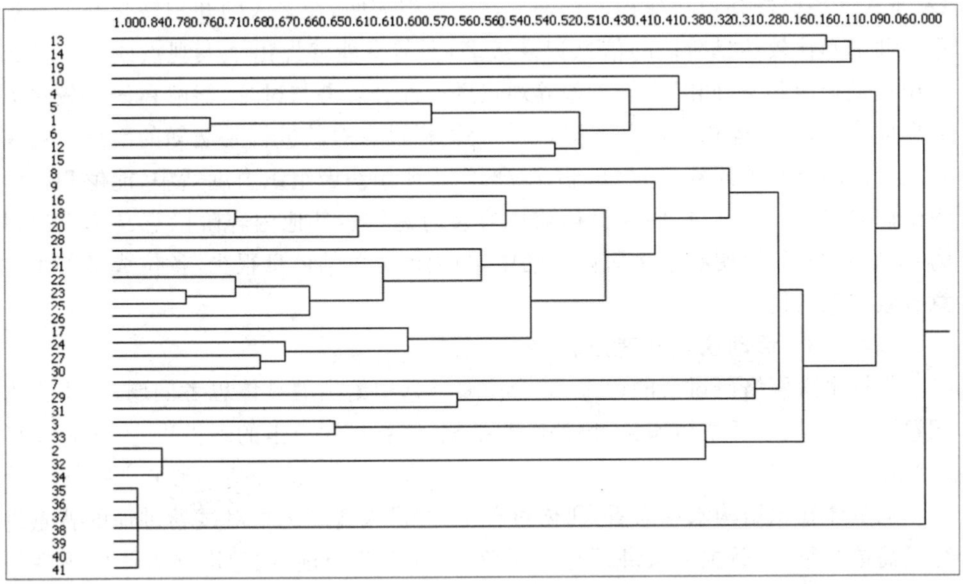

图 6－24 截面相似性分块矩阵(案例分析一)

6.4.2 网络研讨案例分析二："高三试卷讲评课"研修活动

6.4.2.1 背景介绍

湖南省长沙市 CJ 中学喻老师(QQ 昵称：賨聿之車)作为群名改为"化学读书爱好者联盟"的群主自 2013 年 4 月发起了网络研修活动。在此研修活动开展之前，组织者对本次研修活动进行了详尽的活动安排，为学习共同体中的成员提供了包括喻老师"试卷讲评课"视频课例、教学设计、施教班级小题分统计表、二联试卷及答案在内的前期线下学习资料，并对参与研修的成员提出提供"研修准入材料"的要求，即要求参与研修的成员在研修之前对照群共享提供的研讨资料，预先进行学习、思考，并形成文字性的"研修准入材料"，提供给主持人之后，方取得参与研修的资格。

在此，笔者选取开展"准入资料"提交要求后的第一次研修活动，即由长沙 CJ 中学喻老师主讲、成都 XB 中学冯老师(QQ 昵称：风铃子)主持的"高三试卷讲评课"为网络研讨研究中的第二个案例进行分析。

6.4.2.2 活动过程维度分析

通过对活动记录的分析可知，整个研修活动为 2013 年 4 月 10 日 19：49 至

20:01、4月11日19:30至22:05，共计167分钟，总意义单元数目为207次。

通过研修记录可以看出，对于活动内容体系而言，专业讨论阶段的意义单元数目为183次，就整体而言，研修规模达到了88.41%。从知识转化与创新的角度来看，本次网络研修知识构建程度较好。这些数据表明，在多人的知识转化与创新过程中共享和比较信息阶段的信息记录最多，参与者能够提出个人观点或引入外部知识提供知识共享，同时也能对差异观点进行部分思考与讨论，能够在研修较多方面形成共识，共同建构出部分新知识，但是同样没有对其进行元认知的反思。组织管理阶段的意义单元数目为16，占7.73%，表明组织者组织力度适中，能够积极组织研修内容进程的推进，同时对研修内容及时总结。其他内容阶段意义单元数目为8，占3.86%，说明在本次研修活动中，与活动无关的信息很少，各位成员都很注意有效信息的提供。

6.4.2.3 活动议题维度分析

根据本次网络研讨会的记录，结合研修计划中给出的具体思考问题，分析得出试卷讲评背景、讲评整体印象、讲评细节挖掘、试卷讲评教学的理性思考、讲评反思5个论题。

从整体知识结构水平来看，研修过程中，主讲人賓聿之車对试卷讲评的背景进行了简单介绍，而后主要从讲评整体印象、讲评细节挖掘、试卷讲评教学的理性思考3个方面同其他学习者进行了研讨，最后对本次研修进行了总结反思。主持人风铃子在研究中及时进行总结，把握研讨进度，适时推进研讨进程。论题的规模最大达到67.76%，覆盖程度均达到23%以上，最高达到84.62%，说明研修中论题参与讨论人数较为集中。

对整体知识结构特征的分析而言，根据论题研修情况对本次研讨的论题内容从论题规模、覆盖程度、增长速度等方面进行统计分析，详见表6-3。

表6-3 论题研修基本情况

论题序号	论题i的规模(N_i)	发言人数	议题初试时间(Time begin)	议题结束时间(Time end)	时间差/s	论题规模	覆盖程度	增长速度
1	5	3	19:49:59	20:00:56	717	2.73%	23.08%	0.0070/s
2	18	7	18:23:18	19:31:03	4065	9.84%	53.85%	0.0044/s
3	33	4	19:00:11	19:47:40	2849	18.03%	30.77%	0.0116/s
4	124	11	19:53:45	21:43:49	6604	67.76%	84.62%	0.0188/s
5	3	3	21:46:57	22:05:09	1152	1.64%	23.08%	0.0026/s

同时，将统计结果可视化，编码单位为意义单元。

(1)发起人所占角色分析

由前文分析可以看出，本次研讨中的 5 个论题主要是由主讲人发出的，说明在本次研讨中是主讲人起着引导作用，参与研究的教师依然缺少主动建构并提出议题的意识。

(2)论题规模分析

从图 6－25 中可以看出，论题规模最大的是论题 4，最小的是论题 5。本次研修一共 5 个论题，取平均值 0.2 为参数，论题规模高于 0.2 的认为是规模大，小于 0.2 则认为规模小，可以看出大规模论题为论题 4“试卷讲评教学的理性思考”，其余均为小规模论题。

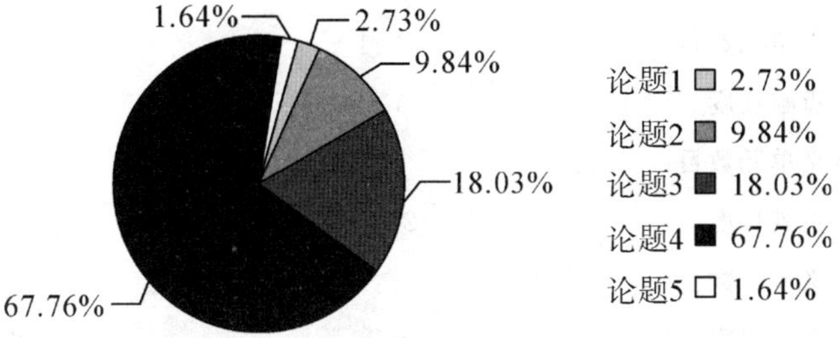

图 6－25　论题规模分析图(案例分析二)

(3)论题覆盖程度分布

图 6－26 描述了 5 个论题覆盖程度的频数分布，由图可见，5 个论题发言人数均超过了发言人数的 20%，覆盖程度最高的论题 4“试卷讲评教学的理性思考”达到了 84.62%。说明论题 4 覆盖程度较高，参与讨论人数多。

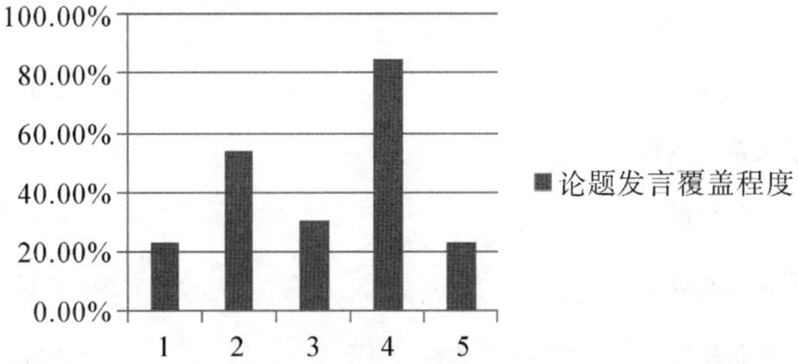

图 6－26　论题发言覆盖程度分析图(案例分析二)

(4)个体贡献差异程度分析

5 个论题中个体成员 k 对论题 i 的贡献程度差异性较大，如表 6－4 所示。

表6-4　成员个体对每个论题的贡献程度统计表(案例分析二)

QQ昵称	项目	每个论题的贡献程度				
		1	2	3	4	5
賨聿之車	意义单元数目	3	4	13	30	1
	贡献程度	60.00%	22.22%	39.39%	24.19%	33.33%
风铃子	意义单元数目	1	3	4	21	1
	贡献程度	20.00%	16.67%	12.12%	16.94%	33.33%
闽-龙普华	意义单元数目	1			23	1
	贡献程度	20.00%			18.55%	33.33%
happy女孩	意义单元数目		1			
	贡献程度		5.56%			
老贾劳驾	意义单元数目		5	4	5	
	贡献程度		27.78%	12.12%	4.03%	
fenfen	意义单元数目		1		5	
	贡献程度		5.56%		4.03%	
谁为我狂	意义单元数目		1			
	贡献程度		5.56%			
sens	意义单元数目		3	12	13	
	贡献程度		16.67%	36.36%	10.48%	
课外毒物	意义单元数目				8	
	贡献程度				6.45%	
鲁老师	意义单元数目				1	
	贡献程度				0.81%	
Wolf-Tung-kuo	意义单元数目				15	
	贡献程度				12.10%	
可乐	意义单元数目				1	
	贡献程度				0.81%	
飞奔的	意义单元数目				2	
	贡献程度				1.61%	

表 6－4 中对参与研修的学习者在不同论题中的个体贡献情况作出统计，由以上数据可以看出，主讲人在论题研修的过程中个体贡献最大，能够引起学习共同体中其他学习者的积极响应，研修议题能够引起教师的共鸣，论题 4 中学习者参与的意义单元数目较好，参与范围较广，如图 6－27 所示。

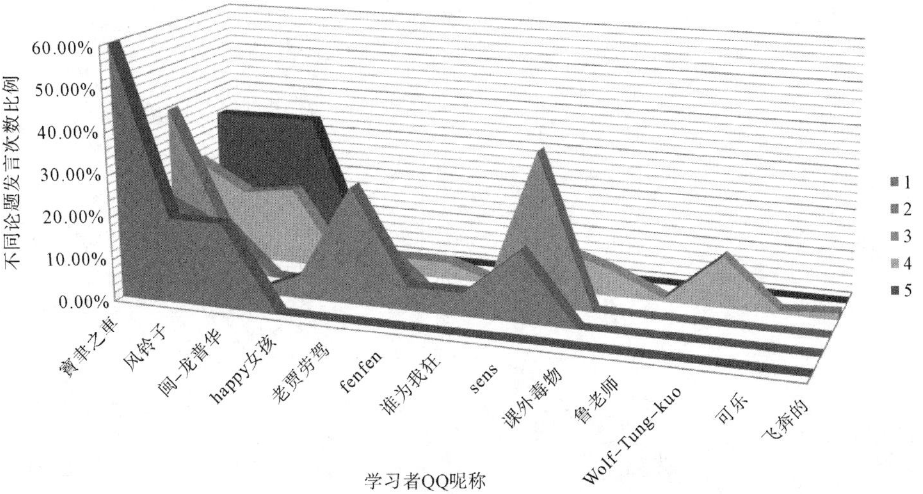

图 6－27　成员个体对论题的贡献程度(案例分析二)

由以上讨论可知，本次网络研讨的整体知识结构与预设主题较为相关，基于前期的“准入”要求，学习共同体参研成员较好地完成预定的主题活动。本次讨论的论题 4 系统性较强，预设主题得到了较为充分深入的研讨。

6.4.2.4　社会网络分析

利用在 Ucinet 6.0 中，通过对参与者的点入点出度创建的数据表进行数据处理，得到相关结果。

(1)社群图分析

用以分析学习共同体中本次研修活动中成员之间的社群图，如图 6－28 所示。

在该研讨网络的整体社群图中，本次网络研讨没有孤立点的存在，这与要求参研成员提供“准入材料”有关，学习者在交流之前就已经对相关内容进行反思，因此可以很快投入到研修活动中。

在研修中有部分成员受到其他成员的敬重与信赖，互动参与程度高，对研修的贡献大，成为意见领袖。如本次研修中的賓聿之車、风铃子、闽-龙普华等都属于意见领袖，是群体的核心人物，在社群中具有很强的凝聚力。

(2)网络密度

在 Ucinet 6.0 中得到该研讨网络的密度分析结果，如图 6－29 所示。

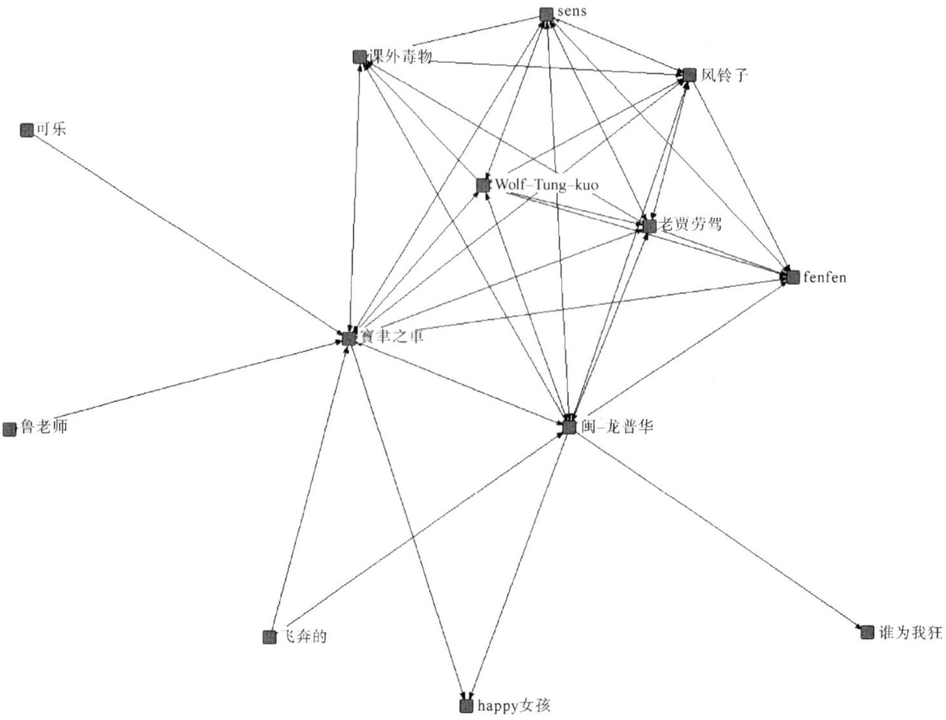

图 6-28　网络研修社群图(案例分析二)

```
Relation: 1

Density (matrix average) = 0.3269
Standard deviation = 0.4691

Use MATRIX>TRANSFORM>DICHOTOMIZE procedure to get binary image matrix.
Density table(s) saved as dataset Density
Standard deviations saved as dataset DensitySD
Actor-by-actor pre-image matrix saved as dataset DensityModel
```

图 6-29　研讨网络密度计算结果截图(案例分析二)

本次研修活动形成的学习网络的密度为 0.3269,标准偏差是 0.4691。从密度分析结果来看,该学习网络中学习者之间的交流互动离理想的距离尚可,学习者之间有较好的交互行为,对资源和信息进行了交流和融合,并初步建构了相关的知识体系。

(3)中心度分析

· 点度中心度

通过计算可以得出各个节点绝对点度中心度和相对点度中心度,具体如图 6-30 所示。

```
FREEMAN'S DEGREE CENTRALITY MEASURES:
------------------------------------------------------------------

Diagonal valid?              NO
Model:                       SYMMETRIC
Input dataset:               F:\案例2数据处理\NO-002-1
```

		1 Degree	2 NrmDegree	3 Share
1	賓聿之車	11.000	91.667	0.162
3	闽-龙普华	10.000	83.333	0.147
2	风铃子	7.000	58.333	0.103
5	老贾劳驾	7.000	58.333	0.103
8	sens	7.000	58.333	0.103
11	Wolf-Tung-kuo	7.000	58.333	0.103
6	fenfen	6.000	50.000	0.088
9	课外毒物	6.000	50.000	0.088
4	happy女孩	2.000	16.667	0.029
13	飞奔的	2.000	16.667	0.029
10	鲁老师	1.000	8.333	0.015
12	可乐	1.000	8.333	0.015
7	谁为我狂	1.000	8.333	0.015

图 6－30　点度中心度测量结果截图(案例分析二)

图 6－30 中结果由高到低给出了各个节点的绝对点度中心度和相对点度中心度,从结果中可以看出点度中心度最高的前 6 名成员是賓聿之車、闽-龙普华、风铃子、老贾劳驾、sens 和 Wolf－Tung－kuo,其绝对点度中心度分别为 11、10 和 7(3 至 6 名均为 7)。由此可得出这些节点所代表的群成员与其他群成员的沟通交流关系相对紧密,他们是该 QQ 群本次研修活动的意见领袖。

DESCRIPTIVE STATISTICS

		1 Degree	2 NrmDegree	3 Share
1	Mean	5.231	43.590	0.077
2	Std Dev	3.332	27.765	0.049
3	Sum	68.000	566.667	1.000
4	Variance	11.101	770.874	0.002
5	SSQ	500.000	34722.223	0.108
6	MCSSQ	144.308	10021.367	0.031
7	Euc Norm	22.361	186.339	0.329
8	Minimum	1.000	8.333	0.015
9	Maximum	11.000	91.667	0.162

```
Network Centralization = 56.82%
Heterogeneity = 10.81%.  Normalized = 3.38%

Actor-by-centrality matrix saved as dataset FreemanDegree
```

图 6－31　点度中心度统计描述(案例分析二)

从图 6－31 数据分析的整体情况而言,整个网络的标准化点度中心势(Network Centralization)为 56.82%,表明该网络的总体整合度尚可。从描述网络成员在某个或某些社会特征上的相异程度的网络异质性(Heterogeneity)可以看出,本次研修中

QQ 群的网络异质性为 10.81%，表明群里成员相异程度较高，相似性较低。

· 中间中心度

通过计算可以得出各个节点的绝对中间中心度和相对中间中心度，具体如图 6－32 所示。

FREEMAN BETWEENNESS CENTRALITY

Input dataset: F:\案例2数据处理\NO-002-1

Important note: this routine binarizes but does NOT symmetrize.

Un-normalized centralization: 312.500

		1 Betweenness	2 nBetweenness
1	賓聿之車	27.500	20.833
3	闽-龙普华	14.500	10.985
2	风铃子	3.000	2.273
4	happy女孩	0.000	0.000
5	老贾芳莺	0.000	0.000
6	fenfen	0.000	0.000
7	谁为我狂	0.000	0.000
8	sens	0.000	0.000
9	课外毒物	0.000	0.000
10	鲁老师	0.000	0.000
11	Wolf-Tung-kuo	0.000	0.000
12	可乐	0.000	0.000
13	飞奔的	0.000	0.000

图 6－32　中间中心度测量结果截图(案例分析二)

图 6－32 中的数据从高到低给出了各个节点的绝对中间中心度和相对中间中心度，从结果可以很清晰地看出賓聿之車的中间中心度最高，其次是闽-龙普华和风铃子。而其他 10 位学习者的中间中心度均为 0，这表明这 3 位绝对中间中心度非 0 的学习者对研修活动过程中的讨论处于“控制”的“领导者”地位，他们 3 位学习者在网络交流过程中处于重要的连接性位置，掌握了绝大多数的研究资源，对于其他学习者的相互交流起到促进作用，他们在网络学习交流过程中处于绝对的核心位置。但是其他学习者之间的合作对于这几个节点的依赖性比较大。这样的互动形式或许会让其他一些成员在讨论中感到孤立，并直接或间接影响到他们参与的积极性。

从图 6－33 数据分析的整体情况而言，整个网络的标准化中间中心势(Network Centralization Index)为 19.73%。就全部的 13 位成员点而言，中间中心数指数为 19.73%，相对较低，也就是说在这个网络学习活动中，对议题的讨论要想覆盖所有的成员点是比较困难的。

DESCRIPTIVE STATISTICS FOR EACH MEASURE

		1 Betweenness	2 nBetweenness
1	Mean	3.462	2.622
2	Std Dev	7.941	6.016
3	Sum	45.000	34.091
4	Variance	63.056	36.189
5	SSQ	975.500	559.860
6	MCSSQ	819.731	470.461
7	Euc Norm	31.233	23.661
8	Minimum	0.000	0.000
9	Maximum	27.500	20.833

Network Centralization Index = 19.73%

Output actor-by-centrality measure matrix saved as dataset FreemanBetweenness

图 6 - 33　中间中心度统计描述(案例分析二)

· 接近中心度

接近中心度是针对学习者成员点不受他人控制的测度。该值越小,说明点越是居于中心位置,从而越不受控制。通过计算可以得出各个节点的接近中心度,具体如图 6 - 34 所示。

CLOSENESS CENTRALITY

Input dataset: F:\案例2数据处理\NO-002-1
Method: Geodesic paths only (Freeman Closeness)
Output dataset: F:\案例1数据处理\Closeness

Note: Data not symmetric, therefore separate in-closeness & out-closeness computed.

The network is not connected. Technically, closeness centrality cannot be computed, as there are infinite distances.

Closeness Centrality Measures

		1 inFarness	2 outFarness	3 inCloseness	4 outCloseness
6	fenfen	40.000	156.000	30.000	7.692
4	happy女孩	44.000	156.000	27.273	7.692
1	賨聿之車	48.000	49.000	25.000	24.490
7	谁为我狂	48.000	156.000	25.000	7.692
2	风铃子	51.000	50.000	23.529	24.000
3	闽-龙普华	51.000	48.000	23.529	25.000
9	课外毒物	51.000	56.000	23.529	21.429
5	老贾芳莺	52.000	50.000	23.077	24.000
8	sens	52.000	50.000	23.077	24.000
11	Wolf-Tung-kuo	52.000	50.000	23.077	24.000
10	鲁老师	156.000	46.000	7.692	26.087
12	可乐	156.000	46.000	7.692	26.087
13	飞舞的	156.000	44.000	7.692	27.273

图 6 - 34　接近中心度测量结果截图(案例分析二)

由图中可以看出,按照信息传播过程中"不受控制"的大小排列,最不受控制的是 fenfen 成员点,其余的依次是 happy 女孩、賨聿之車、谁为我狂等。

(4)小团体分析

研究中将派系最小尺度(Minsize)设为 2,通过数据分析可以得到 7 个派系,如

图 6－35。

```
CLIQUES
------------------------------------------------------------------------

Minimum Set Size:              2
Input dataset:                 F:\案例2数据处理\NO-002-1

WARNING: Directed graph. Direction of arcs ignored.
7 cliques found.

   1:  賨聿之車 风铃子 闽-龙普华 老贾劳驾  sens 课外毒物 Wolf-Tung-kuo
   2:  賨聿之車 风铃子 闽-龙普华 老贾劳驾 fenfen  sens Wolf-Tung-kuo
   3:  賨聿之車 闽-龙普华 happy女孩
   4:  賨聿之車 闽-龙普华 飞奔的
   5:  賨聿之車 鲁老师
   6:  賨聿之車 可乐
   7:  闽-龙普华 谁为我狂

Clique Proximities: Prop. of clique members that each node is adjacent to

                      1     2     3     4     5     6     7
                  ----- ----- ----- ----- ----- ----- -----
        賨聿之車  1.000 1.000 1.000 1.000 1.000 1.000 0.500
          风铃子  1.000 1.000 0.667 0.667 0.500 0.500 0.500
       闽-龙普华  1.000 1.000 1.000 1.000 0.500 0.500 1.000
       happy女孩  0.286 0.286 1.000 0.667 0.500 0.500 0.500
        老贾劳驾  1.000 1.000 0.667 0.667 0.500 0.500 0.500
          fenfen  0.857 1.000 0.667 0.667 0.500 0.500 0.500
        谁为我狂  0.143 0.143 0.333 0.333 0.000 0.000 1.000
            sens  1.000 1.000 0.667 0.667 0.500 0.500 0.500
        课外毒物  1.000 0.857 0.667 0.667 0.500 0.500 0.500
          鲁老师  0.143 0.143 0.333 0.333 1.000 0.500 0.000
   Wolf-Tung-kuo  1.000 1.000 0.667 0.667 0.500 0.500 0.500
            可乐  0.143 0.143 0.333 0.333 0.500 1.000 0.000
          飞奔的  0.286 0.286 0.667 1.000 0.500 0.500 0.500
```

图 6－35　派系分析结果表(案例分析二)

图 6－35 给出了在网络中找到的所有的 7 个派系，分别是{賨聿之車、风铃子、闽-龙普华、老贾劳驾、sens、课外毒物、Wolf－Tung－kuo}，{賨聿之車、风铃子、闽-龙普华、老贾劳驾、fenfen、sens、Wolf－Tung－kuo }，{賨聿之車、闽-龙普华、happy女孩}等。

图 6－36、图 6－37、图 6－38 给出了本次研修活动的派系层次聚类分析，从结果中可以看出，当相似性为 1.000 时，图示的结果为 7 个派系聚集为 1 个大类，这 1 个大类中，没有孤立点产生。

```
HIERARCHICAL CLUSTERING OF OVERLAP MATRIX


        1 1                   1 1
Level   2 0 7 4 9 6 2 1 3 5 8 1 3
-----   - - - - - - - - - - - - -
4.000   . . . . . . . XXX . . . .
2.000   . . . . . . XXXXXXXXXXX .
1.000   . . . . . XXXXXXXXXXXXX .
0.875   . . . . XXXXXXXXXXXXXXX .
0.051   . . . XXXXXXXXXXXXXXXXX .
0.045   . . . XXXXXXXXXXXXXXXXXXX
0.014   . . XXXXXXXXXXXXXXXXXXXXX
0.007   . XXXXXXXXXXXXXXXXXXXXXXX
0.006   XXXXXXXXXXXXXXXXXXXXXXXXX
```

图 6－36　派系层次聚类分析矩阵(案例分析二)

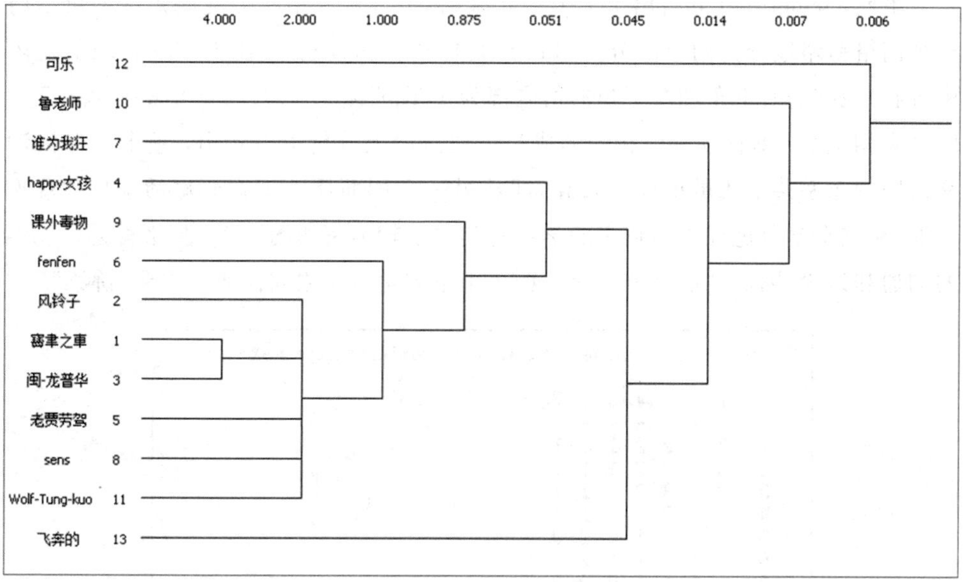

图 6-37 派系层次聚类分析结果(案例分析二)

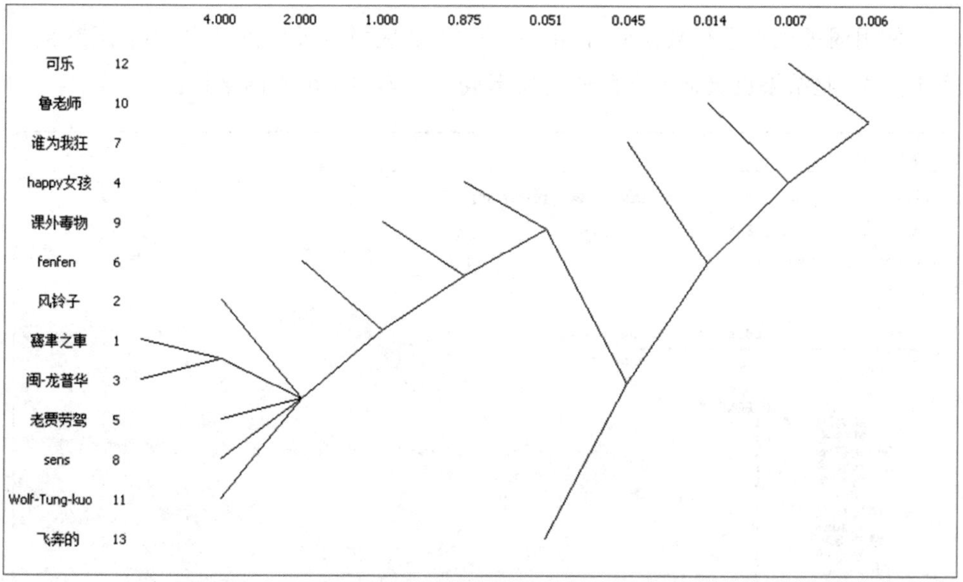

图 6-38 派系层次聚类分析图(案例分析二)

虽然 Ucinet 6.0 分析出了 7 个独立派系，但是从派系相似度的角度又可以将整个网络粗略地分为两个部分，即{1、2、3、4}和{5、6、7}。在图 6-39 呈现的矩阵中，因为矩阵的右上角和左下角的值全部为 1，说明派系 1、2、3、4 和派系 5、6、7 之间具有相似性，即存在一位相同的成员。通过以上分析可以看出，整个研修活动交流网中派系共享成员重叠率较高，即从另一个侧面反映了在研修活动中“意见领袖”在整个学习过程中与较多的学习者建立了较为密切的关系，彼此间进行较多的沟通和讨论，因而他们是整个研讨群体中不同学习者之间沟通的主要“桥梁”。

```
Clique-by-Clique Actor Co-membership matrix

     1 2 3 4 5 6 7
     - - - - - - -
  1  7 6 2 2 1 1 1
  2  6 7 2 2 1 1 1
  3  2 2 3 2 1 1 1
  4  2 2 2 3 1 1 1
  5  1 1 1 1 2 1 0
  6  1 1 1 1 1 2 0
  7  1 1 1 1 0 0 2
```

图 6-39　派系共享成员矩阵(案例分析二)

使用弱关联来进行数据分析，由图 6-40 呈现的结果可以看出：7 个派系聚集为 1 大类，此结果也验证了上面通过共享成员矩阵判断出来的结果。

```
COMPONENTS
--------------------------------------------------------------------------------

Input dataset:                  F:\案例2数据处理\NO-002-1

Kind of Components: WEAK

1 components found.

Component Sizes

   Component        Nodes  Proportion
 ------------ ------------ -----------
           1           13       1.000


          NODE     COMPONENT
      賓畫之車        1
        风铃子        1
    闽-龙普华        1
    happy女孩        1
      老贾劳驾        1
        fenfen        1
      谁为我狂        1
          sens        1
      课外毒物        1
        鲁老师        1
Wolf-Tung-kuo        1
          可乐        1
        飞奔的        1

Components with 3 or more members:
   1:  賓畫之車 风铃子 闽-龙普华 happy女孩 老贾劳驾 fenfen 谁为我狂  sens 课外毒物 鲁老师 Wolf-Twng-kuo
```

图 6-40　成员点分布测量结果(案例分析二)

从图 6-41 中的分析结果看，凝聚子群密度较为显著，E-I 值为 −0.059，距离

－1 尚有一定距离，较接近 0，说明子群体之间的关系趋向于随机分布，看不出派系林立的情形。子群成员间交流较弱，处于子群体之间的成员交流较多。

```
E-I INDEX
------------------------------------------------------------------------------

Adjacency dataset:            F:\案例2数据处理\NO-002-1
Attribute:                    "F:\案例2数据处理\NO-002-1.##h" col 1
# of Permutations:            5000
Random seed:                  17114
Individual E-I scores:        IndE-I

Whole Network Results

                      1        2        3        4
                   Freq      Pct  Possibl  Density
                -------  -------  -------  -------
  1 Internal     36.000    0.529   84.000    0.429
  2 External     32.000    0.471   72.000    0.444
  3      E-I     -4.000   -0.059  -12.000   -0.077


Max possible external ties: 72.000
Max possible internal ties: 84.000

E-I Index: -0.059
Expected value for E-I index is: -0.077

Max possible E-I given density & group sizes: 1.000
Min possible E-I given density & group sizes: -1.000

Re-scaled E-I index: -0.059
```

图 6－41　子群密度分析显示结果(案例分析二)

(5)小世界效应

通过对本次案例所选择的交流网络的节点对之间的平均距离进行计算，验证网络的小世界特性，输出结果如图 6－42 所示。

```
GEODESIC DISTANCE
------------------------------------------------------------------------------

Type of data:                 ADJACENCY
Nearness transform:           NONE
Input dataset:                F:\案例2数据处理\NO-002-1
Output distance:              F:\案例2数据处理\NO-002-1-Geo

For each pair of nodes, the algorithm finds the # of edges in the shortest path
between them.

Note: Data were dichotomized.

Average distance (among reachable pairs)      = 1.484
Distance-based cohesion ("Compactness")       = 0.458
  (range 0 to 1; larger values indicate greater cohesiveness)
Distance-weighted fragmentation ("Breadth") = 0.542
```

图 6－42　小世界效应——最短路径验证结构(案例分析二)

从以上结果可以得到，网络中节点对之间的平均距离 L＝1.484，也就是说，在本次网络研修活动中，每两个学习者只要通过 1.484 人就可以联系起来。由此可见，本次网络交流活动组成的社会网络是具有显著小世界效应特性的网络，同时学习者之间也具有很好的信息交流渠道。

(6)角色和位置分析

通过对本次网络研修活动进行的界面分析，可以获得按照皮尔森相关系数计算得到的截面相似性矩阵及聚类分析结果，如图 6－43 所示。

Structural Equivalence Matrix

	賨聿之車	风铃子	闽-龙普华	happy女孩	老贾劳驾	fenfe	谁为我狂	sens	课外毒物	鲁老师	Wolf-Tung-kuo	可乐	飞奔的
賨聿之車	1.00	0.73	0.75	0.06	0.67	0.31	0.06	0.67	0.40	0.00	0.67	0.00	0.06
风铃子	0.73	1.00	0.71	0.15	0.91	0.42	0.08	0.91	0.55	0.08	0.91	0.08	0.15
闽-龙普华	0.75	0.71	1.00	0.07	0.77	0.36	0.00	0.77	0.50	0.07	0.77	0.07	0.07
happy女孩	0.06	0.15	0.07	1.00	0.17	0.33	0.50	0.17	0.25	0.00	0.17	0.00	0.00
老贾劳驾	0.67	0.91	0.77	0.17	1.00	0.45	0.08	1.00	0.64	0.08	1.00	0.08	0.17
fenfen	0.31	0.42	0.36	0.33	0.45	1.00	0.17	0.45	0.75	0.00	0.45	0.00	0.00
谁为我狂	0.06	0.08	0.00	0.50	0.08	0.17	1.00	0.08	0.13	0.00	0.08	0.00	0.00
sens	0.67	0.91	0.77	0.17	1.00	0.45	0.08	1.00	0.64	0.08	1.00	0.08	0.17
课外毒物	0.40	0.55	0.50	0.25	0.64	0.75	0.13	0.64	1.00	0.13	0.64	0.13	0.11
鲁老师	0.00	0.08	0.07	0.00	0.08	0.00	0.00	0.08	0.13	1.00	0.08	1.00	0.50
Wolf-Tung-kuo	0.67	0.91	0.77	0.17	1.00	0.45	0.08	1.00	0.64	0.08	1.00	0.08	0.17
可乐	0.00	0.08	0.07	0.00	0.08	0.00	0.00	0.08	0.13	1.00	0.08	1.00	0.50
飞奔的	0.06	0.15	0.07	0.00	0.17	0.00	0.00	0.17	0.11	0.50	0.17	0.50	1.00

图 6－43　截面相似性矩阵（部分数据，案例分析二）

由图 6－43 可以看出，本次活动中相似性的极差比较小。其中，sens 与老贾劳驾、sens 与 Wolf－Tung－kuo、Wolf－Tung－kuo 与老贾劳驾及鲁老师和可乐这四组的相似性最高，达到了 1.00，其次是老贾劳驾和风铃子、sens 和风铃子、Wolf－Tung－kuo 和风铃子这三组的相似性达到了 0.99。该数据还反映出，第二次网络研修活动中截面相似性矩阵密度比较大，学习者直接的截面向量的相关性也比较大。由于从相似性矩阵中较难得出到底哪些学习者更相似，所以，还需使用聚类分析法，分析结果如图 6－44 所示。

```
HIERARCHICAL CLUSTERING OF EQUIVALENCE MATRIX

                              1 1 1 1
Level     4 7 6 9 1 3 2 5 8 1 0 2 3
-----     - - - - - - - - - - - - -
1.000     . . . . . . . XXXXX XXX .
0.909     . . . . . . XXXXXXX XXX .
0.758     . . . . . XXXXXXXXX XXX .
0.750     . . XXX . XXXXXXXXX XXX .
0.692     . . XXX XXXXXXXXXXX XXX .
0.518     . . XXXXXXXXXXXXXXX XXX .
0.500     XXX XXXXXXXXXXXXXXX XXXXX
0.109     XXXXXXXXXXXXXXXXXXX XXXXX
0.086     XXXXXXXXXXXXXXXXXXXXXXXXX
```

图 6－44　结构对等性聚类分析结果（案例分析一）

图 6－44 表明：在 1.00 相似度比较高的层次上，13 位学习者被分为 7 组，5、8、11、10、12 号学习者为一组，4、7 号学习者为一组，6、9 号学习者为一组，1、3、2、13 号学习者各为一组，即 5、8、11、10、12 号学习者最相似、最具有结构对等性。在 0.750相似水平上，6、9 号学习者最相似；在 0.500 相似水平上，4、9 号学习者最相似。而作为该次活动的主持人和主讲人的 2 号和 1 号各为一类，作为主讲人的賨

聿之車和作为主持人的风铃子在相似水平上不具有结构对等性，即他们之间的相互替代会改变他们与其他学习者之间的关系，同样也会改变整个网络结构。本次网络研修活动的聚类树形图如图 6-45 所示，该图清晰地反映出此学习研修活动在不同相似水平上的聚类结果。

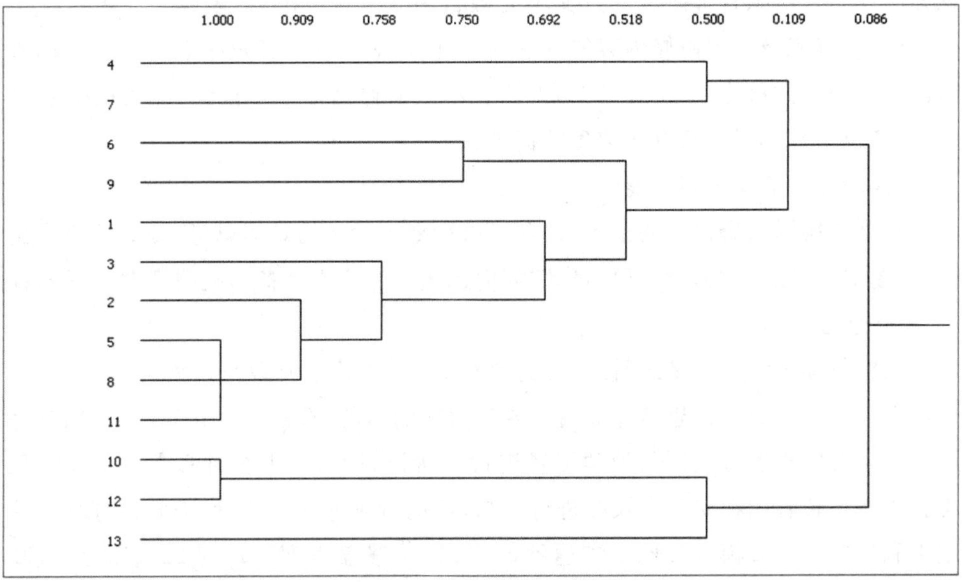

图 6-45　截面相似性分块矩阵(案例分析二)

6.4.3　网络研讨案例分析三："论文写作漫谈"研修活动

6.4.3.1　背景介绍

"化学读书爱好者联盟"每个月有自身的活动主题，在这个主题下组织两次研修活动，在此，笔者选取深圳 LH 中学鲁老师(QQ 昵称：鲁老师)老师主讲，绍兴 SY 教学研究室朱老师(QQ 昵称：长者山)点评的"论文写作漫谈"作为网络研讨研究中的第三个案例进行分析。

6.4.3.2　活动过程维度分析

本次活动学习共同体中的成员十分期待，自 2013 年 5 月 20 日 18:30 左右，就有学习者开始交流，作为研修活动的热身。通过对活动记录的分析，整个研修活动从 19:25 至 22:00，共计 135 分钟，总意义单元数目为 302 次。

通过研修记录可以看出。对于活动内容体系而言，专业讨论阶段的意义单元数目为 277 次，就整体而言，研修规模达到了 91.72%。从知识转化与创新的角度来看，本次网络研修知识构建程度高。这些数据表明，在多人的知识转化与创新过程中共享和比较信息阶段的信息记录相对较多，参与者能够提出个人观点或引入外部知识提供知识共享，同时也能对差异观点进行部分思考与讨论，能够在研修较多的方面形成共识，共同建构出部分新知识，此活动中有学习者对研修内容开展元认知的反思。组织管理阶段的意义单元数目为21，占6.95%，表明组织者组织力度适中，能够积极组织研修内容的进程推进，同时对研修内容及时总结。其他内容阶段意义单元数目为4，占1.32%，说明在本次研修活动中，与活动无关的信息非常少，各位成员都很注意有效信息的提供。

6.4.3.3 活动议题维度分析

根据本次网络研讨会的记录，结合研修计划中给出的具体思考问题，分析得出除"开场引导"之外，"为什么要写作""如何选题""好论文具备哪些因素""反思与提升"4个论题。

从整体知识结构水平来看，研修过程中，主讲人鲁老师以故事的方式切入，对研修内容提出了启发性思考。而后主要从写作的目的、选题的内容和策略，以及好论文包含的因素等方面同其他学习者进行了研讨，最后对本次研修进行了总结反思。主持人长者山在研究中及时进行总结，把握研讨进度，适时推进研讨进程。论题1和论题2的规模百分比之和达到了78.7%，覆盖程度均达到22%以上，最高达72.22%，这说明研修中论题参与讨论人数较为集中。

对整体知识结构特征的分析而言，根据论题研修情况对本次研讨的论题内容从论题规模、覆盖程度、增长速度等方面进行统计分析，详见表6-5。

表6-5 论题研修基本情况(案例分析三)

论题序号	论题i的规模(N_i)	发言人数	议题初试时间(Time begin)	议题结束时间(Time end)	时间差/s	论题规模	覆盖程度	增长速度
开场引导	6	4	19:25:19	19:29:26	247	2.17%	22.22%	0.0243/s
1	100	13	19:29:36	20:00:57	1881	36.10%	72.22%	0.0532/s
2	118	12	20:01:12	21:08:22	4030	42.60%	66.67%	0.0293/s
3	39	9	21:10:17	21:49:02	2325	14.08%	50.00%	0.0168/s
4	14	10	21:51:42	22:00:41	539	5.05%	55.56%	0.0260/s

同时，将统计结果可视化，编码单位为意义单元。

(1)发起人所占角色分析

由前文分析可以看出，本次研讨中除开场引导之外的 4 个论题主要是由主讲人发出的，说明本次研讨中是主讲人起着引导作用，参与研讨的教师依然缺少主动建构并提出议题的意识。

(2)论题规模分析

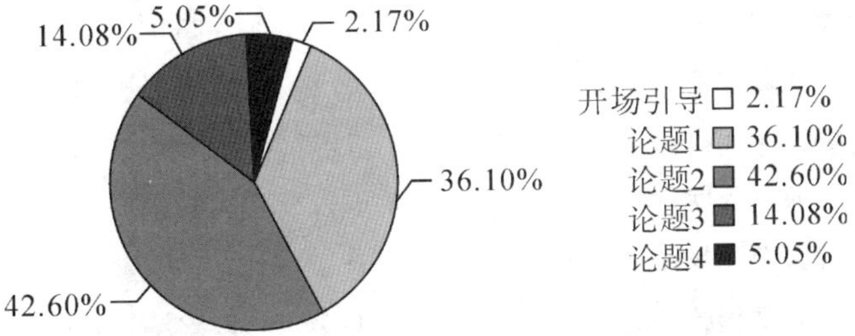

图 6-46　论题规模分析图(案例分析三)

从图 6-46 中可以看出，论题规模最大的是论题 2，最小的是开场引导。本次研修除开场引导之外一共 4 个论题，取平均值 0.24 为参数，论题规模高于 0.24 的则认为是规模大，小于 0.24 则认为是规模小，可以看出大规模论题为论题 1“为什么要写作”和论题 2“如何选题”，论题 3 和论题 4 均为小规模论题。

(3)论题覆盖程度分布

图 6-47 描述了 5 个研修部分覆盖程度的频数分布，由图可见，除开场引导之外，其余 4 个论题的发言人数均达到或超过了发言人数的 50%，覆盖程度最高的论题 1“为什么要写作”达到了 72.22%。这说明几个论题覆盖程度均较高，参与讨论人数多。

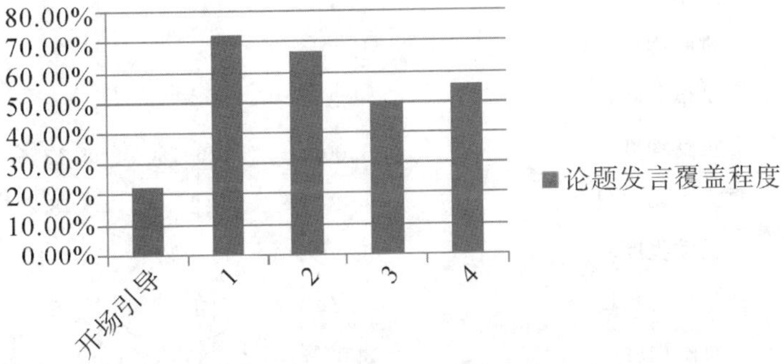

图 6-47　论题发言覆盖程度分析图(案例分析三)

(4)个体贡献差异程度分析

5 个研修部分中个体成员 k 对论题 i 的贡献程度差异性较大，见表 6-6。

表6-6 成员个体对每个论题的贡献程度统计表(案例分析三)

QQ昵称	项目	每个论题的贡献程度				
		开场引导	1	2	3	4
鲁老师	意义单元数目	2	12	36	3	2
	贡献程度	33.33%	12.00%	30.51%	7.69%	14.29%
賓聿之車	意义单元数目	2	27	35	9	2
	贡献程度	33.33%	27.00%	29.66%	23.08%	14.29%
蚂蚁	意义单元数目	1	5	1		
	贡献程度	16.67%	5.00%	0.85%		
长者山	意义单元数目		18	11		
	贡献程度		18.00%	9.32%		
自在	意义单元数目		1			
	贡献程度		1.00%			
苯笨奔	意义单元数目	1	1	4	6	2
	贡献程度	16.67%	1.00%	3.39%	15.38%	14.29%
草鞋&化学	意义单元数目		9			
	贡献程度		9.00%			
墨黑	意义单元数目		5	3	2	1
	贡献程度		5.00%	2.54%	5.13%	7.14%
未央	意义单元数目		12	20		1
	贡献程度		12.00%	16.95%		7.14%
anna	意义单元数目		1			
	贡献程度		1.00%			
老贾劳驾	意义单元数目		3	2	2	
	贡献程度		3.00%	1.69%	5.13%	
-凭栏听雨-	意义单元数目		3	2	8	1
	贡献程度		3.00%	1.69%	20.51%	7.14%
司马永渠	意义单元数目		3	1	5	
	贡献程度		3.00%	0.85%	12.82%	
征	意义单元数目			1		1
	贡献程度			0.85%		7.14%

续表 6-6

QQ 昵称	项目	每个论题的贡献程度				
		开场引导	1	2	3	4
嘟嘟	意义单元数目			2		1
	贡献程度			1.69%		7.14%
听雪	意义单元数目				3	2
	贡献程度				7.69%	14.29%
小旋风	意义单元数目				1	
	贡献程度				2.56%	
化学教育工作者	意义单元数目					1
	贡献程度					7.14%

表 6-6 中对参与研修的学习者在不同论题中的个体贡献情况作出统计，由以上数据可以看出，主讲人在论题研修的过程中个体贡献最大，能够引起学习共同体中其他学习者的积极响应，研修议题能够引起教师的共鸣，论题 1 中学习者参与的意义单元数目较好，参与范围较广，如图 6-48 所示。

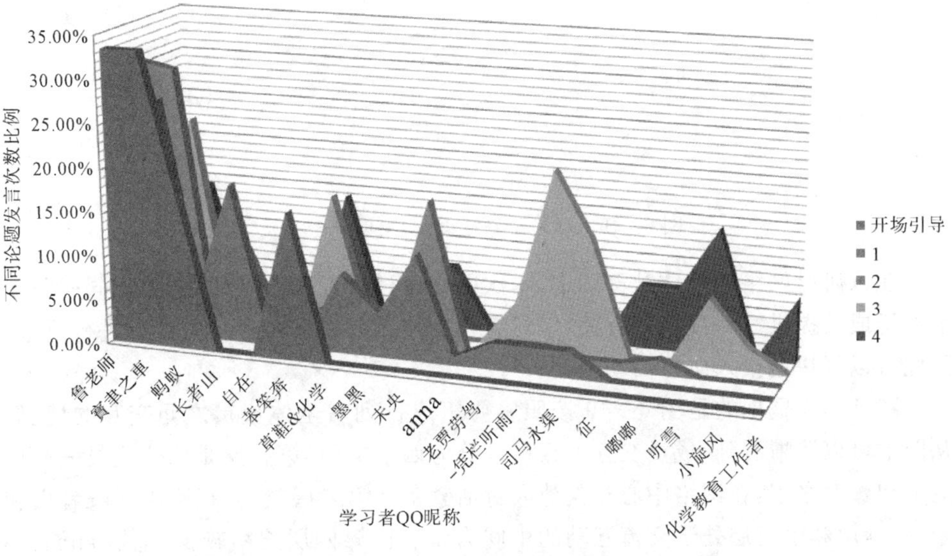

图 6-48　成员个体对论题的贡献程度(案例分析三)

由以上讨论可知，本次网络研讨的整体知识结构与预设的主题较为相关，基于前期的“准入”要求，学习共同体参研成员较好地完成预定的主题活动。本次讨论各议题系统性均较强，预设的主题得到了较为充分深入研讨。

6.4.3.4 社会网络分析

在 Ucinet 6.0 中，通过对参与者的点入点出度创建的数据表进行数据处理，可以得到相关结果。

(1)社群图分析

用以分析学习共同体中本次研修活动中成员之间的社群图，如图 6－49 所示。

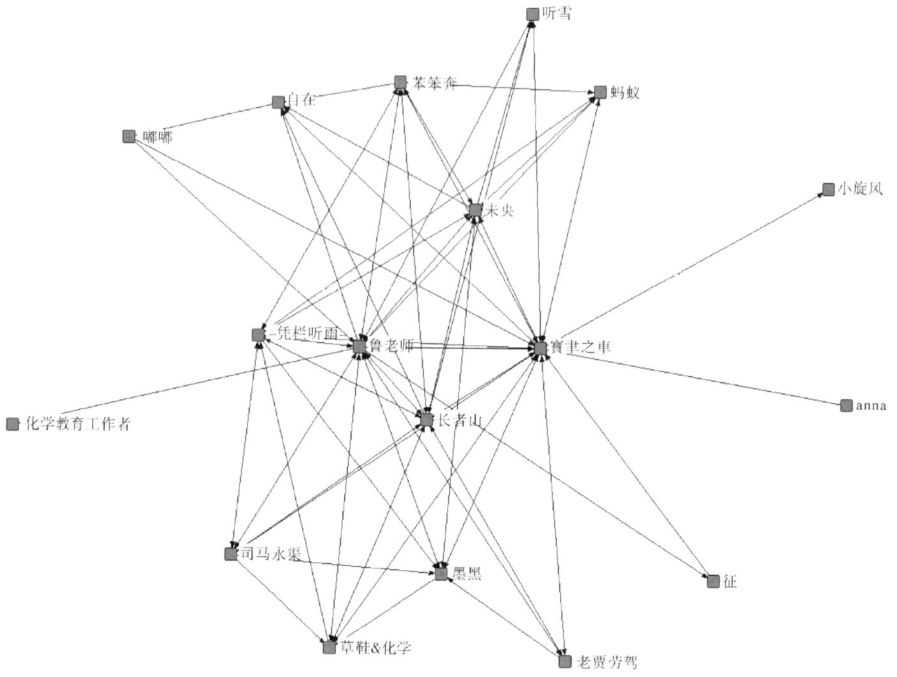

图 6－49　网络研修社群图(案例分析三)

在该研讨网络的整体社群图中，本次网络研讨没有孤立点的存在，这同样与要求参研成员提供“准入材料”有关，学习者在交流之前就已经对相关内容进行反思，因此可以很快地投入研修活动中。

图 6－50 呈现的是图 6－49 按照主要组成排列后全体成员之间交互的情况。从图中可以清晰看到，成员交互大致可以分为四个层面，第一层是两位成员——鲁老师和賨聿之車，在网络中心与其他人对话紧密。第二层是-凭栏听雨-、长者山和未央，本层和第三层处于交流互动的中间力量。而第四层连结较少，包括 anna、小旋风和化学教育工作者，这说明他们与群中的其他成员交流不积极，对本次在线研修的贡献不大。其余均可以看作是第三层。由此可以看出在本次研修中同样有一小部分人受到成员的敬重与信赖，互动参与程度高，对研修的贡献大，知名度相当高，成为意见领袖。如本次研修中的鲁老师和賨聿之車等都属于意见领袖。他们是群体的核心人物，在社群中具有很强的凝聚力。

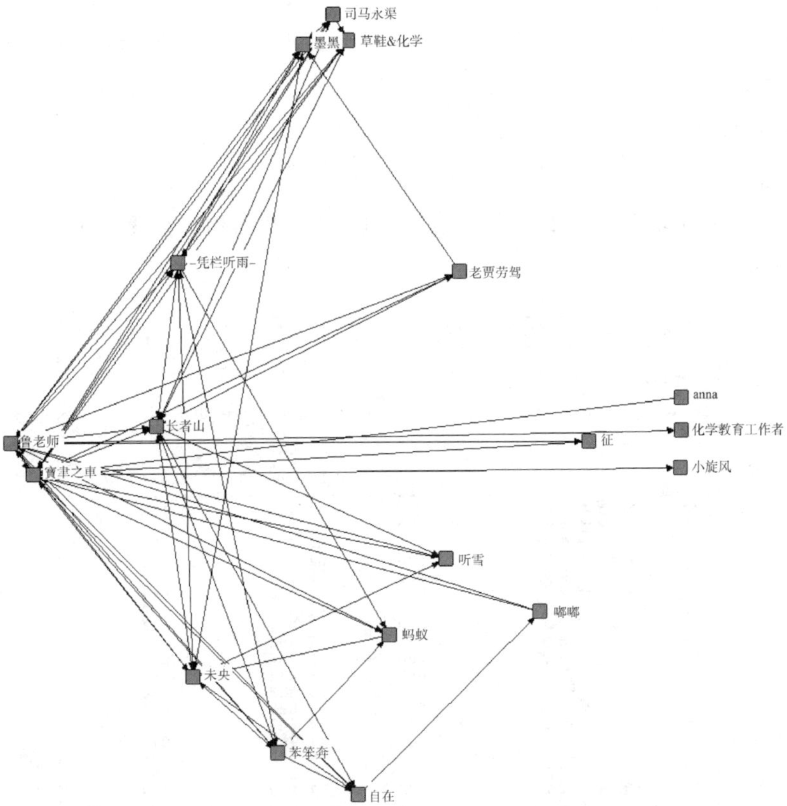

图 6－50　网络研修社群图(按主要组成排列,案例分析三)

(2)网络密度

在 Ucinet 6.0 中得到该研讨网络的密度分析结果,如图 6－51 所示。

```
BLOCK DENSITIES OR AVERAGES
------------------------------------------------------------------------

Input dataset:                       F:\案例3数据处理\no-0003


Relation: 1

Density (matrix average) = 0.2778
Standard deviation = 0.4479

Use MATRIX>TRANSFORM>DICHOTOMIZE procedure to get binary image matrix.
Density table(s) saved as dataset Density
Standard deviations saved as dataset DensitySD
Actor-by-actor pre-image matrix saved as dataset DensityModel
```

图 6－51　研讨网络密度计算结果截图(案例分析三)

本次研修活动形成的学习网络的密度为 0.2778,标准偏差是 0.4479。从密度分析结果来看，该学习网络中学习者之间的交流互动离理想的距离一般，学习者之间有相对较好的交互行为，对资源和信息进行了部分交流和融合，初步建构了相关的知识体系。

(3)中心度分析

·点度中心度

通过计算可以得出各个节点的绝对点度中心度和相对点度中心度，具体如图6－52所示。

FREEMAN'S DEGREE CENTRALITY MEASURES:

Diagonal valid? NO
Model: SYMMETRIC
Input dataset: F:\案例3数据处理\no-0003

		1 Degree	2 NrmDegree	3 Share
2	賨聿之車	16.000	94.118	0.143
1	鲁老师	15.000	88.235	0.134
4	长者山	10.000	58.824	0.089
12	-凭栏听雨-	9.000	52.941	0.080
9	未央	9.000	52.941	0.080
6	苯笨奔	7.000	41.176	0.063
8	墨黑	7.000	41.176	0.063
7	草鞋&化学	6.000	35.294	0.054
5	自在	6.000	35.294	0.054
13	司马永渠	6.000	35.294	0.054
3	蚂蚁	5.000	29.412	0.045
16	听雪	4.000	23.529	0.036
11	老贾劳驾	4.000	23.529	0.036
15	嘟嘟	3.000	17.647	0.027
14	征	2.000	11.765	0.018
10	anna	1.000	5.882	0.009
17	小旋风	1.000	5.882	0.009
18	化学教育工作者	1.000	5.882	0.009

图6－52　点度中心度测量结果截图(案例分析三)

图6－52中结果由高到低给出了各个节点的绝对点度中心度和相对点度中心度，从结果中可以看出点度中心度最高的前5名成员是賨聿之車、鲁老师、长者山、-凭栏听雨-和未央，其绝对点度中心度分别为16、15、10和9(4和5名均为9)。说明在沟通交流过程中，这些节点所代表的群成员与其他群成员的沟通交流关系相对紧密，他们是该QQ群本次研修活动的意见领袖。

从图6－53数据分析的整体情况而言，(整个网络的标准化点度中心势)Network Centralization= 64.71%，表明该网络的总体整合度较好。从描述网络成员在某个或某些社会特征上的相异程度的网络异质性(Heterogeneity)可以看出，本次研修中QQ群的网络异质性为8.15%，表明群里的成员相异程度一般，相似性尚可。

DESCRIPTIVE STATISTICS

		1 Degree	2 NrmDegree	3 Share
1	Mean	6.222	36.601	0.056
2	Std Dev	4.250	24.999	0.038
3	Sum	112.000	658.824	1.000
4	Variance	18.062	624.973	0.001
5	SSQ	1022.000	35363.320	0.081
6	MCSSQ	325.111	11249.519	0.026
7	Euc Norm	31.969	188.051	0.285
8	Minimum	1.000	5.882	0.009
9	Maximum	16.000	94.118	0.143

Network Centralization = 64.71%
Heterogeneity = 8.15%. Normalized = 2.74%

Actor-by-centrality matrix saved as dataset FreemanDegree

图 6-53　点度中心度统计描述(案例分析三)

· 中间中心度

通过计算可以得出各个节点的绝对中间中心度和相对中间中心度，具体如图 6-54 所示。

FREEMAN BETWEENNESS CENTRALITY

Input dataset:　　F:\案例3数据处理\no-0003

Important note: this routine binarizes but does NOT symmetrize.

Un-normalized centralization: 1297.000

		1 Betweenness	2 nBetweenness
2	賨聿之車	83.000	30.515
1	鲁老师	62.500	22.978
15	嘟嘟	15.000	5.515
5	自在	14.000	5.147
4	长者山	9.717	3.572
9	未央	5.767	2.120
12	-凭栏听雨-	3.650	1.342
6	苯笨算	1.233	0.453
8	墨黑	1.150	0.423
7	草鞋&化学	0.583	0.214
13	司马永渠	0.200	0.074
11	老贾劳驾	0.200	0.074
10	anna	0.000	0.000
3	蚂蚁	0.000	0.000
14	征	0.000	0.000
16	听雪	0.000	0.000
17	小旋风	0.000	0.000
18	化学教育工作者	0.000	0.000

图 6-54　中间中心度测量结果截图(案例分析三)

图 6－54 中的数据从高到低给出了各个节点的绝对中间中心度和相对中间中心度，从结果中可以很清晰地看出賨聿之車的中间中心度最高，其次是鲁老师和嘟嘟。而后 6 位学习者的中间中心度均为 0，有 4 位绝对中间中心度达到 10 以上，这表明研修活动过程中的讨论在部分程度上还是被少数“领导者”所控制，绝对中心度靠前的学习者在网络交流过程中处于比较重要的连接性位置，掌握了比较多的研究资源，对于其他学习者的相互交流起到促进作用，但是其他学习者之间的合作对于这几个节点的依赖性比较大。同时可以看出賨聿之車、鲁老师在点度中心度和中间中心度指标中都是排在前面的，可以说他们在网络学习交流过程中处于绝对的核心元素位置。

从图 6－55 数据分析的整体情况而言，整个网络的标准化中间中心势（Network Centralization Index）＝28.05％。就全部的 18 位成员点而言，中间中心数指数为 28.05％是较低的，也就是说在本次网络学习活动中，对议题的讨论在一定程度上覆盖了大部分的成员点。

DESCRIPTIVE STATISTICS FOR EACH MEASURE

		1 Betweenness	2 nBetweenness
1	Mean	10.944	4.024
2	Std Dev	22.613	8.314
3	Sum	197.000	72.426
4	Variance	511.358	69.117
5	SSQ	11360.505	1535.535
6	MCSSQ	9204.449	1244.113
7	Euc Norm	106.586	39.186
8	Minimum	0.000	0.000
9	Maximum	83.000	30.515

Network Centralization Index = 28.05%

Output actor-by-centrality measure matrix saved as dataset FreemanBetweenness

图 6－55　中间中心度统计描述（案例分析三）

· 接近中心度

通过计算可以得出各个节点的接近中心度，具体如图 6－56 所示。

```
CLOSENESS CENTRALITY
--------------------------------------------------------------------------------

Input dataset:                  F:\案例3数据处理\no-0003
Method:                         Geodesic paths only (Freeman Closeness)
Output dataset:                 F:\案例2数据处理\Closeness

Note: Data not symmetric, therefore separate in-closeness & out-closeness computed.


The network is not connected. Technically, closeness centrality
cannot be computed, as there are infinite distances.


Closeness Centrality Measures
```

		1 inFarness	2 outFarness	3 inCloseness	4 outCloseness
17	小旋风	50.000	306.000	34.000	5.556
18	化学教育工作者	52.000	306.000	32.692	5.556
2	寶聿之車	52.000	37.000	32.692	45.946
1	鲁老师	54.000	37.000	31.481	45.946
4	长者山	59.000	41.000	28.814	41.463
9	未央	60.000	43.000	28.333	39.535
12	-凭栏听雨-	61.000	43.000	27.869	39.535
5	自在	61.000	62.000	27.869	27.419
8	墨黑	61.000	47.000	27.869	36.170
6	苯笨弄	62.000	43.000	27.419	39.535
7	草鞋&化学	62.000	47.000	27.419	36.170
3	蚂蚁	63.000	48.000	26.984	35.417
11	老贾劳驾	64.000	47.000	26.563	36.170
16	听雪	64.000	49.000	26.563	34.694
13	司马永渠	64.000	45.000	26.563	37.778
14	征	67.000	51.000	25.373	33.333
15	嘟嘟	74.000	48.000	22.973	35.417
10	anna	306.000	36.000	5.556	47.222

图 6-56　接近中心度测量结果截图(案例分析三)

由图中可以看出,按照信息传播过程中“不受控制”的大小排列,最不受控制的是小旋风成员点,其余的依次是化学教育工作者、寶聿之車、鲁老师等。

(4)小团体分析

研究中将派系最小尺度(minsize)设为2,通过数据分析可以得到14个派系,如图6-57所示。

```
CLIQUES
--------------------------------------------------------------------------------

Minimum Set Size:            2
Input dataset:               F:\案例3数据处理\no-0003

WARNING: Directed graph. Direction of arcs ignored.
14 cliques found.

   1:  鲁老师 寶聿之車 长者山 自在 苯笨弄 未央
   2:  鲁老师 寶聿之車 长者山 苯笨弄 未央 -凭栏听雨-
   3:  鲁老师 寶聿之車 长者山 未央 听雪
   4:  鲁老师 寶聿之車 长者山 草鞋&化学 -凭栏听雨- 司马永渠
   5:  鲁老师 寶聿之車 长者山 老贾劳驾
   6:  鲁老师 寶聿之車 蚂蚁 苯笨弄 未央 -凭栏听雨-
   7:  鲁老师 寶聿之車 草鞋&化学 墨黑 -凭栏听雨- 司马永渠
   8:  鲁老师 寶聿之車 墨黑 未央 -凭栏听雨-
   9:  鲁老师 寶聿之車 墨黑 老贾劳驾
  10:  鲁老师 寶聿之車 征
  11:  鲁老师 寶聿之車 自在 嘟嘟
  12:  寶聿之車 anna
  13:  寶聿之車 小旋风
  14:  鲁老师 化学教育工作者
```

图 6-57　派系分析结果表(案例分析三)

图 6－57 给出了在网络中找到的所有的 14 个派系，分别是{鲁老师、賨聿之車、长者山、自在、苯笨奔、未央}，{鲁老师、賨聿之車、长者山、苯笨奔、未央、凭栏听雨}，{鲁老师、賨聿之车、长者山、未央、听雪}等。

图 6－58、图 6－59、图 6－60 给出了本次研修活动的派系层次聚类分析，从结果中可以看出，当相似性为 1.000 时，图示的结果为 14 个派系，聚集为 2 个大类，这 2 个大类中，没有孤立点产生。

```
HIERARCHICAL CLUSTERING OF OVERLAP MATRIX

         1 1   1 1         1   1 1 1 1
Level    0 4 5 5 1 3 8 6 2 1 4 9 2 7 3 6 7 8
------   - - - - - - - - - - - - - - - - - -
11.000   . . . . . . . . XXX . . . . . . . .
 5.000   . . . . . . . . XXXXX . . . . . . .
 3.800   . . . . . . . . XXXXXXX . . . . . .
 3.086   . . . . . . . . XXXXXXXXX . . . . .
 2.330   . . . . . . . XXXXXXXXXXX . . . . .
 2.000   . . . . . . . XXXXXXXXXXX XXX . . .
 1.366   . . . . . . XXXXXXXXXXXXX XXX . . .
 1.158   . . . . . . XXXXXXXXXXXXXXXXX . . .
 1.000   . . XXX . . XXXXXXXXXXXXXXXXX . . .
 0.345   . . XXX . XXXXXXXXXXXXXXXXXXX . . .
 0.133   . . XXX . XXXXXXXXXXXXXXXXXXXXX . .
 0.062   . . XXX XXXXXXXXXXXXXXXXXXXXXXX . .
 0.037   . . XXXXXXXXXXXXXXXXXXXXXXXXXXX . .
 0.009   . XXXXXXXXXXXXXXXXXXXXXXXXXXXXX . .
 0.005   XXXXXXXXXXXXXXXXXXXXXXXXXXXXXXX . .
 0.005   XXXXXXXXXXXXXXXXXXXXXXXXXXXXXXXXX .
 0.001   XXXXXXXXXXXXXXXXXXXXXXXXXXXXXXXXXXX
```

图 6－58　派系层次聚类分析矩阵（案例分析三）

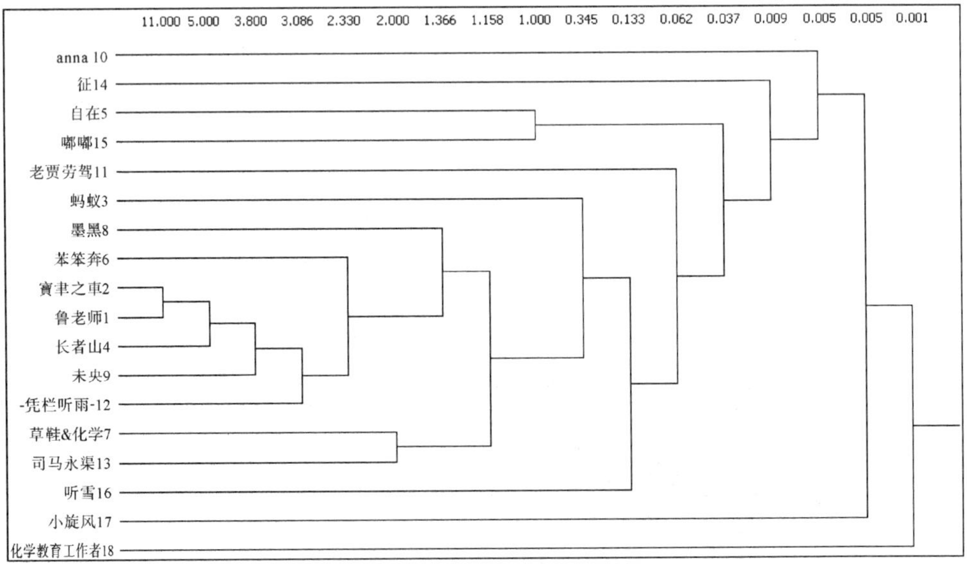

图 6－59　派系层次聚类分析结果（案例分析三）

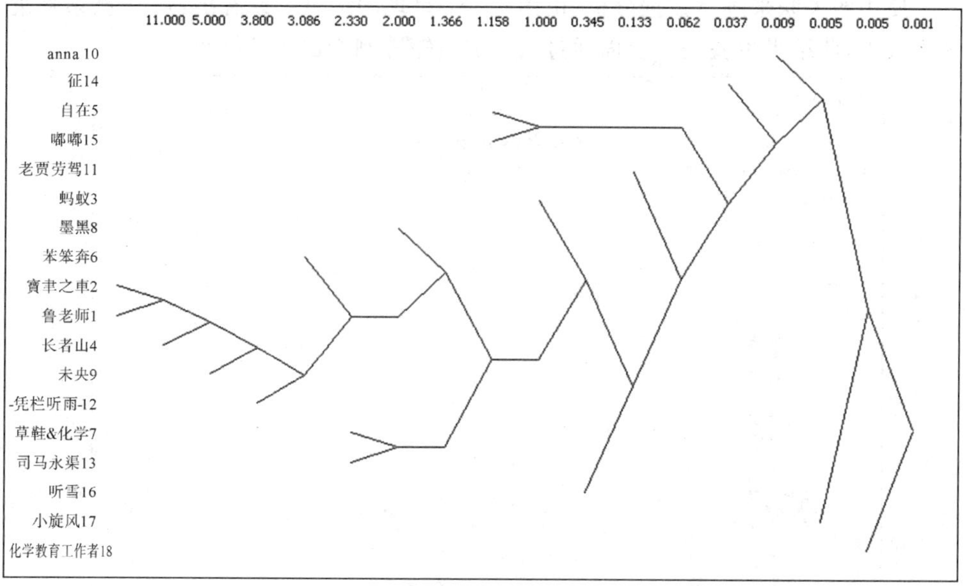

图 6－60　派系层次聚类分析图(案例分析三)

虽然 Ucinet 6.0 分析出了 14 个独立派系，但是从派系相似度的角度(图 6－61)又可以将整个网络粗略地分为两个部分，即{1、2、3、4、5、6、7、8、9、10、11}和{12、13、14}。因为矩阵的右上角和左下角的值全部为 1，这说明派系 1、2、3、4、5、6、7、8、9、10、11 和派系 12、13、14 之间具有相似性，即存在一位相同的成员。通过以上分析可以看出，整个研修活动交流网中派系共享成员重叠率较高，即从另一个侧面反映了在研修活动中“意见领袖”在整个学习过程中与较多的学习者建立了较为密切的关系，彼此间进行了较多的沟通和讨论，因而他们是整个研讨群体中不同学习者之间沟通的主要“桥梁”。

Clique-by-Clique Actor Co-membership matrix

	1	2	3	4	5	6	7	8	9	10	11	12	13	14
1	6	5	4	3	3	4	2	3	2	2	3	1	1	1
2	5	6	4	4	3	5	3	4	2	2	2	1	1	1
3	4	4	5	3	3	3	2	3	2	2	2	1	1	1
4	3	4	3	6	3	3	5	3	2	2	2	1	1	1
5	3	3	3	3	4	2	2	2	3	2	2	1	1	1
6	4	5	3	3	2	6	3	4	2	2	2	1	1	1
7	2	3	2	5	2	3	6	4	3	2	2	1	1	1
8	3	4	3	3	2	4	4	5	3	2	2	1	1	1
9	2	2	2	2	3	2	3	3	4	2	2	1	1	1
10	2	2	2	2	2	2	2	2	2	3	2	1	1	1
11	3	2	2	2	2	2	2	2	2	2	4	1	1	1
12	1	1	1	1	1	1	1	1	1	1	1	2	1	0
13	1	1	1	1	1	1	1	1	1	1	1	1	2	0
14	1	1	1	1	1	1	1	1	1	1	1	0	0	2

图 6－61　派系共享成员矩阵(案例分析三)

使用弱关联来进行数据分析，由图 6－62 呈现的结果可以看出：14 个派系聚集为 1 大类，此结果也验证了上面通过共享成员矩阵判断出来的结果。

```
COMPONENTS
------------------------------------------------------------------------------

Input dataset:                 F:\案例3数据处理\no-0003

Kind of Components: WEAK

1 components found.


Component Sizes

   Component        Nodes  Proportion
 ----------- ----------- -----------
           1          18       1.000


             NODE    COMPONENT
           鲁老师       1
         賓聿之車       1
             蚂蚁       1
           长眷山       1
             自在       1
           苯笨弄       1
       草鞋&化学       1
             墨黑       1
             未央       1
             anna       1
         老贾芳驾       1
       -凭栏听雨-       1
         司马永淇       1
               征       1
             嘟嘟       1
             听雪       1
           小旋风       1
   化学教育工作者       1

Components with 3 or more members:
   1:  鲁老师 賓聿之車 蚂蚁 长眷山 自在 苯笨弄 草鞋&化学 墨黑 未央 anna 老贾芳驾 -凭栏听雨
```

图 6－62　成员点分布测量结果（案例分析三）

对该学习共同体本次研修活动进行凝聚子群密度分析，结果如图 6－63 所示。

```
E-I INDEX
------------------------------------------------------------------------

Adjacency dataset:            F:\案例3数据处理\no-0003
Attribute:                    "F:\案例3数据处理\no-0003.##h" col 1
# of Permutations:            5000
Random seed:                  1078
Individual E-I scores:        IndE-I


Whole Network Results

                      1        2       3       4
                   Freq      Pct Possibl Density
                ------- -------- ------- -------
  1 Internal     72.000    0.643 162.000   0.444
  2 External     40.000    0.357 144.000   0.278
  3      E-I    -32.000   -0.286 -18.000  -0.059


Max possible external ties: 144.000
Max possible internal ties: 162.000

E-I Index: -0.286
Expected value for E-I index is: -0.059

Max possible E-I given density & group sizes: 1.000
Min possible E-I given density & group sizes: -1.000

Re-scaled E-I index: -0.286
```

图 6－63　子群密度分析显示结果（案例分析三）

从分析结果看，凝聚子群密度是比较显著的，E－I 值为－0.286，距离－1 有部分距离，较接近 0，说明子群体之间的关系趋向于随机分布，看不出派系林立的情形。子群体成员之间的交流较弱，而处于子群体之间的成员交流较多。

(5)小世界效应

通过对本次案例所选择的交流网络的节点对之间的平均距离进行计算，验证网络的小世界特性，输出结果如图 6－64 所示。

```
GEODESIC DISTANCE
--------------------------------------------------------------------------------

Type of data:                  ADJACENCY
Nearness transform:            NONE
Input dataset:                 F:\案例3数据处理\no-0003
Output distance:               F:\案例3数据处理\no-0003-Geo

For each pair of nodes, the algorithm finds the # of edges in the shortest path
between them.
Average distance (among reachable pairs)       = 1.767
Distance-based cohesion ("Compactness")        = 0.545
  (range 0 to 1; larger values indicate greater cohesiveness)
Distance-weighted fragmentation ("Breadth") = 0.455
```

图 6－64　小世界效应——最短路径验证结构(案例分析三)

从以上结果可以得到，网络中节点对之间的平均距离 L＝1.767，也就是说，在基于 QQ 群开展的网络研修活动中，每两个学习者只要通过 1.767 人就可以联系起来。由此可见，本次网络交流活动组成的社会网络是具有显著小世界效应特性的网络，同时学习者之间也具有很好的信息交流渠道。

(6)角色和位置分析

通过对本次网络研修活动进行界面分析，获得了按照皮尔森相关系数计算得到的截面相似性矩阵及聚类分析结果，如图 6－65 所示。

Structural Equivalence Matrix

	鲁老师	竇聿之車	蚂蚁	长者山	自在	苯笨奔	草鞋&化学	墨黑	未央	anna	老贾劳驾	-凭栏听雨-	司马永渠	征	嘟嘟	听雪	小旋风	化学工作者
鲁老师	1.00	0.78	0.22	0.58	0.16	0.43	0.30	0.35	0.46	0.04	0.22	0.52	0.30	0.04	0.04	0.17	0.04	0.00
竇聿之車	0.78	1.00	0.20	0.60	0.15	0.40	0.28	0.32	0.48	0.00	0.20	0.48	0.28	0.04	0.04	0.12	0.00	0.04
蚂蚁	0.22	0.20	1.00	0.41	0.30	0.55	0.33	0.55	0.46	0.14	0.40	0.46	0.45	0.29	0.25	0.33	0.14	0.14
长者山	0.58	0.60	0.41	1.00	0.24	0.56	0.38	0.59	0.50	0.06	0.25	0.50	0.41	0.12	0.11	0.25	0.06	0.06
自在	0.16	0.15	0.30	0.24	1.00	0.33	0.25	0.23	0.29	0.00	0.30	0.25	0.15	0.14	0.00	0.38	0.17	0.17
苯笨奔	0.43	0.40	0.55	0.56	0.33	1.00	0.50	0.47	0.57	0.08	0.46	0.57	0.50	0.17	0.15	0.42	0.08	0.08
草鞋&化学	0.30	0.28	0.33	0.38	0.25	0.50	1.00	0.42	0.44	0.11	0.60	0.50	0.60	0.22	0.20	0.40	0.11	0.11
墨黑	0.35	0.32	0.55	0.59	0.23	0.47	0.42	1.00	0.33	0.10	0.36	0.38	0.55	0.20	0.18	0.36	0.10	0.10
未央	0.46	0.48	0.46	0.50	0.29	0.57	0.44	0.33	1.00	0.07	0.50	0.53	0.44	0.14	0.13	0.31	0.07	0.07
anna	0.04	0.00	0.14	0.06	0.00	0.08	0.11	0.10	0.07	1.00	0.14	0.07	0.11	0.50	0.33	0.20	0.00	0.00
老贾劳驾	0.22	0.20	0.40	0.25	0.30	0.46	0.60	0.36	0.50	0.14	1.00	0.50	0.60	0.29	0.25	0.50	0.14	0.14
-凭栏听雨-	0.52	0.48	0.46	0.50	0.25	0.57	0.50	0.38	0.53	0.07	0.50	1.00	0.46	0.14	0.13	0.27	0.07	0.07
司马永渠	0.30	0.28	0.45	0.41	0.15	0.50	0.60	0.55	0.44	0.11	0.60	0.46	1.00	0.22	0.20	0.27	0.11	0.11
征	0.04	0.04	0.29	0.12	0.14	0.17	0.22	0.20	0.14	0.50	0.29	0.14	0.22	1.00	0.25	0.17	0.00	0.50
嘟嘟	0.04	0.04	0.25	0.11	0.00	0.15	0.20	0.18	0.13	0.33	0.25	0.13	0.20	0.25	1.00	0.33	0.00	0.00
听雪	0.17	0.12	0.33	0.25	0.38	0.42	0.40	0.36	0.31	0.20	0.50	0.27	0.27	0.17	0.33	1.00	0.20	0.00
小旋风	0.04	0.00	0.14	0.06	0.17	0.08	0.11	0.10	0.07	0.00	0.14	0.07	0.11	0.00	0.00	0.20	1.00	0.00
化学教育工作者	0.00	0.04	0.14	0.06	0.17	0.08	0.11	0.10	0.07	0.00	0.14	0.07	0.11	0.50	0.00	0.00	0.00	1.00

图 6－65　截面相似性矩阵(案例分析三)

由图 6－65 可以看出，在本次活动中，相似性的极差比较小。其中，鲁老师与竇聿之車的相似性最高，达到 0.78，其次是长者山和竇聿之車、老贾劳驾和草鞋 &

化学、老贾劳驾和司马永渠、司马永渠和草鞋 & 化学这四组的相似性达到 0.60。该数据还反映出，第三次网络研修活动中截面相似性矩阵密度比较稀疏，学习者直接的截面向量的相关性也比较小。由于从相似性矩阵中较难得出到底哪些学习者更相似，所以，还需要使用聚类分析法，分析结果如图 6－66 所示。

```
HIERARCHICAL CLUSTERING OF EQUIVALENCE MATRIX

       1         1       1 1   1 1 1 1 1
Level  5 1 2 4 6 9 2 3 8 7 1 3 5 6 7 0 4 8
-----  - - - - - - - - - - - - - - - - - -
0.778  . XXX . . . . . . . . . . . . . . .
0.600  . XXX . . . . . . XXXXX . . . . . .
0.594  . XXXXX . . . . . XXXXX . . . . . .
0.571  . XXXXX XXX . . . XXXXX . . . . . .
0.545  . XXXXX XXX . XXX XXXXX . . . . . .
0.543  . XXXXX XXXXX XXX XXXXX . . . . . .
0.500  . XXXXX XXXXX XXX XXXXX . . . XXX .
0.496  . XXXXXXXXXXX XXX XXXXX . . . XXX .
0.461  . XXXXXXXXXXX XXXXXXXXX . . . XXX .
0.421  . XXXXXXXXXXXXXXXXXXXXX . . . XXX .
0.375  . XXXXXXXXXXXXXXXXXXXXX XXX . XXX .
0.333  . XXXXXXXXXXXXXXXXXXXXX XXX . XXXXX
0.291  . XXXXXXXXXXXXXXXXXXXXXXXXX . XXXXX
0.202  XXXXXXXXXXXXXXXXXXXXXXXXXXX . XXXXX
0.138  XXXXXXXXXXXXXXXXXXXXXXXXXXXXX XXXXX
0.052  XXXXXXXXXXXXXXXXXXXXXXXXXXXXXXXXXXX
```

图 6－66　结构对等性聚类分析结果(案例分析三)

图 6－66 表明在相似度比较高的层次上(0.778)，18 位学习者被分为 17 组，1、2 号学习者为一组，3、4、5、6、7、8、9、10、11、12、13、14、15、16、17、18 号学习者各为一组，即 1、2 号学习者最相似、最具有结构对等性。在 0.600 相似水平上，7、11、13 号学习者最相似；在 0.594 相似水平上，1、2、4 号学习者最相似。而作为该次活动的主讲人和主持人的 1 号和 2 号归为一类，说明作为主讲人的鲁老师和作为主持人的實聿之車在相似水平上具有结构对等性，即他们之间相互替代不会改变他们与其他学习者之间的关系，同样也不会改变整个网络结构。本次网络研修活动的聚类树形图如图 6－67 所示，可以清晰地反映出该学习研修活动在不同相似水平上的聚类结果。

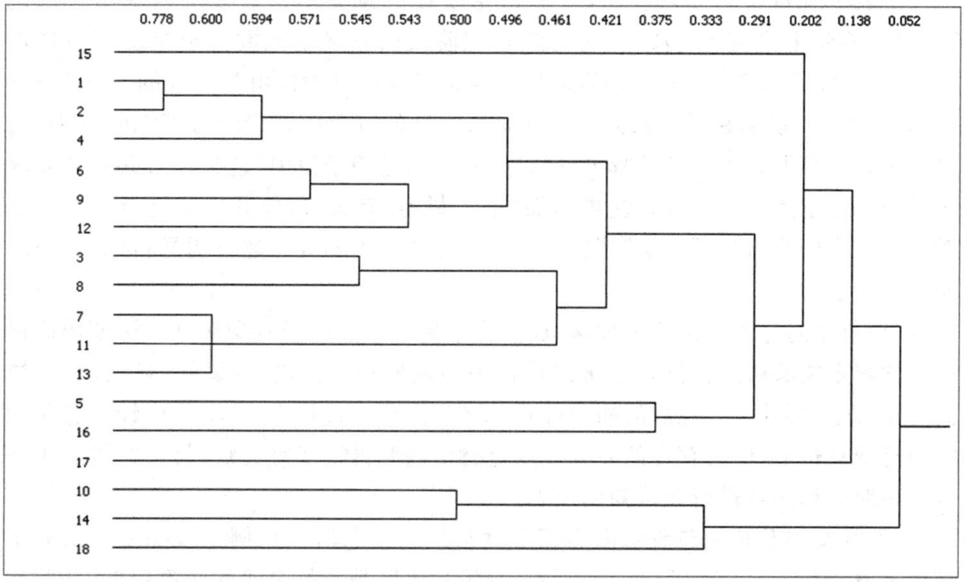

图 6－67 截面相似性分块矩阵(案例分析三)

6.5 学习活动的分析比较

三个学习活动的研修案例,代表了这个学习共同体成长的历程,从分析情况而言,可以看出该共同体的学习者由陌生走向熟悉、由排斥走向依存、由断裂走向融合的种种现象。

6.5.1 学习共同体中活动内容体系的比较

三次研修活动分别以“说课策略谈”“高三试卷讲评课”和“论文写作漫谈”为研修主题,开展活动。三个研修活动的内容体系见表 6－7。

表 6－7 三次研修活动的内容体系比较

活动序号	研修时长/分	总意义单元数目	专业讨论阶段		组织管理阶段		其他内容阶段	
			意义单元数目	规模	意义单元数目	规模	意义单元数目	规模
1	132	696	516	74.14%	73	10.49%	107	15.73%
2	167	207	183	88.41%	16	7.73%	8	3.86%
3	135	302	277	91.72%	21	6.95%	4	1.32%

由表中所列数据可以看出，专业讨论阶段的意义单元数目规模由第一次的74.14%逐步上升到91.72%，而组织管理阶段的意义单元数目规模由第一次的10.49%下降到6.95%，其他内容阶段的意义单元数目规模由第一次的15.73%下降到1.32%。说明在学习共同体开展研修活动的过程中，“组织管理”和“其他”与课题研究内容无关的信息量减少，网络研修的话题趋于集中，这与学习共同体要求在研修前给主持人或主讲人提供书面“准入材料”有关，研修开展前进行过程干预对实时研修中的“跑题”、“偏题”以及与论题无关的内容等问题有明显帮助。此外，还可以发现：

(1)研修的过程层次逐渐加深，成员在案例三中能够开展少部分的深度协商讨论。学习者能够通过主持人在研讨过程中的调控和干预，有意识开始进行深度协商讨论，而不再是个人观点的简单堆积。在三次研修过程中，共享和比较信息阶段的信息记录过多，但对存在的差异观点进行协商和讨论尚有欠缺，仅在案例三中初步呈现对研修内容进行元认知的反思。

(2)社交类及其他与研修内容相关度很低的信息所占比例逐步降低。从分析结果来看，由15.73%下降到1.32%。分析其原因是成员之间的熟悉程度不同，案例一中成员之间比较陌生和拘束，所以问候性、赞美感激类甚至是恭维性的话语比较多，后期随着彼此的相互熟悉及组织者在研修活动之前管理的组织要求，以及研修过程中对学习者讨论的实时调控，使得此类问题逐步减少。

6.5.2 学习共同体中活动议题维度的比较

在活动议题维度，三次研修活动有两次都包括“开场引导”部分，此部分参与人少、时间短、意义单元数目少，无法与正式研修“议题”进行等同，因此，在进行比较时，对相关数据的统计不包含“开场引导”的内容。基于此，三次研修活动的活动议题维度比较如表6-8所示。

表6-8 三次研修活动的内容体系比较

活动序号	论题数	论题最大规模	论题最小规模	最大覆盖程度	最小覆盖程度	最大增长速度	最小增长速度
1	7	19.38%	6.78%	36.59%	21.95%	0.0967/s	0.0451/s
2	5	67.76%	2.73%	84.62%	23.08%	0.0188/s	0.0026/s
3	4	42.60%	5.05%	72.22%	55.56%	0.0532/s	0.0168/s

由表中所列数据可以看出，第二次活动的论题最大规模和最大覆盖程度是三次活动中最高的，而第一次活动的论题最大规模和最大覆盖程度是三次活动中最低的，但是就增长速度而言，第一次的最大，第二次的最小。这种现象与组织者要求提供“准入材料”有关系，第一次活动没有提供“准入材料”的要求，因此参加人数

多,交流内容发散,没有提前思考的要求,因此论题增长速度快。第二次活动要求提供“准入材料”,使得研修活动参加人数少,但是前期的准备使得论题规模和覆盖程度都大,同样由于提前思考的原因,有可能形成思维定式,造成论题增长速度小。从表中我们还可以发现:

(1)讨论中论题结构不够具体。通过论题的整体知识结构水平分析结果,可以看到这几次网络研讨中提出的论题比较分散,论题与论题之间连贯性和层次性较弱。

(2)这几次网络研修的话题都是主讲人发出的,主持人起着主导作用,通过组织者安排提供的线下需要提前阅读的文献资料及学习者结合自身的提前反思,使得主持人和主讲人的问题组织能力和讨论过程控制能力明显提高。

(3)几次研修的话题覆盖程度都达到五分之一以上,最高达到了84.62%,这说明讨论过程是在“意见领袖”的领导下,群成员都能参与讨论并积极发表自己的见解。

6.5.3 学习共同体中社会网络的分析比较

对前文三次网络研修活动的社会网络形成的相关数据进行对比,得出结果如表6-9所示。

表6-9 三次研修活动的社会网络比较

活动序号	孤立点	网络密度		中心度分析			小团体分析		小世界效应
				点度中心度		中间中心度			
		网络密度	标准偏差	标准化点度中心势	网络异质性	标准化中间中心势	派系	凝聚子群密度	平均距离
1	7	0.1451	0.3522	62.95%	4.78%	21.46%	67	−0.382	1.749
2	0	0.3269	0.4691	56.82%	10.81%	19.73%	7	−0.059	1.484
3	0	0.2778	0.4479	64.71%	8.15%	28.5%	14	−0.286	1.767

由表中呈现的数据可以看出以下几点。

(1)除去案例一中存在7个孤立点之外,其余两个案例均没有孤立点,这与该学习共同体的管理要求有关。案例二、案例三要求参研者提前提交“准入材料”方有参与研修的资格,这就使得参与研修的学习者在活动开展之前已经对相关内容有较为深入且形成文字材料的思考,这些学习者在研修开始之后,势必要参与讨论,因此不会出现存在孤立点的情况。

(2)在进行网络密度的对比时,案例一的网络密度最低,案例二的网络密度最高,也就是说网络密度与参与学习者的人数无关,而通过提前对学习者学习的干预,可以将学习者之间的交互性提高,使得交互更加密集,这与社群图分析结果一致。

(3)在点度中心度上,三个案例的总体整合度较好,案例二中的整合度相对较弱,因此导致案例二中学习者的相异程度较高,相似性较低。

(4)从中间中心度的分析上看，三次活动的网络标准化中间中心势最高达到28.5%，这说明在这三次网络学习活动中，对议题的讨论要想覆盖所有的成员点是比较困难的。

(5)由凝聚子群密度可以看出，案例二的值最接近0，表明关系趋向于随机分布，看不出派系林立的情形。案例一比案例三的值更接近于−1，表明案例一中子群体之间的关系比案例三少，案例一的关系比案例三更趋向于发生在群体之内，也就是说和其他两个案例相比，案例一的子群之内信息分享和学术交流方面交往相对频繁，而处于子群体之间的成员沟通和交流机会相对较少。

(6)在小世界效应上，三个案例的网络交流活动组成的社会网络均是具有显著小世界效应特性的网络。

6.5.4 学习共同体中个体学习分析比较

在此，笔者选取了在三次研修活动中参加3次或2次以上的学习者，对其参与每次活动贡献程度进行了统计，即对成员k、活动n的贡献程度差异进行比较，结果如表6-10所示。

表6-10 成员个体对每次活动的贡献程度统计表

QQ昵称	项目	每次活动的贡献程度		
		1	2	3
闽-龙普华	意义单元数目	138	25	
	贡献程度	26.74%	13.66%	
賓聿之車	意义单元数目	85	51	75
	贡献程度	16.47%	27.87%	27.08%
鲁老师	意义单元数目		1	55
	贡献程度		0.55%	19.86%
听雪	意义单元数目	29		5
	贡献程度	5.62%		1.81%
课外毒物	意义单元数目	12	8	
	贡献程度	2.33%	4.37%	
长者山	意义单元数目	3		29
	贡献程度	0.58%		10.47%
老贾劳驾	意义单元数目		14	7
	贡献程度		7.65%	2.53%

通过表中数据，结合前文分析可以看出，闽-龙普华、賨聿之车、鲁老师分别为三次活动的“意见领袖”，他们作为研修活动的核心人物，每次活动中的贡献程度比作为一般学习者的听雪、课外毒物、长者山、老贾劳驾要多。特别是在他们主讲的活动中，他们可以说是整个活动的“主导者”，如图 6－68 所示。

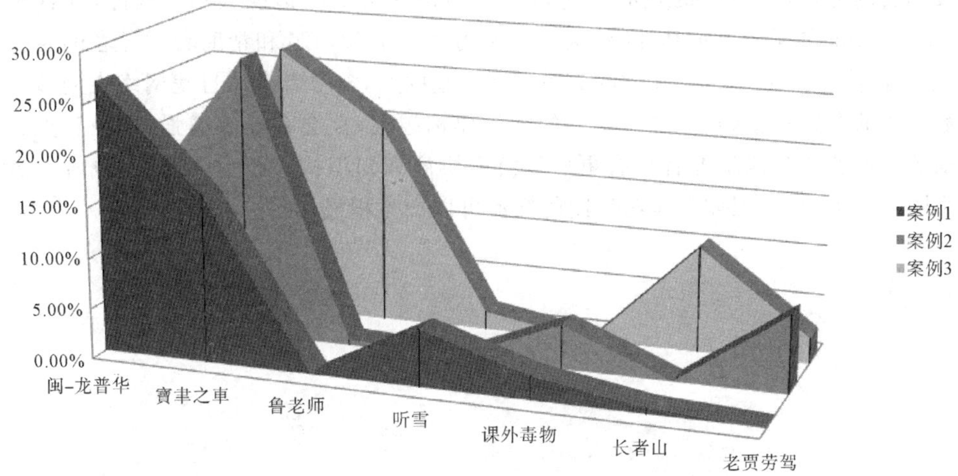

图 6－68　部分成员个体对活动的贡献程度

结合“学习系统分析框架”可以看出，在学习内容资源方面，除了活动组织者提供的参考文献和部分学习者提供的个人教学实践内容之外，这些学习者依旧充分或部分利用了网络的其他资源。在学习者和帮助者指导者方面，他们作为学习者在分享自己观点的同时，学习其他学习者交流所呈现的知识；他们作为帮助者指导者，分享的观点会成为其他学习者的学习资源，并且通过交流，可以让同一个学习共同体中的学习者互相促进。在交往范围和交往方式方面，每次研修活动都集中在学习共同体中，在及时交流时交往范围为多对多，交流结束之后，不同的学习者将自身的学习情况进行反思总结，发布平台不同决定其研修后交往范围和交往方式的不同。

此外，在三次交流活动中，不同网络位置的学习者的知识建构特点具有显著差异，也就是说处于核心网络位置的学习者与处于边缘网络位置的学习者在其知识建构特点上具有显著差异。意见领袖和非意见领袖在知识建构特点上也存在显著差异。与此同时，意见领袖在学习共同体中也起到了加强信息通路的重要作用，是影响传播效果的重要因素。

6.6　小结与反思

学习共同体的成长与其社会网络结构有着紧密的联系，它的关系模式是一个具有多通路、多层次的复杂结构网络，它的形成是一个复杂的动态演变过程，具有显著的目标引导的演变特征，对于教师学习者开展非正式学习而言，它利用凝聚子群之间的弱连接及不同子群在网络中的不同位置，决定学习者学习的关系模式和学习特征。处于网络中心位置的学习者具有较高的声望，能够掌握网络中更多的资源控制途径，是网络的核心人物；反之，则是网络中的边缘人物。因此，在这种SS-learning 的学习共同体中，绝大多数学习者依靠学习者和帮助者指导者的结构对等性，实现互助、互惠、互学的关系。在此基础上，学习者个体自我网络中的节点数或边的个数越多，则信息分享层的知识建构越高，社会存在感越强，担任意见领袖的学习者比其他学习者具有更多的意义协商和知识构建行为。此外，也应注意小团体的生成，小团体对学习者间的交流可以产生积极作用。

第七章　线上研修协同互动中教师 TPACK

TPACK(Technological Pedagogical Content Knowledge,整合技术的学科教学知识)是由 Koehler 和 Mishla 于 2005 年提出的,该概念是指教师使用技术进行有效教学中所必需的知识,它是在学科教学知识(PCK)的基础上引入"技术"要素,形成的技术在教学活动实施过程中的一种能力[220]。它将技术知识与教法知识、学科知识相等同,作为教师知识框架的一个要素。自该概念提出以来,在国外学科教学、教师教育与教育技术学界受到广泛关注,并已成为研究的热点之一。

已有学者对教师教学实践过程中具有各类知识的相互作用关系[221]、测评[222]、教师 TPACK 提升途径[223]等内容进行了讨论。TPACK 概念引入我国后,在教学应用方面主要体现在对教师 TPACK 提升的研究上。李念平在 TPACK 理念下对高中信息技术课程标准培训进行了设计[224];还有学者关注于职后教师在具体学科课堂教学中 TPACK 框架下的教学应用能力分析[225],而对在非正式学习研修活动中教师 TPACK 研究尚未见报道。因此可以聚焦于教师进行线上教学设计时开展协同互动呈现的特点,讨论非正式学习过程中,研修内容与教师 TPACK 之间的关系。

7.1　TPACK 概述

TPACK 框架包含三个核心元素和四个复合元素。核心元素包括学科内容知识(Content Knowledge,以下简称 C)、教学法知识(Pedagogical Knowledge,以下简称 P)、技术知识(Technology Knowledge,以下简称 T);复合元素包括学科教学知识(Pedagogical Content Knowledge,以下简称 PCK)、整合技术的学科内容知识(Technological Content Knowledge,以下简称 TCK)、整合技术的教学法知识(Technological Pedagogical Knowledge,以下简称 TPK)和整合技术的学科教学知识(Technological Pedagogical Content Knowledge,以下简称 TPACK)[226]。

Cox 博士在前人研究的基础上使用概念分析法对 TPACK 框架进行了细化,认为 TPACK 是在具体学科内容的教学策略及具体主题之表征的情境脉络中,技术、教学法、学科内容三者之间交互的知识，需要教师知道如何使用新兴技术，将特定学科的活动或者特定主题的活动，与特定主题的表征协调起来以促进学生的学习[227]。对于教师实践中的 TPACK 问题，Bull 等人认为在考察 TPACK 时，至少存在三种不同的视角：一是聚焦教学法，研究如何与技术、内容交互；二是聚焦一种内容领域，研究教学法和技术如何最有效地发展学生对核心内容概念的理解；三是考虑一种特定技术的功效及其与内容领域和教学目标之间的交互[228]。Niess 等人从技术的视角出发，分别研究了学科、内容与教学目标之间的对应关系，知识分享和知识建构的可能及在实践教学项目中教师的 TPACK 发展案例[229]。

7.2 TPCHK——整合技术的化学教学知识

结合 TPACK 的内涵及我国中学化学教学的实际，“整合技术的化学教学法知识（Technological Pedagogical Chemistry Knowledge，以下简称 TPCHK）”是描述化学教师在特定情境下将化学知识通过技术工具呈现给学生的能力，借此实现化学教学的有效性并满足不同学习者对化学学习的不同需求[230]。此概念包括理论和实践两个层面的基本内容：TPCHK 是一种化学教学发展性的宏观理念和教学思想，以及技术在具体学科中的应用；也是一种教学设计的具体行动方法和微观教学实践。

从化学课程发展及其教育价值和技术应用的宏观层面来看，TPCHK 不仅是教师简单地将信息技术应用于化学教学中，它更是一种关于化学课程设计和教育实践的思想体系和基本理念，体现教学设计者在课程实施的过程中利用技术促进学习者自身的发展，在教学过程中强调“人”的作用，使学习者从“学”走向“会学”，由技术促进和引导“人”生成的教育思想，从而为化学教学实践中课程的设计与实施提供了某种导向性的理论认识和发展观点。

从化学教学设计和教学实践的微观层面而言，TPCHK 包括教学理念的更新与重整、计算机辅助教学与教学理论的有机结合、教学模式的开发、教学评价方法的跟进等内容。

由以上讨论可知，对于 TPCHK 可以从以下四个方面进行理解：①学科内容、技术和教学法的整合不是简单的拼接；②TPCHK 关注的重点应是化学课程教学的本身而不是技术；③TPCHK 既是教师专业发展的一种过程，也是一种结果；④新技术和新学习理论的出现促进了 TPCHK 的发展。

与 TPACK 相同，TPCHK 也包含了三种核心元素和四种复合元素。它由“化学知识”“教学法知识”和“技术知识”三种核心元素组成。复合元素包括化学教学法知识、整合技术的化学知识、整合技术的教学法知识及整合技术的化学教学法知识四种。这七种元素之间的关系如图 7－1 所示。

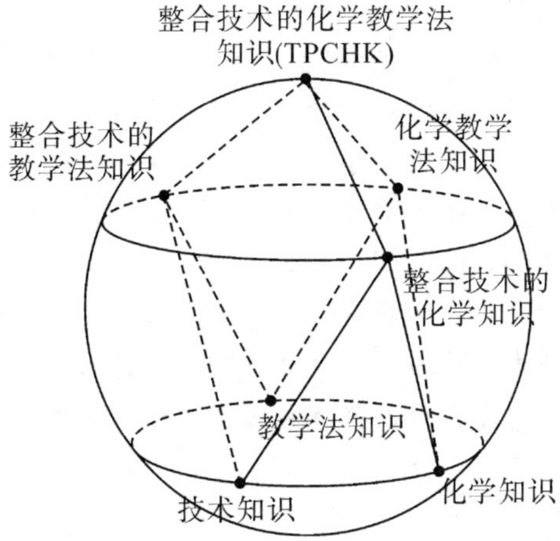

图 7-1　整合技术的化学教学知识(TPCHK)及其构成

其中化学教学法知识呈现了教师所具有的用于特定化学教学的教学法知识，它包括教学策略与技术、化学概念的呈现、化学概念的表述，可以使学生更易学习知识，学生的原有知识或者认知困难，学生原有的理论与认识论知识等内容；整合技术的化学知识用于描述化学知识及特定的单元如何通过技术应用转换成教师的知识，例如化学本质带来的挑战，化学学科中用于解决问题的新方法与工具，化学学科中特有的用于呈现的模拟技术等；整合技术的教学法知识由技术知识和教学法知识复合形成，涉及技术在与学科无关的教育中应用的一般理解，包括信息技术的教学情境支持的知识，技术支持特定教学策略或者目标的知识(例如培养探究与合作学习，支持假设检验等)，以及在给定的教学情境中选择与创造性地应用技术工具的能力。

7.3　线上研修协同互动中教师 TPACK 发展研究

我国为应对新冠疫情开展了超大规模的在线教学活动，使教师研修由传统教研转变为线上研修，教师对 TPACK 的掌握更是有了极大的提升。教师在研修活动中对话及产生的相关决策对教学活动实施有十分重要的作用，如何将学科教学内容、教学法知识及信息技术进行深层次整合，在教学中融会贯通成为教师教学实践的核心任务。在此以教学设计协同互动中的话语为切入点，讨论 TPACK 运用情况是非常必要的。

线上研修活动中教师专业化成长已经逐渐被国内学者所关注，对在线上研修活动中非常重要的协同互动研究，Boschman 的团队将教师通过交互协作讨论进行教学设计过程中的推理称之为“设计推理”，同时认为设计推理是影响教师协作完成教学设计的主要因素[231]。国内学者的研究主要集中在协作式在线课程方面，王卫军发现教师需要通过设计适当的讨论话题、适时适度的干预和多维度评价等方式促进协同讨论的实施[232]；林雪芬的研究结果发现项目式协作学习中小组内高度互动，小组间互动较少，小组密度与小组绩效的相关性极为显著[233]。

本案例聚焦于教师进行线上教学设计时开展协同互动呈现的特点，旨在了解线上讨论内容与教师 TPACK 之间的关系。研究拟解决的问题是：

①协同互动中教师交流的内容主题中主要涉及 TPACK 哪些要素；

②协同互动中教师为实现教学设计而进行的设计推理与 TPACK 有何关系；

③协同互动中教师合作探究的深入程度对 TPACK 有何影响？

7.3.1 模型构建

随着信息技术在教育领域的普及，对教学中特定学习工具运用[234]的研究成为学者们关注的热点，如何实现学科内容、教学法知识及技术的统一成为需要思考的主题。在借鉴研究已有成果的基础上，笔者从教学设计协作中的内容主题、设计推理及合作探究这三个方面入手，构建分析模型，对教师 TPACK 在线上研修协同互动中的运用情况进行讨论。

(1)内容主题

TPACK 是有关技术在教学实践中如何应用的知识体系，线上研修活动在本质上可以认为是教师 TPACK 知识实践的呈现方式之一。在此沿用 TPACK 七个要素，对线上研修活动内容主题进行讨论。

① 教学法知识(PK)：教师具有的教学知识及对学生认知、自我意识、个性心理的认识。

② 学科内容知识(CK)：教师具有的本学科专业知识，例如中学化学教师应熟知教学过程中涉及的元素化合物、化学基本概念与原理、化学符号等内容。

③ 学科教学知识(PCK)：教师如何在教学实践中应用一般教学策略为学生讲授学科内容知识。

④ 技术知识(TK)：有关技术的常识，例如计算机的基本操作。

⑤ 整合技术的学科内容知识(TCK)：有关学科专用软件使用、学科中涉及的实验操作及仪器使用等知识。

⑥ 整合技术的教学法知识(TPK)：有关如何在教学活动中选择恰当技术促进教学的知识，例如利用信息技术促进协作学习、开展翻转课堂等。

⑦ 整合技术的学科教学知识(TPACK)：如何将技术提供的资源或创造的条件转化为特定学科教学活动主题，选择适合教学的方式进行学科知识传授。

(2)设计推理

教师在研修活动中需要充分运用 TPACK,通过推理选择合适的教学方式解决教学设计中的复杂性问题[235],这种依据课堂实践“如何做”和“做什么”而进行的设计推理是教学设计各环节合理性的重要基础。Boschman 团队提出了教师进行设计推理时受外部优先级、实际问题及教师自身情况三个方面因素影响[236],本研究中在此观点的基础上对其进行了重新界定。

① 外界因素:在国家或考试部门相关政策或学生学习实际情况影响下形成的,通常会聚焦或者限制教师在教学设计中的决定。

② 促成因素:课堂实施的可行性问题,即课程实施时间、教学条件等是否满足教学设计要求及具备完成教学流程所必需的技术和教学资源等客观因素。其中教学环节实施情况的考虑,可以认为属于 PK 的表现,对技术使用的思考,可以认为属于 TK 的表现。

③ 倾向因素:教师的知识、信念、态度、价值观及其进行教学设计时思维习惯等主观因素。倾向因素是教师在教学设计时分析教学内容、选择教学策略的基础,例如教师会将积累的经验在协同互动讨论时作为其提出观点的依据,可以认为是 PCK 的表现。

(3)合作探究

协同互动过程中涉及的问题需要教师通过合作探究进行解决,这种复杂认知任务需要教师将各类知识整合起来,通过讨论和探索来解决问题。在此借鉴 Henry 的研究,根据教师合作探究深度的不同,将其分为无合作探究、分享与反应、分析与概括和计划与问题解决四个层次[237],李宝敏等学者对教师工作坊在线讨论深度的划分[238],将合作探究维度划分为无合作探究、浅层合作探究、中层合作探究和深层合作探究四个要素。

① 无合作探究:在协同互动中没有合作探究的过程。

② 浅层合作探究:通过分享知识和信息进行浅层次探究。

③ 中层合作探究:通过分析和综合新信息建立理解的深度探究。

④ 深层合作探究:通过合理周密计划,在新情境中通过体验而实现合作探究目标。

(4)内容—推理—探究模型构建

根据 TPACK 对教师协同互动内容划分得到的主题能够充分反映设计推理情况,但这些问题的解决,需要通过合作探究实现。也就是说,内容主题是互动内容,合作探究是主要手段,设计推理可以看作是二者共同作用下的结果,它既需要对内容主题进行分析,也需要通过合作探究实施,三个维度互相补充,互相促进。在此,以内容主题、设计推理及合作探究为维度构建线上研修协同互动分析模型——内容—推理—探究模型,简称 CRI 模型,如图 7-2 所示。

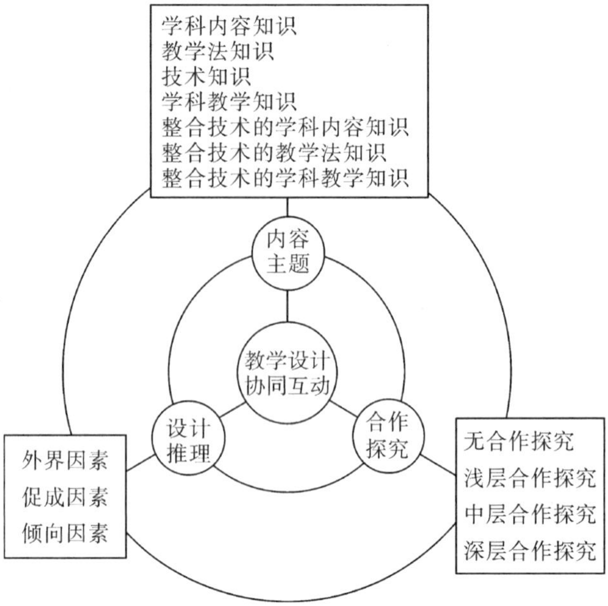

图 7-2　内容—推理—探究模型(CRI 模型)

7.3.2　研究设计

(1)研究对象

选择陕西省西安市 X 中学四位初中化学教师对科粤版化学九年级下册“金属”一章“如何进行线上教学设计”的问题开展的三次线上研修活动作为研究对象。此活动中研究人员不进行任何内容和组织上的参与,仅以旁观者的角色对其研修活动进行观察。

这些教师是在项目招募参与人员时自愿加入的,平均年龄 38.6 岁,平均教学经验为 14.6 年,均为参加工作后即成为初中化学教师,均无线上直播或录播教学经验。此外,一名 52 岁、有 28 年初中教学经验的教研员 E 老师出于兴趣要求参与交流,在协作交互过程中担任专家角色。

根据学术伦理的要求,所有被试教师在招募参与人员时已被告知研究目的、内容和程序,也了解互动表现与学校各类考核评优无关,允许被试教师有自主参与的选择权。

(2)编码设计

主要采用内容分析法对协同互动内容进行编码分析,以 CRI 模型为基础,对协同互动的三次文本内容所划分的分析单元进行三个维度十四个要素的编码和描述,如表 7-1 所示。

表 7-1　CRI 模型编码示例

维度	编码 1	要素	编码 2	描述
内容主题	CT	学科内容知识	CK	中学化学特定章节的教学内容
		教学法知识	PK	一般教学策略或学习活动分析
		技术知识	TK	实验操作、信息技术使用等相关技术问题
		学科教学知识	PCK	用于特定化学教学内容的教学法知识
		整合技术的学科内容知识	TCK	使用技术对化学知识中特定的单元进行表示
		整合技术的教学法知识	TPK	技术在与学科无关的教育中应用的一般理解
		整合技术的学科教学知识	TPACK	选择适当的教学方式并利用各种技术实现中学化学特定章节的教学实践
设计推理	DR	外界因素	EF	国家或考试部门的相关政策、学生学习情况、家庭环境影响等
		促成因素	CF	组织活动、教学时间和其他实际问题
		倾向因素	PF	教师的态度、信仰、实践知识等内容
合作探究	CI	无合作探究	NCI	交流讨论与教学设计内容相关的话题
		浅层合作探究	SCI	对需要解决问题可能的解决方案或目标开展头脑风暴，在此过程中，教师能够分享信息，表达自己的观点，但他们不质疑他人或产生争论
		中层合作探究	MCI	通过合作探究中生成的更多信息（如对现象的解释、举例、分析等）或以其他方式整合对信息和已有知识的理解，深入探讨需要解决的问题
		深层合作探究	DCI	深入研究问题的解决方案，并确定解决方案，作出决策，提供明确的理由或详细规划要采取的步骤

（3）数据收集

数据通过线上教学设计讨论视频收集，筛选出团队三次研修情况，并依次对互动内容进行文本转化。研究以协同会话中在较长时间持续关注同一问题为标准进行分析单元的划分，按照表 7－1 中不同维度不同要素进行编码，三位作者各进行了两轮编码实践与讨论，得到最终编码结果。经过测算 Cohen's Kappa 系数为 0.72，(95% CI 为 0.5887－0.8513)，$P<0.001$，说明具有较强的一致性。

7.3.3 数据分析

(1)整体情况

第一次互动活动(简称互动 1)持续 147 分钟，划分为 13 个分析单元；第二次互动活动(简称互动 2)持续 129 分钟，划分为 21 个分析单元；第三次互动活动(简称互动 3)持续 151 分钟，划分为 23 个分析单元。三次互动活动中作为研究对象的五位教师均按时参加，每次互动结束后根据讨论结果完成教学设计，开展教学实践。

(2)内容主题中的 TPACK

互动 1 中讨论了金属材料物理性质教学设计及线上教学中实验问题的解决办法。按照 TPACK 七要素编码后围绕在教学中播放实验视频的问题，涉及 PCK 主题 4 个、TCK 主题 3 个，围绕线上教学中可能遇到的技术问题有 3 个，被编码为 TK，其余的主题数量在 1 至 2 之间。

互动 2 中讨论了金属化学性质和金属矿物与冶炼教学设计及教学实施中的问题，此过程中编码数为 PCK 主题($N=7$)，占总主题数($N=21$)的三分之一，且主题内容依然是本章重难点。后半部分以编码为 TK 和 TPACK 主题为主，主要涉及教学中出现的诸如平台卡顿、直播操作不熟练等技术类问题，以及教学活动的设计问题。由此可以判断，虽然疫情期间的研修形式变为线上，但重点仍是学科知识。此外，后半部分还出现了 2 个 PCK 主题和 2 个 TPK 主题，这从另一个方面回应了教师对学科教学知识的关注程度。

互动 3 中讨论了珍惜和保护金属资源等问题，之后对教学情境创设进行了总结。在这个互动中，23 个分析单元中 9 个 TPACK 在整个互动过程中分布较为均匀；5 个 PCK 属于传统教学中的教学活动内容；4 个 TK 围绕线上教学中教师和学生的技术类问题展开；2 个 CK 围绕"溶液"一章中涉及的化学学科知识进行；2 个 TCK 围绕如何有效使用实验视频的问题开展；1 个 TPK 主题围绕信息化教学设计开展讨论。

由三次互动中 TPACK 各要素编码的分布情况(图 7－3)可以看出，随着上课时间累积，教师对 TPACK 内容的关注及运用逐渐增加。这说明教师在对这种教学方式习惯后，开始进一步思考技术、学科和教法类知识的深层次整合问题。且值得关注的是，三次协同互动中均没有出现编码为 PK 的分析单元，说明在教学方式转变过程中 PK 对其几乎没有影响。

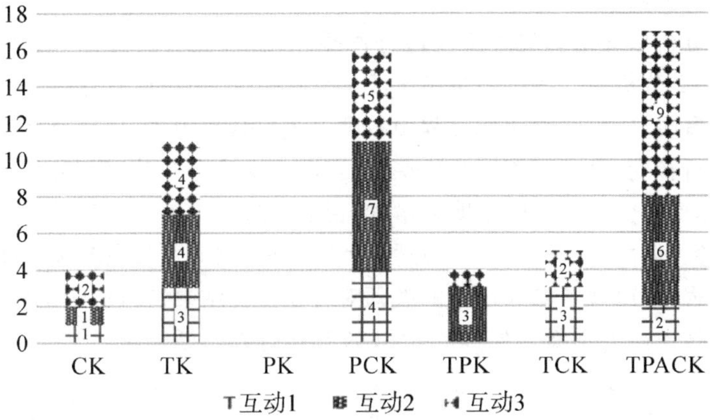

图 7-3　三次互动中内容主题维度下七要素编码统计图

(3)设计推理中的 TPACK

通过对分析单元的编码情况统计，可以看出在互动 1 中教师对外界因素未曾关注，此因素在互动 2 和互动 3 中关注度也较低。三次互动中促成因素的关注度最高，每次研修均达到 10 次以上，属于促成因素的分析单元总数($N=36$)，占总数($N=57$)的 63.2%，可以看出编码为促成因素的分析单元构成了三次研修活动所有分析单元的主体。

编码为 PCK 和 TPACK 分析单元在互动 1 中条目数之比为 3∶2，即教师对 PCK 编码内容更为关注，互动 2 中二者分布较为均匀，条目数之比为 5∶5，互动 3 中条目数之比为 3∶4，说明教师更关注 TPACK 编码内容。所有促成因素分析单元中同时进行 TK 编码分析单元数也较多，达到 8 条。这说明三次互动中参与教师对如何组织活动、如何安排教学时间、如何更合理地进行教学设计特别是信息化教学设计等问题十分关注。由于教学方式的转换，教师对平时不太重视的技术类问题的重视程度也有较大提升。

(4)合作探究中的 TPACK

从合作探究维度统计结果可以看到，编码浅层合作探究分析单元条目数最多($N=33$)，占分析单元总数($N=57$)的 57.8%，中层合作探究占 31.6%，深层合作探究占 8.8%，无合作探究占 1.8%。编码为浅层合作探究分析单元中，TK、PCK 和 TPACK 编码的分析单元在三次互动中均有出现，其余编码的分析单元存在 1 至 3 次未出现的情况。其中互动 1 对技术使用关注度最高；互动 2 对 PCK 和 TPACK 关注有所提高，TK 编码条目数保持不变；互动 3 中 TPACK 条目数持续增加，PCK 和 TK 编码条目数均有所下降。编码为中层合作探究分析单元中，三次互动分析单元条目数随时间推移而增加，互动 1 关注 TCP 和 PCK 编码的分析单元，互动 2 编码涉及 TK、CK、TPK、PCK、TPACK 五个要素，互动 3 中编码分析单元内容最为关注 TPACK。

互动 1 分析单元编码集中于浅层合作探究要素，说明此过程中教师以浅层合作为主；互动 2 分析单元编码虽集中于浅层合作探究，但中层合作探究分析单元数量比互动 1 有明显增加，说明此过程中教师以浅层合作为主，但是已经开始向中层合作探究进行转变，且出现深层合作探究；互动 3 中浅层互动探究分析单元数量减少，中层合作探究分析单元数量明显增加，说明此过程中教师合作的重点已经转向中层合作探究，但由于浅层合作探究适应范围更广，因此数量没有明显下降。在协同互动的过程中，出现了参与讨论的教师对合作探究结果进行假设的情况，可以看出随着教师技术能力不断增强，对 TPACK 理解也在不断加深。

7.3.4 讨论

本研究对教师在课前教研活动协同交互中 TPACK 的使用情况从内容主题、设计推理和合作探究三个维度进行了讨论，对教师在研修过程中 TPACK 知识框架的构成及如何提升的问题具有重要的意义。

在内容主题维度，可以看到教师互动的一半以上的内容都集中在 PCK 和 TPACK 分析单元上，而较少关注 PK 领域内容，对 TK 的关注主要是由于教学方式转变。与此同时带动了与技术有关的 TPK、TCK 领域内容关注度的增加。在 TPK 方面，教师关注的是所选技术是否适合教学的实施，而 TCK 方面关注的是什么样的技术对所教授的学科知识有影响。PCK 是教师一直关注的领域。在互动 1 中教师首先关注所要讲授的学科知识如何进行教和学，其次才关注技术是否支持这样的教学活动。互动 2 中，这种关注更为强烈，其原因是在互动 1 结束之后的教学实践中教师发现线上教学活动与其教学设计的预期效果相差较大，因此在互动 2 中更为关注对教学设计的讨论，当然由于通过实践发现技术与教学设计并不是简单的叠加，因此对如何与技术的进行融合的关注程度也逐渐增加，教师对在线教学有了新的感悟，互动 3 中对 TPACK 的关注程度更高。由此可以看出，TPACK 领域的关注程度随在线教学实施时间推移逐步增加，这就回应了 Koehler、Mishra 等学者认为“TPACK 的发展过程是一个多逐步递进过程，它涉及学科、教法和技术等内容在 TPACK 发展过程中呈现的复杂关系”的研究结论[239]。因此，教师在进行协作交互过程中作出的决策内容，可以认为是内容主题维度下七要素共同作用的结果。

在设计推理维度，随着研修的推进，编码为外界因素的分析单元数量逐渐增加，倾向因素分析单元数量变化不大，但促成因素分析单元数量占据一半以上，且这些分析单元以 PCK 和 TPACK 内容最多。这从一定程度上反映了教师对教学组织实施等问题中 PCK 和 TPCAK 内容的关注，也是对 Hmelo-Silver 团队研究发现可以通过对话解决教师协作解决教学问题[240]研究结果的回应。

在合作探究维度，教师进行合作交流程度随交互次数递增而逐步深入。三次互动均以浅层合作探究为主，深层次合作逐步增加。Putnam 等学者对教师研修情况的研究也强调了教师研究过程的重要性[241]。研究中呈现的这种包括实验、反思、合作、分析和解决问题的协同互动对教师自我提升起到了促进作用，这与 Vermunt 团队研究发现的教师学习模式与教师个人和情境因素之间，教师个人与创新教学结果有较大关系[242]的研究结论相吻合。此外，教师在讨论逐步深入的情况下，也可以更好地理解教学设计问题的复杂性，并将更多的观点转化为教学设计。

由此可以看出，协同互动对信息化时代背景下教师 TPACK 发展不仅是将教学、内容、技术知识融为一体，更是通过设计推理在不同层次的合作探究中实现了发展，协同互动在发展提升过程中起着较为显著的促进作用，为教学设计中复杂问题解决提供了途径。此外，当教师将抽象主题知识转化为实际解决方案遇到困难时，学科专家提供的见解非常重要。

7.4　小结与反思

线上研修协同互动是一个逐步深入的迭代过程，它作为一种行为活动，教师可以通过批判性反思行为对教学设计能力进行提升。在本研究的三次研修活动中，教师提出需要解决的问题进行信息分享，开展浅层合作探究，通过思想碰撞，在中层合作探究或深层合作探究中对问题解决方案提出质疑或进行肯定，然后再讨论实施。整个过程中一系列的协同互动主要是通过浅层合作探究来完成的，教师对问题解决进行理解并对所采取措施作出反应的设计推理过程，是通过中层合作探究或深层合作探究来完成的。通过这样螺旋式的推进过程，教师 TPACK 得到有效的发展。

第八章 结束语

8.1 本书的主要结论和观点

互联网时代教师非正式学习研究旨在促进教师作为学习者的学习和发展，围绕这一中心议题，全文在文献综述的基础上，围绕互联网上教师非正式学习的现状及对具体的网络学习的分析，从知识管理与知识转化理论、社会性软件、学习理论的视野入手，凝练出 SS-learning 的学习方式。

笔者通过实践案例的研究对基于 SS-learning 的化学学习进行了说明，并用五个章节对该中心议题进行了探讨，获得了一些有意义的结论。

(1)“人”在应用网络的同时也成为提供网络服务的组成部分

网络互联技术引入教育应用领域之初，对学习者来说，有别于传统学习情境最大的特点之一是互联所带来的信息内容海洋。类似于博客、微信这样的社会性软件的出现和发展，为学习者打造了另外一番完全不同的网络学习情境，这就是由原先基于内容的互联向人的互联、思想的互联转变，由基于资源内容的学习越来越转向基于知识管理、基于学习者不断优化内外知识结构的互联学习。随着Web 3.0时代的到来，学习者在应用网络、使用资源的同时成为网络学习资源的提供者，并逐步成长为网络学习的重要节点性角色。

(2)构建“学习系统分析框架”并对基于不同网络学习工具的非正式学习进行新的分类

笔者在利用“学习系统分析框架”分析了互联网上非正式学习的现状之后，以不同的网络学习工具为基础，从学习者利用工具软件的过程中进行社会关系构建的角度出发，将基于网络的非正式学习分为四类，即以搜索引擎为代表的个人型非正式学习、以 BBS 为代表的对特定主题具有集思广益性质的平衡型非正式学习、以博客为代表的促进人与网络社会性互联的集体型非正式学习，以及以云计算共享平台和移动学习为代表的碎片型非正式学习。

(3)以 SECI 模型框架为基础的 SS-learning 成为一种新的学习方式

教师对于 SS-learning 的非正式学习和应用主要受到七种外围因素的影响。

根据 SECI 模型框架及对基于网络的非正式学习相关内容分析，笔者结合自身长期参与网络学习共同体的体验，将学习者基于社会性软件进行网络学习的方式归纳为 SS-learning。在这种学习方式中，学习者以社会性软件作为学习工具，通过信息收集、知识学习和伙伴学习过程进行网络学习，对学习的反思和帮助指导始终贯穿于整个学习过程中，学习者能够对自己的学习进行不断总结。笔者通过调查量表，利用 SPSS 和 AMOS 对相关数据进行统计分析，通过实验数据的采集和分析，对“学习系统分析框架”进行进一步拓展和深化，得到对 SS-learning 有较大影响的七大共同因素。在构建 SS-learning 影响因素假设模型的基础上，采用结构方程模型理论对假设模型进行拟合度检验和评价，进而对模型进行修正，最终构建出 SS-learning 影响因素模型，通过理论建构和数据分析最终得出 SS-learning 影响因素模型所包含的七个影响因子，根据性质可以将其划分为宏观影响因素、中观影响因素和内在影响因素，其中宏观影响因素包括政策制度，中观影响因素包括学习内容资源、交往范围、交往方式、帮助者指导者、学习共同体，微观影响因素包括学习者本身。

(4)呈现了个体与组织之间的学习关系

就学习者学习个案与学习共同体中活动过程中学习者呈现的情况而言，处于学习共同体网络学习活动中心位置的学习者具有较高的声望，能够掌握网络中更多的资源控制途径，是网络的核心人物；这类学习者在个人成长的过程中呈现出积极向上、对学习充满热情和坚持的特点。他们在自身学习和学习共同体这种组织里的学习过程中，呈现了个体与组织间的显性知识与隐性知识的相互转化，在这种 SS-learning 的学习共同体中，绝大多数的学习者依靠学习者和帮助者指导者的结构对等性，都可以实现互助、互惠、互学，实现自身成长。

8.2　基于网络的教师非正式学习的再认识

在传统学习环境的模式下，每个学习者都能触及的交流人群主要包括亲属、老师、同学及同事朋友等，学习者能够触及的学习范围是有限的。但是网络学习工具的使用，打破了这种交往的范围模式，这对于网络学习者自身的成长来说，意味着存在足够大的成长空间，并且这种空间可以由自己的努力而不断拓展、扩大。

本书中分析的学习者个案中，两位学习者都体验了从技术陌生到熟练使用网络学习工具来学习、分享的过程，并都有因交流而产生强烈“要学习、想学习”的内在成长渴望。在这样个人成长需求的推动下，学习者所涉足的领域会不断拓宽，同时对相应领域的探索也会不断深化。这种拓展和深化，不仅是由于自身在知识层面的积累，同时也是由不同领域中共同爱好者伙伴关系的不断构建而形成的。

对于学习者来说，这种同好者伙伴关系交流圈的扩大，实质就是通过自己组织的方式，在网络空间不断构建不同领域主题的学习共同体。不同的学习共同体，不同的学习主题，其参与人员对主题研究深入程度也各不相同，这就使得学习共同体中的不同学习者之间能够互相补充、互相学习，进而在此基础上共同推进对相应学习研讨主题本身的研究发展。

关于参与学习共同体的具体形式，不同学习者根据自身的具体情况，可以作为某个社群的边缘参与者，也可以成为社群的积极参与者，甚至还可以作为核心参与者或成为共同体中的组织者、策划者和实施者之一。参与社群学习有两个任务，一是深化对相关领域内容的快速认知和学习；二是缔结伙伴关系。只有通过伙伴关系的缔结才能够形成不断发展的、开放的、动态的、持续的学习进程[243]。

对于个体学习者来说，知识管理的过程就是提升学习效率的行动过程，对于学习共同体而言，知识管理过程就是增进群体智慧的效率提升过程，是保存群体“记忆”痕迹的过程。本研究中的学习共同体分析中，通过有目的“干预”使得学习者的学习动力、学习效果等方面不断增强，利用知识管理实现自身知识的重新建构。就学习共同体中的学习个体而言，知识管理能力形成是在“信息收集”阶段、伴随工具的应用而逐渐为学习者所掌握的一种信息管理和操作技能，并进而内化为信息时空中生活学习的习惯与方式。从SECI模型框架来看，个人知识管理和群体知识管理落实于个体与群体的交互过程中、隐性知识与显性知识螺旋转化的过程中。由于社会性软件所构建的学习生态系统将人、知识内容、软件平台工具整合配置在一起，不但能够共享显性知识，同时具有挖掘隐性知识的功能。因此，根据学习的变迁现象，可以构建不同的促进学习者进行教师非正式学习的学习共同体。

在不同学习共同体中，每个学习者的学习内容、方法等都不同，学习者自身应尽可能地利用网络学习工具来管理自己的学习进程。其目的是有助于学习信息的整理优化，这既是“内化”过程，又是“外化”过程。“内化”增强了自己学习的能力，“外化”则对群体知识进行贡献和参与建设。如果每位学习者都能够平衡内外的输入输出，不仅有利于个体学习，也有利于群体智慧的增进。学习者应该形成在自身的学习实践中将那些看似微不足道的实践成果回报到群体智慧的增进过程中去的习惯，Web2.0网络的应用已经为我们提供了积沙成塔、集腋成裘的效应机制。

8.3 需要探索的问题

由于篇幅的限制及笔者自身在学习者、学习实践方面经验和条件的不足，研究中的困难和不足之处在所难免。

关于SS-learning评价方面的研究，SS-learning中学习共同体的大范围培育，学习共同体中开展怎样的学习活动能够更有效地促进学习者的发展，如何让全体学习者拥有平等的机会开展学习，在不同的学习活动中出现不同的意见领袖的研究等问题，笔者未能作出深入和详细的探讨；关于基于 SS-learning 的教师非正式学习的实践应用研究，笔者仅选择了特定教师学习者及特定学习共同体来开展个案研究，使得研究结果具有一定的约定性和特殊性。这些问题都还有待相关研究者和一线教师进一步研究和实践。

网络能够让我们的思想彼此不断丰富，放射出光彩，飞舞出各自生命的旋律。在网络时代，每个人都可以成为自我生命宝藏的开启者，体验耕耘探索的快乐，分享收获时光的喜悦；都可以把握自己，去探索，去追求，成为自己思想的主人！

参考文献

[1]桑新民. 当代信息技术在传统文化教育基础中引发的革命[J]. 教育研究，1997，19(5):17－22.

[2]尼葛洛庞帝. 数字化生存[M]. 胡泳，译. 海口:海南出版社，1996.

[3]联合国教科文组织总部. 学会生存:教育世界的今天和明天[R]. 联合国教科文组织总部中文科，译. 北京:教育科学出版社，1999:75.

[4]HAMMOND D, MURANGI K. Teacher preparation and professional development in APEC members: An overview of policy and practice [DB/OL]. 1995. ERIC Document Reproduction Service No. ED383683.

[5]黄少华. 数字化和人文精神[M]. 上海:上海三联书店，2003:190.

[6]杜静. 英国教师在职教育发展研究[D]. 重庆:西南大学，2007.

[7]段晓明. 英国中小学教师小本培训的实践与探析及启示[D]. 重庆:西南师范大学，2005.

[8]瞿保奎. 教育学文集·英国教育改革[C]. 北京:人民教育出版社，1993:387.

[9]Historical Association. Continuing Profession Development with the HA[J]. Teaching History. 2005(6):119.

[10]赵中建. 美国80年代以来教师教育发展政策评述[J]. 全球教育展望，2001(9):71－78.

[11]The Holmes Group. Tomorrow's , Teachers Rest Lansing[R]. MI: The Holmes Group, Inc. 1986.

[12]The Holmes Group. Tomorrow's Schools: Principles for the Design of Professional Development Schools[R]. MI: The Holmes Group, Inc. 1990.

[13]The Holmes Group. Tomorrow's Schools of Education [R]. MI: The Holmes Group, Inc. 1995.

[14]祝怀新. 封闭与开放:教师教育政策研究[M]. 杭州:浙江教育出版社，2007: 69.

[15]香港特别行政区师训与师资咨询委员会. 学习的专业，专业的学习:教师专业

能力理念架构及教师持续专业发展[R]. 香港:香港特别行政区师训与师资咨询委员会，2003.
[16]教育部. 教师教育课程标准(试行)[R]. 2011 - 10 - 08.
[17]教育部. 关于印发《小学教师专业标准(试行)》和《中学教师专业标准(试行)》的通知[R]. 2012 - 02 - 10.
[18]国务院. 国务院关于加强教师队伍建设的意见[R]. 2012 - 08 - 20.
[19]任为民. 关于网络学习环境和教学资源建设的再思考[J]. 河北广播电视大学学报，2001，7(4):1 - 5.
[20]仲志远. 网络新闻学[M]. 北京:北京大学出版社，2002:103 .
[21]陈立. 网络学习环境的学习方式研究[D]. 成都:四川师范大学，2001:9.
[22]李盛聪,杨艳. 网络学习环境的构成要素及特征分析[J]. 电化教育研究，2006(7).
[23]王鉴. 学习方式的变革:从知识重心到学生本位[J]. 当代教育论坛，2003，2(12):25 - 27.
[24]陈琦,刘儒德. 当代教育心理学[M]. 北京:北京师范大学出版社，1997:278.
[25]KEEFE J W. Learning style: an overview [R]. NASSP's Student learning styles: diagnosing and prescribing Programs,1979:1 - 17.
[26]廖哲勋，田慧生. 课程新论[M]. 北京:教育科学出版社，2003:196.
[27]孔企平. 论学习方式的转变[J]. 全球教育展望，2001，30(8):19 - 23.
[28]廖哲勋，田慧生. 课程新论[M]. 北京:教育科学出版社,2003:197.
[29]肖川. 学习方式就是人的存在方式[J]. 中小学管理，2002，16(8):52 - 53.
[30]BOYD S. Are You Ready for Social Software [EB/OL]. http://www.drawing.com/read /050103/social.html.
[31]毛向辉. 平等互信共享开放:互联教育体系的非技术探讨[J]. 中国远程教育，2003，23(1):69 - 72.
[32]庄秀丽. 拥抱 2004 社会性软件年[J]. 中国电化教育，2004，25(5):61 - 64.
[33]苏前敏. 社会性软件在高等教育中的应用探讨[J]. 上海工程技术大学教育研究，2006，20(2):43 - 46.
[34]李凡，陈琳，殷旭彪. 社会性软件支持下的大学生学习模式设计研究[J]. 电化教育研究. 2012(11).
[35]余胜泉，吴娟. 信息技术与课程整合:网络时代的教学模式与方法[M]. 上海:上海教育出版社，2005:310.
[36]联合国教科文组织. 学会生存:教育世界的今天和明天[R]. 北京:教育科学出版社，1996:179.
[37]DEWEY J. Democracy and Education [M]. Simon & Brown,2011:41.

[38]WATKINS K E，MARSICK V J. Sculpting the Learning Organization：Lessons in the Art and Science of Systemic Change[M]. San Francisco：Jossey－Bass，1993：113－118 .

[39]Union learn. Working for learners：a handbook for unions and their union learning representatives[R]. Second edition，2009：74.

[40]刘子恒. 非正式学习共同体知识共享机制研究[D]. 武汉：华中师范大学，2012：14.

[41]BOYER E. The Basic School：A Community for Learning [M]. San Francisco：Jossey－Bass，1995：17－19.

[42]WENGER E. Communities of Practice：Learning，Meaning，and Identity [M]. Cambridge：Cambridge University Press，1998：21.

[43]LEE J C，et al. A multilevel analysis of the impact of a professional learning community，faculty trust in colleagues and collective efficacy on teacher commitment to students[J]. Teaching and Teacher Education，2011，27：820－830.

[44]SEUFERT S. A Reference Model for Online Learning Communities[J]. International Journal on E-Leaming，2002，4(1)：43－54.

[45]RYMAN S F，et al. Creating and Sustaining Online Learning Communities：Designing for Transformative Learning [J]. International Journal of Pedagogies and Learning ，2009，5(3)：32－45.

[46]PATRICIA B，BASSANI S. Interpersonal exchanges in discussion forums：A study of learning communities in distance learning settings [J]. Computers & Education，2011 ，56(4) ：931－938.

[47]赵健. 学习共同体：关于学习的社会文化分析[M]. 上海：华东师范大学出版社，2006：5－6.

[48]薛焕玉. 对学习共同体理论与实践的初探[J]. 中国地质大学学报（社会科学版），2007(1)：1－10.

[49]夏正江. 一个模子不适合所有的学生：差异教学的原理与实践[M]. 上海：华东师范大学出版社，2008：297.

[50]桑新民. 学习科学与技术[M]. 北京：高等教育出版社，2006：48.

[51]桑新民. 学习科学与技术[M]. 北京：高等教育出版社，2006：65.

[52]SAWYER K. Introduction：The new science of learning. In Sawyer，R. K. (Eds.) Cambridge Handbook of the Learning sciences [M]. New York：Cambridge University Press. 2006：2.

[53]高文. 总序：教学设计的今天、昨天、明天[M]//坦尼森. 教学设计的国际观：理论·研究·模型. 任友群，裴新宁，译. 北京：教育科学出版社，2005，1－27.

[54]SAWYERRK (Eds.). The Cambridge Handbook of the Learning Sciences [M]. New York: Cambridge University Press, 2006:7.
[55]KOLODNER J. The learning sciences: Past, Present, future [J]. Educational Technology, 2004(5-6):34-40.
[56]高文. 学习创新与课程教学改革[M]. 广州:广东教育出版社, 2007:125-127.
[57]CROSS J. Informal Learning: Rediscovering the Natural Path ways That Inspire Innocation and performance [M]. Hoboken: John Wiley & Sons,2006:10.
[58]杜威. 我们怎样思维. 经验与教育[M]. 姜文闵,译. 北京:人民教育出版社, 1991-271.
[59]CONLON, THOMAS J. A Review of Informal Learning Literature, Theory and Implications for Practice in Developing Global Professional Competence [J]. Journal of European Industrial Training. 2004,28(2-4) :283-295.
[60]李保玉. 大学教师非正式学习:内涵、制约因素及对策[J]. 长春工业大学学报(高教研究版), 2014(6):62-65.
[61]ILLICH I. Deschooling Society [M]. New York: Harper & Row pubishers, 1972:186-189.
[62]MARSICK V, WATKINS, K. Informal and Incidental Learning in the Workplace [M]. New York: Routledge, 1990:37-38.
[63]HAGER P, HALLIDAY J. Recovering Informal Learning: Wisdom, Judgment and Community [M]. Dordrecht: Springer, 2006:7.
[64]SCRIBNER S, COLE M. Cognitive Consequences of Formal and Informal Education[J]. Science, 1973(73),553-559.
[65]LIVINGSTONE D W, EICHLER M. Mapping The Field of Lifelong (Formal and Informal) Learning and(Paid and Unpaid)Work[C]. The Future of Lifelong Learningand Work International Conference. Toronto, 2005-6-20.
[66]MARSICK V J, VOLPE M. The Nature and Need for Informal Learning [J]. Advances in Developing Human Resources, 1999(1): 1-9.
[67]MARSICK V J, WATKINS K. Informal and Incidental Learning in the Workplace[M]. London: Routledge, 1990:29-30.
[68]LESLIE B, ARIVG J K, BRAND B. Informal learning: The New Frontier of Employee and Organizational Development [J]. Economic Development Review, 1998,15(4):12-18.
[69]JANICE M, PHIL H, et al. The Interrelationships between Informal and Formal Learning[J]. Journal of Workplace Learning, 2003,15(7/8): 313-318.
[70]陈乃林, 孙孔懿. 终身学习论略[J]. 江苏高教, 1997 (6): 5-11.

[71]章鹏远，蓝建. 非正式学习及其社会作用[J]. 教育革新，2002 (2) ：8－10.
[72]蔡秀美. 终身学习的理念与政策探讨[J]. 开放教育研究，2000 (8)：24－27.
[73]冯巍. OECD 国家终身学习政策与实践分析[J]. 比较教育研究，2003 (9) ：72－76.
[74]朱琳. 学习化社区的构建策略及政策措施[J]. 教育发展研究，2001 (10) ：44－46.
[75]汪充坤. 把脉终身学习 管窥社区教育[J]. 社区，2003 (3) ：39－40.
[76]黄富顺. 台湾地区非正规学习成就的实施与展望[J]. 成人教育，2009 (1)：9－14.
[77]余胜泉，毛芳. 非正式学习：E-Learning 研究与实践的新领域[J]. 电化教育研究，2005 (10) ：19－24.
[78]曾李红，高志敏. 非正式学习与偶发性学习初探：基于马席克与瓦特金斯的研究[J]. 成人教育，2006 (3)：3－7.
[79]赵蒙成. "非正式学习"论纲[J]. 比较教育研究，2008 (10) ：51－54.
[80]张宝辉. 非正式科学学习研究的最新进展及对我国科学教育的启示[J]. 全球教育展望，2010 (9)：90－92.
[81]张艳红，钟大鹏，梁新艳. 非正式学习与非正规学习辨析[J]. 电化教育研究，2012 (3)：24－28.
[82]吴淑娟. 社教机构人员在工作场所之组织气氛与非正式学习方式关系之研究[D]. 台北：中正大学成人及继续教育研究所，2003：30－42.
[83]MARSICK V J，WATKINS K. Informal and Incidental Learning in the Workplace[M]. New York：Roulledge and Kegan Paul，1990：25－34.
[84]ERAUT M. Informal Learning in the Workplace[J] . Studies in Continuing Education，2004，26(2)：247－272.
[85]GUILE D，GRIFFITHS T. Learning Through Work Experience[J]. Journal of Education and Work，2001，14(1)：113－131.
[86]胡海云. 终身教育理念与成人教育管理机制创新[J]. 陕西师范大学继续教育学报，2004 (1) ：15－18.
[87]赵健. 创建多姿多彩的学习生态：美国非正式学习领域的发展情况与案例分析[J]. 世界教育信息，2011 (7)：30－34.
[88]蔡玲玲. 欧盟非正规与非正式学习认证的特征及趋势[J]. 职教通讯，2011 (3) ：53－56.
[89]LIVINGSTONE D W. Exploring the Icebergs of Adult Learning：Findings of The First Canadian Survey of Informal Learning Practices[J]. The Canadian Journal for the Study of Adult Education，1999，13(2)：49－72.

[90]LIVINGSTONE D. Mapping the Iceberg[R]. NALL Annual Conference，2002.
[91]TOUGH，A. The Iceberg of Informal Adult Learning[R]. NALL Annual Conference，1999.
[92]邢蕾.学习的革命:英国成人非正式学习运动及启示[J]. 教育发展研究，2010(19)：71-75.
[93]杨晓辉.非正式学习与企业在线培训[J]. 商场现代化，2007(34)：265.
[94]高木才,刘光然. E-Learning 环境下企业非正式学习策略探究[J]. 中国教育技术装备，2010(27)：129-130.
[95]杨晓辉.非正式学习与企业在线培训[J]. 商场现代化，2007(34)：265.
[96]王银环,袁晓斌.非正式学习在企业培训中的应用:以奇瑞汽车股份有限公司的企业培训为例[J]. 现代远程教育研究，2009(3)：63-65.
[97]梅里安. 成人学习理论的新进展[M]. 黄健,等,译.北京:中国人民大学出版社. 2006：27-46.
[98]邢蕾. 契合成人学习特点的网络教学环境设计[J]. 职教论坛，2010(10)：50-52.
[99]陈柯.职业生涯发展中的非正式学习[D]. 上海:华东师范大学，2009：122-128.
[100]刘文丽.英国成人非正式学习政策研究[D]. 北京:首都师范大学，2011:39.
[101]付丽丽. 农村成人非正式学习探究[J]. 河北大学成人教育学院学报，2011(3):36-38.
[102]邢蕾.成人非正式学习的研究[D]. 上海:华东师范大学，2011:101-106.
[103]LOHMAN M C. Factors Influencing Teachers' Engagement in Informal Learning Activities[J]. Journal of Workplace Learning，2006，18(3)：141-156.
[104]LEVENBERG A，CASPI A. Comparing Perceived Formal and Informal Learning in Face-to-Face versus Online Environments[J]. Interdisciplinaiy Journal of E-Learning and Learning Objects，2010(6)：323-332.
[105]SMALLER H，CLARK R，HART D，et al. Teacher Learning Informal and Formal：Results of a Canadian Teachers' Federation Survey[N]. WALL Working Paper No. 14，2000.
[106]JOHNSON D T，CHANDLER F J. Preservice Teachers Fieldlrip to the Battleship：Teaching and Learning Mathematics Through an Informal Learning Experience[J]. Tke Journal，2009，2(4)：179-195.
[107]TURNER C. Informal Learning and lis Relevance to the Early Professional Development of Teachers in Secondary Schools in England and Wales[J]. Journal of In-Service Education，2006，32(3)：301-319.
[108]MCNALLY J. From Informal Learning to Identity Formation：A Concep-

tual Journey in Earh Teacher Development[J]. Scottish Educational Review Special Edition ，2006 (37)：79－89.
[109]MCNALLY J，BLAKE A，REID A. The Informal Learning of New Teachers in School[J]. Journal of Workplace Learning，2009，21(4)：322－333.
[110]HOEKSTRA A，KORTHAGEN F. Teacher Learning in a Context of Educational Change：Informal Learning Versus Systematically Supported Learning[J]. Journal of Teacher Education，2011，62(1) ：76－92.
[111]MELBER L M，COX-PETERSEN A M. Teacher Professional Development and Informal Learning Environments：Investigating Partnerships and Possibilities[J]. Journal of Science Teacher Education，2005(16)：103－120.
[112]FINNY J，PHILPOTT C. Informal Learning and Mela-pedagogy in Initial Teacher Education in England[J]. B J Music. Ed，2010，27 (1)：7－19.
[113]毛齐明.教师的非正式学习简论[J]. 教育科学论坛，2006 (2)：59－60.
[114]尚庙.非正式学习与中小学教师成长[D]. 开封：河南大学，2007：32－55.
[115]祁玉娟.基于教师专业发展的教师非正式学习研究[D]. 长沙：湖南科技大学，2008：32－52.
[116]米坤生. 基于我国中小学教师教育角度的非正式学习方式探究[J]. 新课程研究，2009(6)：5－7.
[117]杨晓平. 中小学教师非正式学习研究：基于自我统整的教师发展视角[D]. 重庆：西南大学，2014：176－177.
[118]汪莉园.基于非正式学习的教师专业化发展策略研究[J]. 中小学电教(教师版)，2011(7)：28－30.
[119]岳宏伟.非正式学习视角下中小学教师教育技术能力发展研究[D]. 西安：陕西师范大学，2009：29－34.
[120]祝智庭，张浩，顾小清. 微型学习：非正式学习的实用模式[J]. 中国电化教育，2008(2)：15－18.
[121]陈娟红. 基于非正式学习的科教电视节目研究[D]. 金华：浙江师范大学，2010：27－30.
[122]孙旭涛. Web2.0 环境下非正式学习共同体的研究[D]. 曲阜：曲阜师范大学，2008：36.
[123]朱燕娟. 基于网络实践共同体的非正式学习研究[J]. 江苏广播电视大学学报，2011(3)：36－39.
[124]韩艳艳. 工作场所非正式学习研究：基于社会网络视角对某人力资源团队的个案研究[D]. 上海：华东师范大学，2008：22－30.
[125]张丽，张际平. 非正式学习虚拟社区的个案研究：以 Sybase 交流群为例[J].

电化教育研究，2011(1):52－55.
[126]李青，王涛. MOOC:一种基于连通主义的巨型开放课程模式[J]. 中国远程教育，2012(3):32－38.
[127]胡铁生. “微课”:区域教育信息资源发展的新趋势[J]. 电化教育研究，2011(10)：63－67.
[128]桑新民. 科教兴国的教育使命:实现人类学习方式的历史性变革[J]. 人民教育，1999，50(1):13－15.
[129]桑新民.多媒体和网络环境下大学生学习能力培养的理论与实验研究[J]. 中国远程教育，2000，20(11):22－26.
[130]桑新民.呼唤新世纪的教育哲学:人类自身生产探秘[M]. 北京:教育科学出版社，1993:37.
[131]麦克卢汉，秦格龙. 麦克卢汉精粹[M]. 何道宽，译. 南京:南京大学出版社，2000:227.
[132]毕华林，亓英丽. 化学教育新视角[M]. 济南:山东教育出版社，2004:1.
[133]拉塞克，维迪努. 从现在到2000年教育内容发展的全球展望[M]. 马胜利，高毅，刘玉俐，译. 北京:科学教育出版社，1996:135－144.
[134]联合国教科文组织. 学会生存:教育世界的今天和明天[M]. 联合国教科文组织中文科，译. 北京:教育科学出版社，1999:8.
[135]HUTCHINS R. The Learning Society[M]. New York：Frederick A. Praeger Publishers，1968:134.
[136]陈廷柱. 学习型社会的高等教育[M]. 南京:南京师范大学出版社，2004:12.
[137]联合国教科文组织国际教育发展委员会. 学会生存:教育世界的今天和明天[R]. 华东师范大学比较教育研究所，译. 北京:教育科学出版社，1996:5.
[138]饶耀平. 全球化、终身学习与大学[J]. 比较教育研究，2002年“全球化与教育改革”专刊，2002:99－106.
[139]顾明远，孟繁华. 国际教育新理念[M]. 海口:海南出版社，2003:24.
[140]佐藤学. 学习的快乐:走向对话[M]. 北京:教育科学出版社，2004:38.
[141]田梅. Web 3.0环境下的个人知识管理[J]. 图书馆学研究，2011(12):55－58.
[142]庄秀丽，刘双桂. 拥抱2004社会性软件年[J]. 中国电化教育，2004(5):61.
[143]汪学均，雷体南，吴彩. 基于QQ群聊的成人非正式学习研究[Z]. 湖北武汉，2010(7)：478－480.
[144]王立国. 基于Web 2.0的大学生非正式学习社区研究[D]. 重庆:西南大学，2011:44－69.
[145]宣曼一. 基于网络的大学生非正式学习研究[D]. 大连:辽宁师范大学，2011:

26－44.
[146]殷晓宇.基于社会性软件的大学生非正式学习现状与对策研究[D].长春:东北师范大学,2010:29－36.
[147]宋权华.基于长尾理论的网络非正式学习模式研究[D].长春:东北师范大学，2010:34－52.
[148]曲秀芬.基丁和 Blog 的大学生非正式学习共同体的应研究[D].大连:辽宁师范大学，2010:18－19.
[149]余胜泉,吴娟.信息技术与课程整合:网络时代的教学模式与方法[M].上海:上海教育出版社，2005:312－314.
[150]吴毓江.墨子校注[M].孙启治，点校.北京:中华书局，2006:146.
[151]杨晓平.中小学教师非正式学习研究:基于自我统整的教师发展视角[D].重庆:西南大学，2014:47.
[152]李秉德.教育科学研究方法[M].北京:人民教育出版社，1987:190.
[153]林震岩.多变量分析:SPSS 的操作与应用[M].北京:北京大学出版社，2007:184.
[154]林震岩.多变量分析:SPSS 的操作与应用[M].北京:北京大学出版社，2007:186.
[155]李方.现代教育研究方法[M].广州:广东高等教育出版社,2007:135.
[156]American Educational Research Association（AERA），American Psychological Association（APA），National Council on Measurement in Education（NCME）. The Standards for Educational and Psychological Testing[S]. Washington, DC: AERA，1974:25－48.
[157]余胜泉,吴娟.信息技术与课程整合:网络时代的教学模式与方法[M].上海:上海教育出版社，2005:23－28.
[158]SIEMENS G. What are Learning Analytics? [DB/OL]. http://www.elearnspace.org/blog/2010/08/25/what-are-learning-analytics/. 2012－12－20.
[159]BROWN M. Learning Analytics: the Coming Third Wave[J][EB/OL]. http: //net.educause.edu /ir / library/ pdf/ELIB1101. Pdf. 2015－02－03.
[160]SIEMENS G. 1st International Conference on Learning Analytics and Knowledge 2011[J][EB/OL]. http://tekri.athabascau.ca/analytics/about,2015－01－03.
[161]The New Media Consorium. Learning Analytics[J][EB/OL]. http://wp.nmc.org/horizon，2014－07－12.
[162]SIEMENS G. Connectivism: A Learning Theory for the Digital Age[J]. International Journal of Instructional Technology and Distance Learning,

2005, 2(1): 3-10.

[163]MACFADYEN L P, DAWSON S. Mining LMS Data to Develop an"Early Warning System"for Educators a Proof of Concept[J]. Computer & Education,2010(54) : 588-599.

[164]顾小清,张进良,蔡慧英. 学习分析：正在浮现中的数据技术[J]. 远程教育杂志,2012(1) : 18-25.

[165]王良周，于卫红. 大数据视角下的学习分析综述[J]. 中国远程教育,2015(3):31-37.

[166]蒋慧峰. 基于学习者视角的学习分析技术优势研究[J]. 成人教育，2016(1):23-25.

[167]高月,傅钢善. 学习分析在我国教育领域的研究综述[J]. 中国医学教育技术，2016(2):23-27.

[168]朱珂,刘清堂. 基于"学习分析"技术的学习平台开发与应用研究[J]. 中国电化教育，2013(9):127-132.

[169]姜强,赵蔚,王朋娇. 基于大数据的个性化自适应在线学习分析模型及实现[J]. 中国电化教育，2015(1):85-92.

[170]祝智庭,沈德梅. 学习分析学:智慧教育的科学力量[J]. 电化教育研究，2013(5):5-12,19.

[171]武法提,牟智佳. 电子书包中基于大数据的学生个性化分析模型构建与实现路径[J]. 中国电化教育，2014(3):63-69.

[172]冯翔,余明华,马晓玲，等. 基于大数据技术的学习分析系统架构[J]. 华东师范大学学报(自然科学版)，2014(3):20-29.

[173]魏顺平. 学习分析数据模型及数据处理方法研究[J]. 中国电化教育，2016(2):8-12.

[174]张家治,张培富. 化学史教程[M]. 太原:山西教育出版社，2005:2-13.

[175]张家治,张培富. 化学史教程[M]. 太原:山西教育出版社，2005:21-28.

[176]张家治,张培富. 化学史教程[M]. 太原:山西教育出版社，2005:38.

[177]张家治,张培富. 化学史教程[M]. 太原:山西教育出版社，2005:235-237.

[178]娄珀瑜,刘源,冉鸣. 利用 Blog 思想构建伙伴式学习资源库[J]. 中国远程教育，2006，26(5):49-51.

[179]毛向辉. Blog 将成为教育中的重要工具[J]. 中国远程教育，2003，23(2):73-76.

[180]庄秀丽. 转换心智,系统思考:Blog2005 宣言(学习篇)[J]. 信息技术教育，2003，4(4):24-26.

[181]ZHAO Z，ANAND J，MITCHELL W. Transferring Collective Knowledge：Collective and Fragmented Teaching and Learning in the Chinese Auto Industry[R]. William Davidson Working Paper Number 420，University of Michigan Business School，2001，12.

[182]POLANYI M. Personal Knowledge：The Tacit Dimension[M]. New York：Routlege and Kegan Paul，1966：128.

[183]BOLISANI E，SCARSO E. Information technology management：a knowledge－based perspective[J]. Technovation，1999，19(19)：211.

[184]石中英. 知识转型与教育改革[M]. 北京：教育科学出版社，2001：227.

[185]NONAKE I. The Knowledge-creating Company[J]. Harvard Business Review，1991，69(6)：96－105.

[186]NONAKA I. A Dynamic Theory of Organizational Knowledge Creation[J]. Organization Science，1994，5(1)：14－24.

[187]NONAKA I. A Firm as a Knowledge-creating Entity：A New Respective on the Theory of the Firm[J]. Industrial and Corporate Change，2000，9(9)：1.

[188]NONAKA I，Katsubiro Umemoto and Dai Senoo. From information Processing to Knowledge Creation：A paradigm Shift in Bussiness Management[J]. Technology In Society，1996，18(2)：203－218.

[189]杨南昌，谢云，熊频. SECI一种教师共同体知识创新与专业发展的模型[J]. 中国电化教育，2005，26(10)：16－19.

[190]NONAKA I，TAKEUCHI H. The knowledge creating organization：How Japanese companies create the dynamics of innovation[M]. New York：Oxford University Press，1995：136.

[191]布瓦索. 信息空间：认识组织、制度和文化的一种框架[M]. 王寅通，译. 上海：上海译文出版社，2000：43.

[192]布瓦索. 信息空间：认识组织、制度和文化的一种框架[M]. 王寅通，译. 上海：上海译文出版社，2000：162.

[193]GRIFFITHS D. Max Boisot and Veronica Mole：Strategies for managing knowledge assets：a tale of two companies[J]. Technovation，1998，18(8)：528－539.

[194]肖宏文. 知识型组织内部知识共享的若干问题研究[D]. 西安：西安交通大学，2001：69－77.

[195]王星，李怀龙，徐影. "互联网＋"背景下微学习空间设计研究[J]. 中国电化教育，2015(12)：35－40，78.

[196]钱冬明,郭玮,管珏琪. 从学习工具的发展及应用看 E-learning 的发展:基于 Top100 学习工具近五年的排名数据[J]. 中国电化教育,2012(5):135-139.

[197]穆肃,郭鑫. 学习工具发展的"风向标":基于对 2012 年 TOP 100 学习工具变化趋势分析[J]. 现代远程教育研究,2014(1):42-48.

[198]张梦萍,张秀梅. 学习工具的发展变化分析:基于 2014 年学习工具 Top100 排名[J]. 广州广播电视大学学报,2015(5):1-6,11.

[199]周志毅. 网络学习的本质[J]. 中国远程教育,2005,25(9):34-36.

[200]孙雷,周凌波. 信息技术人才:两种文化间的成长[M]. 北京:清华大学出版社,2006:7.

[201]德普雷,肖维尔. 知识管理的现在与未来[M]. 刘庆林,译. 北京:人民邮电出版社,2004:135.

[202]马奎特. 创建学习型组织 5 要素[M]. 邱昭良,译. 北京:机械工业出版社,2003:124.

[203]圣吉. 第五项修炼[M]. 郭进隆,译. 上海:上海三联书店,1998:28.

[204]艾碧. 网络教育[M]. 丁兴富,等,译. 北京:中国轻工业出版社,2003:306.

[205]张旭,温有奎. 基于认知的知识内化和外化研究[J]. 情报杂志,2008(3):61-62,65.

[206]贝斯特. 认知心理学.[M].黄希庭,译. 北京:中国轻工业出版社,2000:142.

[207]贾小明,赵曙明. 对马斯洛需求理论的科学再反思[J]. 现代管理科学,2004,23(6):3-5.

[208]ZURKOWSKI P G. The Information Service Environment Relationships and Priorities[R]. DC: National Commission on Libraries and Information Service, 1974.

[209]赵呈领,闫莎莎,杨婷婷. 非正式网络学习共同体深度互动影响因素分析[J]. 现代远程教育研究,2013(1):101-107.

[210]冯俐. 基于社会性软件的非正式学习环境模型构建研究[D]. 重庆:西南大学,2009:30-35.

[211]李本友,李红恩,余宏亮. 学生学习方式转变的影响因素、途径与发展趋势[J]. 教育研究,2012(2):122-128.

[212]林震岩. 多变量分析:SPSS 的操作立用[M]. 北京:北京大学出版社,2007:18.

[213]圣吉. 第五项修炼[M]. 郭进隆,译. 上海:上海三联书店,1998:9.

[214]马斯洛. 动机与人格[M]. 许金声,程朝翔,译. 北京:华夏出版社,1987:83.

[215]莫兰. 复杂性理论与教育问题[M]. 陈一壮,译. 北京:北京大学出版社,2004:76.

[216]薛伟. 利用教育信息化建设提高教师生命活动质量[J]. 开放教育研究，2004，10(3)：40－42.

[217]王娟茹，赵嵩正，杨瑾. 知识集成条件和模型研究[J]. 预测，2004，23(1)：66－70.

[218]张琴珠. 计算机辅助教育[M]. 北京：高等教育出版社，2003：85.

[219]维纳. 人有人的用处：控制论和社会[M]. 北京：商务印书馆，1978：194.

[220]KOEHLER M J，MISHRA P. Teachers Learning Technology by Design [J]. Journal of Computing in Teacher Education，2005，21(3)：94－102.

[221]GRAHAM C R. Theoretical considerations for understanding technological pedagogical content knowledge（TPACK）[J]. Computers & Education，2011，57(3)：1953－1960.

[222]YURDAKUL L K，ODABASI H F，KILICER K，et al. The development，validity and reliability of TPACK-deep：a technological pedagogical content knowledge scale[J]. Computers & Education，2012，58：964 － 977.

[223]JANG S-J. Integrating the interactive whiteboard and peer coaching to develop the TPACK of secondary science teachers[J]. Computers & Education，2010，55：1744 － 1751.

[224]李念平. TPACK 理论下高中信息技术课程标准的培训设计[J]. 中小学教师培训，2019(05)：11－14.

[225]张红艳，谭婷. 小学教师平板电脑教学应用能力的概念构造与测量[J]. 中小学教师培训，2019(11)：22－27.

[226]MISHRA P，KOEHLER M. Technological pedagogical content knowledge：a framework for teacher knowledge[J]. Teachers College Record，2006，108(6)：1017－1054.

[227]COX S. A Conceptual Analysis of Technological Pedagogieal Content Knowledge[EB/OL].（2008 － 11 － 14）[2010 － 4 － 18]. http://www.ryanandsuzy.com/ dissertation/suzycox_dissertation.pdf

[228]Bull G，Bell L，HAMOND T. The Handbook of Technological Pedagogical Content Knowledge（TPCK）for Educators[C]. Mahwah，NJ：Laewrence Erlbaum Assoeiates，2008：273－287.

[229]NIESS M L. The Handbook of Technological Pedagogical Content Knowledge（TPCK）for Educators[C]. Mahwah，NJ：Laewrence Erlbaum Associates，2008：223－250.

[230]娄珀瑜，李红娟，冉鸣. TPACK 视野下“整合技术的化学教学知识”的案例研究：以“氨”为例[J]. 化学教育，2016，37(07)：53－58.

[231]BOSCHMAN F, et al. Exploring the role of content knowledge in teacher design conversations[J]. Journal of Computer Assisted Learning, 2016, 32: 157 - 169.

[232]王卫军,代亚萍,韩春玲,李艺华.基于社会互动理论的协作式在线课程中讨论设计及促进策略探讨[J].电化教育研究,2019,40(1):87 - 94.

[233]林雪芬.基于项目的协作学习互动网络分析[J].远程教育杂志,2015,33(1):80 - 86.

[234]SUNG Y T, CHANG K-E, LID T-C. The effects of integrating mobile devices with teaching and learning on students' learning performance: a meta - analysis and research synthesis[J]. Computers & Education, 2016, 94: 252 - 275.

[235]JONASSEN D. Designing for decision making[J]. Educational Technology Research & Development, 2012, 60(2): 341 - 359.

[236]BOSCHMAN F, MCKENNEY S, VOOGT J. Understanding decision making in teachers' curriculum design approaches[J]. Educational Technology Research and Development, 2014(62): 393 - 416.

[237]HENRY S F. Instructional conversations: a qualitative exploration of differences in elementary teachers' team discussions[D]. Boston: Harvard University.

[238]李宝敏,黄庆玲.助学者支持与教师工作坊在线讨论深度关系研究:以信息技术应用能力提升工程教师工作坊为例[J].电化教育研究,2018,39(7):97 - 102, 113.

[239]KOEHLER M J, MISHRA P, YAHYA K. Tracing the development of teacher knowledge in a design seminar: Integrating content, pedagogy and technology[J]. Computers & Education, 2007, 49(3): 740 - 762.

[240]HMELO-SILVER C E, BARROWS H S. Facilitating collaborative knowledge building[J]. Cognition and Instruction, 2008, 26(1): 48 - 94.

[241]PUTNAM R, BORKO H. What do new views of knowledge and thinking have to say about research on teacher learning? [J]. Educational Researcher, 2008, 29(1): 4 - 15.

[242]VERMUNT J D, ENDEDIJK M D. Patterns in teacher learning in different phases of the professional career[J]. Learning and Individual Differences, 2011, 21(3): 294 - 302.

[243]赵健.学习共同体:关于学习的社会文化分析[M].上海:华东师范大学出版社, 2006:22 - 27.